本书受云南大学一流大学建设项目"云南大学2020年研究生优质课程'商事法研究'"（CZ21622202）、云南大学研究生课程教材建设质量提升计划资助。

商事法讲义

赵忠龙 著

中国社会科学出版社

图书在版编目（CIP）数据

商事法讲义/赵忠龙著 .—北京：中国社会科学出版社，2022.3
ISBN 978-7-5203-9905-0

Ⅰ.①商… Ⅱ.①赵… Ⅲ.①商法—研究—中国 Ⅳ.①D923.994

中国版本图书馆 CIP 数据核字（2022）第 048051 号

出 版 人	赵剑英
策划编辑	赵　威
责任编辑	刘凯琳
责任校对	师敏革
责任印制	王　超

出　　版	中国社会科学出版社
社　　址	北京鼓楼西大街甲 158 号
邮　　编	100720
网　　址	http://www.csspw.cn
发 行 部	010-84083685
门 市 部	010-84029450
经　　销	新华书店及其他书店

印刷装订	北京君升印刷有限公司
版　　次	2022 年 3 月第 1 版
印　　次	2022 年 3 月第 1 次印刷

开　　本	710×1000　1/16
印　　张	15.75
插　　页	2
字　　数	243 千字
定　　价	86.00 元

凡购买中国社会科学出版社图书，如有质量问题请与本社营销中心联系调换
电话：010-84083683
版权所有　侵权必究

前　言

　　商业是一种极为古老和久远的文明现象，一般认为是在出现生产剩余的同时而产生各类物品在不同人群或个体之间的交易与共享，满足彼此之间的生活与生产需求，从而开启资源配置。这种交易或者交换现象，主要来自地理和资源禀赋的差异，但是不同的地理条件和政治环境却可能影响商业秩序，进一步影响不同地区具体的商法制度。地中海商业文明与西欧和北欧地区商业文明之间相互影响、相互塑造，推动了欧洲商法的形成与发展。地中海商业文明与丝绸之路商业文明的互通有无，则推动了过去近三千年历史的商业文明交流。太平洋岛屿、非洲、美洲则与地中海、亚欧大陆在漫长的历史长河中，通过商业往来推动了彼此文明的交相辉映。时至今日，这个过程仍然在继续和深化，全球各地的人民通过商业文明满足对美好生活的需要。历史上曾经出现过很多专事商业的人士，既有腓尼基、粟特等民族，也有中国古代从事商业活动的"商"部落等，还形成过斡鲁托克、马帮、合伙、公司等类型的商业组织。工业化进程加速扩张了商业的规模，全球已没有任何一个民族能够完全脱离商业活动而生存；数字化等现代科技则正在加速重塑现代商业组织的形式。

　　全球范围内，商法具有高度的类同性，彼此借鉴是历史中的常事，但是不同国家的商法依托于自己国内的法律体系。民法、商法和经济法是中国社会主义法律体系的重要组成部分，在社会主义法治建设进程中发挥着重要的功能。然而如何理解和构建民法、商法与经济法的关系，自20世纪80年代以来一直是困扰法学专业学生、教师和法律实务工作者的问题。中国《民法典》是一部固根本、稳预期、利长远的基础性法律，在社会主义法律体系中居于基础性地位，也是社会主义市场经济的基本法。然而《民法典》毕竟无法对所有市场经济的问题进行调整，需要在社会主义法律体系内与其他法律协同调整方能实现《民法典》的法治使命。民法的基础性地位，不仅体现在商法、经济法需要在《民法典》的体系框架内才能发挥各自的调整功能，还要求商法、经济法在基础理论层面与民法学方法论实现衔接与协调。

目　　录

第一编　商事法基本概念与学术简史

第一章　商事法的语词辨析与历史源流 ……………………… (3)
　　第一节　商、商事与商事法 ……………………………… (3)
　　第二节　商事法的历史演进 ……………………………… (8)
　　第三节　中国部分法学院校的商事法学课程设置与发展 ………… (22)

第二章　中国社会主义商事法的理念、价值与原则 …………… (31)
　　第一节　中国社会主义商事法理念根植于马克思主义理论 …… (31)
　　第二节　维护社会主义市场经济交易秩序的价值定位 ………… (34)
　　第三节　社会主义市场经济依法调整商事活动的基本原则 …… (38)

第三章　商事法的立法例争议与共识 ………………………… (50)
　　第一节　民法、商法与经济法的叠加存在现实 ………………… (51)
　　第二节　民商合一与民商分立的争议与安放 …………………… (56)
　　第三节　超越合一与分立的商事纠纷解决机制 ………………… (61)

第二编　商事法基础理论范畴

第四章　商事法的体系及其法律渊源 ………………………… (79)
　　第一节　商事法在中国社会主义法律体系中的地位 …………… (79)

第二节 中国商事法律的渊源体系及其开放性 …………… (84)
第三节 商事法律体系的内在效应与外在张力
——以股东出资义务"加速到期"的法律续造
是否必要展开 …………………………………… (91)

第五章 商事法的价值判断与利益衡量
——以公司股东与外部债权人关系展开 ………… (98)
第一节 如何讨论法律续造的价值判断 ……………… (99)
第二节 "风险"是否应该超比例"自负" …………… (104)
第三节 为什么外部债权应该具有优越地位 ………… (110)

第六章 商事法的规范配置与法律续造
——以股东出资义务展开 ………………………… (118)
第一节 大前提：法律续造的"找法" ……………… (119)
第二节 识别"小前提"的论证负担规则 …………… (127)
第三节 顾及法律交往需要的连接"规范"与"事实" ……… (133)

第三编 商事法具体制度及其法理基础

第七章 商事主体的概念及其法律建构 ……………… (145)
第一节 商事主体的概念与特征 ……………………… (145)
第二节 商事主体的种类 ……………………………… (150)
第三节 商事主体的商事能力 ………………………… (156)

第八章 商事登记规则改革与商事外观法律责任 …… (162)
第一节 商事登记的法理依据与发展趋势 …………… (162)
第二节 商事权利外观的成立 ………………………… (167)
第三节 商事外观法律责任 …………………………… (182)

第九章　商事行为法基本原理与具体制度扩展 ·················· (188)
　第一节　商事行为法的基本原理 ································· (188)
　第二节　商事行为具体制度扩展 ································· (195)

第四编　商事法学习和研究建议

第十章　研究资料的获取与积累 ······························· (205)
　第一节　以法律制度问题为导向的思路 ························· (205)
　第二节　以现有法律文本为基础的分析 ························· (208)
　第三节　以中国研究为主、国外研究为辅的研习积累 ·········· (212)

第十一章　写作选题的方向与确定 ······························ (216)
　第一节　研究方向先于确定选题 ································· (216)
　第二节　以制度性问题为宜并突出说理论证 ···················· (218)
　第三节　浓缩观点并形成写作的题目 ···························· (221)

第十二章　写作结构的合理与严谨 ······························ (225)
　第一节　论证思路清晰的标准与行文 ···························· (225)
　第二节　逻辑结构合理的标准与行文 ···························· (228)
　第三节　研究结论适当的标准与行文 ···························· (231)

参考文献 ··· (236)

后　记 ·· (244)

第一编

商事法基本概念与学术简史

第 一 章

商事法的语词辨析与历史源流

第一节　商、商事与商事法

一　商的不同语境

（一）辞义学解释

法律研习中对于"词"与"物"的对应关系尤需审慎，关于"商"的"词"与"物"对应亦是如此。中文语境中有如下几种使用"商"的情形。其一，两个以上的人在一起计划、讨论，如商量、商讨、商议、商定、商榷、商酌、相商、磋商、洽商等。其二，买卖、生意，如商业、商店、商界、商品、商标等。其三，行商坐贾，泛指专营买进卖出之人士，后来扩展包含从事工商业经营之人，如商人、商贩、商贾、商旅等。其四，数学上指除法运算中的得数、商数和差积商，有时可以延伸为度量衡的刻度标准，等等。其五，中国古代王朝，即由商部落所建立的商朝，有说法认为商部落坐落于陕西、河南、山东、安徽、湖北等几省交错之处，善于经商，故得名为"商"。其六，中国古代五音之一，相当于音乐简谱"2"，如商调（乐曲七调之一，其音凄怆哀怨）、商音（五音中的商音）、商歌（悲凉的歌）等。① 其七，星名，二十八宿之一，即"心宿"，又称"商宿"，"心月狐"，东方七宿第五宿。② 其八，中国姓氏

---

① （晋）陶潜《咏荆轲》："商音更流涕，羽奏壮士惊。"商，五音（宫、商、角、徵、羽）之一。

② 《春秋左传·昭公元年》："昔高辛氏有二子，伯曰阏伯，季曰实沈，居于旷林，不相能也。日寻干戈，以相征讨。后帝不臧，迁阏伯于商丘，主辰。商人是因，故辰为商星。"

之一，商朝王族后人，原是子姓，国灭之后，后人以国名为姓氏。①

英语、法语，Commerce，包含商业、商务、贸易、交易、商店、商业资金、交往、交际、经常接触等含义。② 德语，der Handel，多指贸易、买卖、商业等。拉丁语，Commerium，多指商业。西方文化背景意义上，com 为多指共同或一致的词缀，mer 多有行为含义，可理解为取得一致的行为，与中文的"契约"有异曲同工之文化共振。另一个值得注意的细节是，《史记·殷本纪》记载商的始祖"契"生活于尧舜禹时代，③ 曾在舜帝手下任职司徒。他因辅佐大禹治水立下功绩，被"封于商，赐姓子氏"。该"契"与"商"之间是否存在文化联系，尚未有确证支持。

（二）经济学上的解释

从经济学的层面上理解"商"，比较注重描述"商"的行为特征，即在营利这一目的引领下的市场供给行为就是"商"④，它存在于生产和消费两个环节间，为社会提供商品或服务谓之供给，其他社会成员消费商品或服务谓之需求。从事此类"商"行为的业者谓之"商人"，商人从商行为中获取利润谓之"营利"，并与税收、慈善等"非营利"行为相区分。随着人类生产技术能力的拓展，"商"的内容和外延不断拓展，如数字科技所推动的新型业态。

（三）法学上的解释

行为目的是营利、以交易媒介为主要内容的所有行为都是法律层面上的"商"，其不只存在于流通领域，同时见诸生产领域，涵盖商业领域的延伸。⑤ 从事"商"的法律主体，以经营的组织性为参照系：以组织性较强具有法人资格的商法人为标准状态，组织性较弱的伙伴合作关系谓之商合伙，组织性最弱的家庭、个人和个体户等谓之商个人。并非家庭、

---

① （南宋）郑樵《通志·氏族略》载："唐尧封帝喾之子契于此，传十四世至成汤，灭夏而有天下，以商为国号，后商被灭于周，子孙以国为氏。"

② 《英汉双向法律词典》，上海交通大学出版社2002年版。

③ 《史记·殷本纪》："契兴于唐、虞、大禹之际。"（西汉）司马迁：《史记》，中华书局2006年版，第12页。

④ 张国键：《商事法论》，台北：三民书局1980年版，第4页。

⑤ 张国键：《商事法论》，台北：三民书局1980年版，第4—5页。

个体户和个人没有组织性，而是因为这种合作形态更多依赖于家族血缘关系，而非依赖于商业资本的联系与组织。在商法中，"商"有两种含义：其一，从事买入卖出的贸易商；其二，从事研发设计和生产加工的工业商或实体商。从商法学的层面上理解和认识"商"，它对法律关系之主体予以限定，只有商事主体才能成为法律关系之主体；具体到对事业抑或是对行为层面上的限定，"营利性"则为其根本特征。

二 商事概念的法律意涵

所谓商事，就是商人或商行为在法律上予以规定的各类事项。有广义和狭义两种意涵。广义的商事，包括民法、商法、经济法、行政法等涉及的诸类事项，如商事合同、商事登记、商事组织、商事会计、商事仲裁、市场管理、宏观调控、财政税收等。狭义的商事，即通说认为商事法所调整的事项，即市场主体登记法、公司法、票据法、保险法和海商法。狭义商事法在法律学科上与民法、经济法存在一定的交叉和争议，然而这并不妨碍法律学科之间通过合理竞争实现共同繁荣。部门法划分和法律学科划分本就是法律学发展的主客观相对产物，学术的生命力在于学术的解释力及其进化。

民事与商事的关系是一般与特殊的关系。商事的特殊性在于，商事活动主体是商事主体，商事活动的行为具有营利特征。民事法律为商事关系提供基础法律依据，但是涉及商事法律的特殊性规则，如外观主义和保障交易安全与秩序应当优位于民事行为的真实意思表示规则，又如风险分担的有限责任规则应当为民事法律所尊重而不应被任意逾越，等等。尽管商法的法律适用无法完全独立于民法，但是商法的特殊性规则在民商事裁判中应当优先适用，商法之中没有特殊规定的，应当以法的体系理念审慎考虑最有利于尊重已有商事法律价值观选择商法、民法和行政法等其他法律规则，或者商事习惯，予以适用。

民商合一体系之下，试图将商事法律理念引入民法典编纂，以营利目的为标准解释商事，营利性商事主体的行为为商事行为，非营利性组织的行为为民事行为。商人有义务办理商事登记，未经登记但是以经营活动为职业的人，也应当推定为商人。以公司形式组织生产经营获益的活动，为经典的营利事业。但是公司将经营所得分配给股东，应当理解为普通的民事行为，而不宜认定为商事行为。民事行为以意思表示为核心构成要素，商事行为则依据法律产生相应法律效果。

三　商事法语词使用的缘由

商法与商事法同义，但是二者使用的语境略有不同。我国在立法形式语境，较多使用商法；在学术研究和课程设置语境，较多使用商事法，其主要的原因之一在于避免部门法划分带来的争议。本书遵循二者通用原则，根据我国法学界的使用习惯或语境具体使用"商法"或"商事法"。

商法（ius mercatorum）的历史是一部以特别方式创造法律的历史，这种"特别主义"的历史使得对商事关系的规范调整具有了与对其他关系的规范调整截然不同的显著特征[1]。最初，商法或商事法律（lex mercatoria）不仅仅意味着调整市场活动的法律，而是首先意味着产生于市场的法律，它来源于商业团体章程、商事习惯和商事司法实践。商法直接由商人阶级创造，并无政治社会的介入。它以一个阶级的名义而非以整个共同体的名义对所有人产生强制力，因此，从政治上而言，商人阶级曾经是当时的城市国家的社会领导阶级和统治力量，其能够通过公共机构发布法律并对其他社会关系发号施令。商事规则就这样免于受到政治社会的影响，同时它能够跨越城市国家的边界并作为商人阶级的同业规则扩张到市场的任何角落。

商法并不是商业的法律：它并不调整且从未调整过所有的商业领域；它也从来不是一种规范全部经济生活领域的自足的规范体系，它与民法中有关债与合同的规定一起对商业领域进行调整。在过去，商法的重要渊源——商业团体章程很明显参照了民法（iuscivile），而当时的民法主要是包含在《民法大全》（Corpus iuris）中的罗马私法；而现代的商法典也同样参照了民法典，这些商法典宣称"商事领域"首先由商法典和商

---

[1]《21世纪汉英经济实用词典》，中国对外翻译出版公司2005年版，第912页。

业习惯调整,当它们没有规定时则由民法典调整。① 商法并不调整所有的商事关系,也不是调整商事关系的唯一法律,而自从工业活动出现以后,它也成了商法的调整对象。现代第一部商法典——1808 年的《法国商法典》将"商行为"规定为"以再次出售为目的而取得商品的行为",同时进一步指出"再次出售"要么直接进行,要么在对商品进行加工或改进之后进行(第632条第1款),同时该法典还明确提到了"从事制造业的企业"(第632条第2款)和"从事建筑业的企业"(第633条第2款)的商行为。

二元性是商事法所具备的最为显著的特征,所谓"二元",指的是公法与私法。发展到当前阶段之后,基本上已经不能予以清晰化的区分了。不少商事公法里都可以看到私法的身影;诸多商事私法里也能看到公法摇曳的身姿。当前之所以依然存在商事公私法之分,要么是历史严格的结果,要么是形式层面上的存在。归总商法所具备的私法性,具体体现主要可以归总为调整的商事关系主要发生在商事主体间,遵循的基本原则包括有意思自治、诚实信用、平等自由交易、安全方便等。从 20 世纪起,经济安全饱受意思自治与放任自由两大策略的危害。基于此,国家干预被引入商法领域。从社会法到行政法乃至刑法在内的诸多公法规范的基本理念逐渐被引入传统商业领域。商法的基本理念也告别了绝对的"意思自治",逐渐走向当下所倡导的"以自由放任作为基本原则,以国家干预作为辅助手段"。从实质的层面上解读和理解商法公法化,毫无疑问它认可了国家对商法这一私法自治领域享有干预权,它期望借助强制规范对私人自治进行引导、约束和控制。当前,商法领域的不少强制性规范都可被视作取代了意思自治在某些领域的运作,通过强制规范的适用和引入,求取预期的增加,预期增加意味着成本的下降,效率的提升。同时,不确定性下降也意味着安全性的提升和增强。不过需要指出的是,规范和国家干预之间不具有必然的等同性。即便是坚称德国现行《商法典》涵括诸多公法的学者也支持《商法典》中所规定的"公法条款"以服务私法为主要目的。另外,还要指出国家参与同样不等同于公法存在。

---

① [意] F. 卡尔卡诺:《商法史》,贾婉婷译,商务印书馆 2017 年版,第 3 页。

某些时候，国家参与并不是基于公权的身份。比如，国家机关在市场上采购办公服务，此时其即为普通的民事主体。再如，某些国家机关基于所掌握的公权力提供行政服务——例如商事登记，此时其所涉的法律关系也不能被视作公法层面的。因为相关服务可为市场所提供。例如，商事注册文件的保管在荷兰就是由商会负责的。

第二节　商事法的历史演进

一　古代文明的商事法形成、内容与特点

（一）中国古代商事法文化对人类文明的贡献

夏、商、西周时期，商人在我国即已出现。当时主要的契约形式有以物易物、借贷、合伙、买卖以及雇佣等，某些地方还有财货交易之市场和对应的管理机制。据《周礼》记载，当时市场设有管理的长官"司市"，下设管理出租地皮的"载师"、管理出入市场货物的"闾师"、辨别货物真伪的"胥师"、管理物价的"贾师"、维持市场秩序的"司虣"、检查服饰和物品是否合乎规格的"司稽"、验证成交的证券书契的"质人"、专司收税和罚款的"廛人"等官吏。

从春秋战国到明清这漫长的封建历史阶段，中华各朝代的律法都有和商相关的规定，最为显著的代表是《宋刑统》。在《宋刑统》中，从行为能力到不当得利、从负债到典卖等诸多民商事立法都可以找到对应的规定。另外，宋代颁行的《市舶条法》则是以海外贸易为对象的专门立法；南宋时期的《名公书判清明集》则收集整理了诸多商事判例。到了清朝末年，商法开始步入转型阶段：从组织层面上看，一方面延循了历史上的小商人、合伙模式；另一方面行会、公所、会馆为代表的新形式开始出现。商业繁荣推动金融业务的创新发展，传统票号也开始迈向商业银行的发展阶段；商业税收体制也日渐完善化，契税、关税、当税、酒税、货物税等各项税制日渐建立。

（二）古代文明商法的内容

按照学术界的通说，古代商法指的是中世纪前实行的商法，存在于公元10世纪之前，包括有商业惯例以及商事领域的习惯法。古代东方法

系中,《汉谟拉比法典》中所规定的商法内容相对较多,它对代理、借贷以及仓储在内的诸多商事问题进行了规范,不过相对较为零散。古代文明商法的特点如下。

其一,从法律形式视角看,商事法律在古代并未单独体系化出现和存在,主要的存在形式是商业惯例。即便出现了成文法,也仅为立法化了某些特定的商事管理。从客观视角评判,古代商法基本不能比拟于近现代商法。

其二,从法律内容方面分析,古代商法主要是集市管理相关的立法,比如交易主体、债权债务、交易对象以及具体交易行为等。

其三,从开始算起,商事习惯及商事习惯法的国际性都非常显著。古代西方的商事规则(即便数量很少)主要针对海上国际商事贸易设定。

其四,深入剖析古代商法,比较发达的部分是海商法。这源于古代发达的海上贸易。

二 西方国家商事法的产生、发展与特点

(一) 中世纪商法的产生和发展

近代商法源于中世纪的欧洲。中世纪主要指的是公元11世纪到16世纪,当时欧洲的商事很发达,尤其是地中海、亚得里亚海、波罗的海、北海两岸分布的城邦,基本上都颁行了商人法,被称为欧洲各国商法的"母法"。法国、德国、西班牙等国的商人多是把意大利商人法中适合本国情况的内容收集起来,加以汇编适用[①]。

15世纪以后,随着中世纪后期资本主义经济的兴起和商品贸易的繁荣,以贸易为重心的商事行为成为近代各民族国家商事立法的焦点。不论是《法国商法典》还是《德国商法典》,贸易都是商事立法的主要内容,商主体制度围绕贸易主体展开设计,商事行为制度也是关于货物、商品买卖的规则体系。一言以蔽之,在中世纪商法和近代商法时期,商事行为主要是指流通领域和生产领域的经营行为,它归属于贸易活动,

---

① 何勤华主编:《法国法律发达史》,法律出版社2001年版,第245页。

商事行为制度以买卖为中心①。

(二) 近代商法的发展

以中世纪商法作为基础，演变发展而成了近代商法。近代商法指的是近代早期欧洲颁行和适用的商事成文法。中世纪末的欧洲，商品经济深化发展，部分封建势力开始走向衰落，长期居于社会统治地位的寺院法开始慢慢被社会废弃，自治城邦日渐消亡，统一国家开始形成并发展壮大。相伴于国家的强大，政府开始制定商事立法对商事事物施以干预。商法步入系统化的进程，民法也开始走向法典化。受历史因素的影响，以法国、德国、匈牙利以及西班牙和葡萄牙为代表的国家构建起的是民商分立的立法体系；以瑞士和北欧诸国为代表的国家所构建的则为民商合一的立法体系；意大利则自民商分立逐渐走向民商合一。在原宗主国的作用和影响下，亚洲、非洲、拉丁美洲的殖民国也采取了不同的民商事法律体系。归总而言，近代商法的常态是民商分立，民商合一属于例外。影响立法模式的主要因素有：裁判权和立法权在不同主体之间的分配以及宗主国所采取的立法模式等。学术界对立法模式做出的评论不是决定性的影响因子。

(三) 现代主要西方国家的商事立法

从 19 世纪起，欧洲开始了资产阶级革命的历程。为了保护革命成果，诸多欧洲国家开始颁行商事法典。现代商法，于英美法系国家而言，商事行为依然以买卖为中心。英国商法的骨干是《货物买卖法》(后更名为《英国商品买卖法》)，美国商法的核心《美国统一商法典》更是一部"买卖法律大全"。② 大陆法系国家的《商法典》延续了近代商法时期的商法典，仍以贸易交易为商事立法的重心。③ 然而，随着市场经济的发展，金融资本和智力劳动逐渐成为商事活动的主要部分，虽然大陆法系国家的《商法典》并未关注金融资本和智力劳动，但《美国统一商法典》仍或多或少涉及金融行为，"投资证券"一编就是对金融规则的设计。就

---

① 范健：《当代中国商法的理论渊源、制度特色与前景展望》，《法制与社会发展》2018 年第 5 期。

② 参见任先行《商法原论》，知识产权出版社 2015 年版，第 868 页。

③ 参见陈醇《商法原理重述》，法律出版社 2010 年版，第 2 页。

大陆法系国家而言，德国、法国乃至此后从民商分立走向民商合一的意大利、荷兰等国家的商事立法，都以商法典作为商事一般法，以此为基础制定商事单行法，从而实现商事法律的体系化。至于英美法系国家，《美国统一商法典》虽然采取实用主义的立法技术，但是，该法典作为商事法律、习惯的汇编，其立法原则、方向仍然遵循美国长期以来的判例法思维。

1. 法国的商事立法

在全面继承1673年《商事条例》的基础上，1804年法国《民法典》颁行；通过继承发展1681年《海事条例》，1807年法国发布《商法典》。该法典的出台使法国的经济发展远超邻国，一跃成为欧洲大陆经济大国，此后，各国纷纷效仿甚至直接移植法国《商法典》制定本国商法典，进而形成了法国商法法系，更是让法国成为"法律大国"，国际地位赫然耸立。

法国《商法典》内容分为四编：商法总则、海商、破产、商事法院。早在1563年，法国国王就发布敕令，设置了商事法院，商事法院采取的是混合制，法院包括职业法官一名和经选举产生的裁判法官四名。[①] 在立法模式上，法国《民法典》的选择是民商分立，确立的调整对象包括商事组织、商事行为，这是现代商法体系的雏形，同时又确立了以公司、票据、保险、破产、海商等为主要内容的资本主义国家的商法形式。[②]

立法所采用的是客观主义模式，基础是商行为观念，行为只要在属性上为商行为，即适用商法。站在商事立法的发展进程中看，它都具有重大而且突出的作用：其一，开启了商法的近现代化进程；其二，开创了民商分立的先例，从19世纪到现在，超过四十个不同的国家都颁行有《商法典》；其三，将"商人法"调整成"商事行为法"，开创了客观主义立法的范式；其四，它推动了商法的普适性，打破了商人法在中世纪时仅适用于商人阶层的惯例。

---

① 参见［法］伊夫·居荣《法国商法》（第1卷），罗结珍、赵海峰译，法律出版社2004年版，第16页。

② 范健、王建文：《商法的价值、源流及本体》，中国人民大学出版社2007年版，第94页。

影响与局限：卢森堡、比利时、西班牙、葡萄牙、希腊、埃及、土耳其、阿根廷、乌拉圭、墨西哥、秘鲁等，形成了以法国为代表的法国法系。但是存在局限性：公法私法不分、实体法和程序法不分、重海商轻陆商等。

2. 德国的商事立法

从内容上看：德国1861年《德意志普通商法典》建立在《普鲁士普通法》的基础之上，不含总则的话，共有如下五编：商人、公司、隐名合伙与共算商事合伙、商事行为、海商。票据、商事诉讼和破产没有被划归其中。该法典被称为德国旧商法典；1861年《德意志普通商法典》的出台则真正使各邦国之间逐渐凝聚，为德国政治统一大业奠定了坚实的社会基础[1]。在多次修订旧法典的基础上，1897年，德国颁行新《商法典》。新《商法典》共含如下四编：商人、商事公司与隐名合伙、商事行为、海商。票据法、保险法、破产法等没有见诸其中，另行制定有单行法对相关行为进行调整。整体上看，新《商法典》的立法技术较为先进。

立法所采用的是主观主义模式，基础是商人观念。相同行为的行为主体如果是商人，即适用商法；如果为非商人，即适用其他立法。[2] 在德国立法体系中，商人指的是商业经营者；在商人法领域，商人被视作一个特殊的阶层。站在商事立法的发展进程中看，它的作用可以归总为：推动了商法的普适性，打破商人法在中世纪时仅适用于商人阶层的惯例，这是划时代的进步。在其作用下，包括德国、瑞典、丹麦、奥地利以及挪威在内的诸多国家都创建了德国模式的商事立法体系。

3. 日本的商事立法

第一，1899年的旧商法典。日本在明治维新后，进行了大规模的近代法典的编纂工作。1890年公布"旧商法典"，1899年该法典获得了议会通过。该法典有通则、海商法、破产三编，共计1064条。此后日本又制定了许多单行商法。

---

[1] 范健：《编纂〈中国商法典〉前瞻性思考》，《广东社会科学》2018年第3期。
[2] 参见范健《商法探源》，《南京大学学报》1991年第4期。

第二，现行商法典。现行《日本商法典》是1999年对1899年法典修订而成的。第一编总则，第二编公司，第三编商行为，第四编海商法。

日本的商法典的立法原则属于折衷主义。日本是许多国际商事条约的签字国，在制定国内法时注意与国际公约和惯例相协调。其商事法律的适用顺序依次为：商事条约、商事特别法、商法典、商习惯法、民事特别法、民法典和民事习惯法。

4. 英美商法

（1）英美商法概述。无论是民法的表述，还是商法之概念，乃至民法典、商法典在英美法系中，均不存在。英美法系以判例法、习惯法作为主要的法律渊源。从19世纪开始，在商事领域颁行有系列单行法，依此补充判例法。先来看英国的商法：作为典型的判例法国家，商法在英国没有形式化的存在，这也是英国长期都未对商法做出统一界定的根源所在。从19世纪开始，英国另行制定系列单行商事立法对相关行为进行调整，比如票据法、合伙法等。尽管如此，英国依然以判例法为最主要的商法渊源。制定法只是例外补充的存在。英美法系中，判例法的地位是至高无上的。从内容的层面对英国商法进行归总，可以概括如下：票据法、破产法、公司法、合伙法、商船法、载货证券法、货物销售法、海上保险法、海上货物运输法以及空中运输法等。

（2）美国商法。一些非官方机构，如美国法学会、美国律师协会、系列的统一法律，如统一流通票据法、买卖法、载货证券法、信托收据法、股份转让法、统一商法典、统一商事公司法（示范公司法）等。

《统一商法典》由美国法学会和全国州法统一委员会制定，内容包括：总则、买卖、租赁、流通票据、银行存款、资金转让、信用证、大宗转让和大宗买卖、仓单、提单以及其他单证、投资证券、担保交易等。

《示范公司法》的内容包括：总则、目的与权力、名称、办公场所及代理、股份与分配、董事与管理人员、资产处理、公司设立与公司章程、解散、记录与公司表册等。

（3）美国的联邦立法。联邦证券法：1933《证券法》、1934《证券交易法》、1935《公用企业控股公司法》、1939《信托合同法》、1940《投资公司法》、1940《投资顾问法》、1940《证券投资者保护法》。

三 1949 年以前中国商事立法的曲折探索

（一）清朝末年的商事立法

中国商事立法始于清朝末年。大清商律在 1908 年对外颁行，其仿效日本的商法体例，内容却多习用德国商法。《中华民国商律》《公司条例》《商人通例》在 1914 年由中华民国政府制定颁行。1917 年，在民商合一立法体制的基础上，汇编所有商法总则内容在民法典之中；1919 年，《票据法》《海商法》《保险法》颁布；1937 年，《商业登记法》颁行。上述立法共同组合成了旧中国的民商立法体系，归总而言，其以民商合一的立法体制为基本原则，以单行商法作为例外补充。综观清末商事立法，大陆法系的烙印清晰可见。清末商事立法之所以呈现出大陆法系倾向，主要受以下因素影响：从立法传统的层面分析，我国较为接近大陆法系：清末大臣出外考察就主要聚焦于大陆法系，尤为注重了解学习了日、德、法三国的法律制度、政治制度；日本通过取法大陆法系国家立宪和变法修律，由弱变强、以小胜大的历史经验深深地刺激了清末的立法者；在受聘担任清廷变法修律顾问的外国法律专家中，日本法律专家，如松冈义正、志田钾太郎等，在担任顾问期间推崇和传授日本法律制度，发挥了重要的作用。① 日本成为连通大陆法系国家法律制度的桥梁。

此外，商会对商事立法的参与，促成了富有价值的立法成果。光绪三十三年十月十四日（1907 年 11 月 19 日），第一次商法大会在上海召开。在这次商法大会上，与会代表提出了制定商法的必要性，讨论了制定商法的途径、编纂程序、编纂方法问题，通过了商法草案提纲，并议定由预备立宪公会所属的商法编辑所负责商法编纂工作。在各方的共同努力下，在第二次商法大会召开之前，《公司法调查案》《商法总则草案》先后完成。《公司律理由书》大约四十万字，《商法总则理由书》也有约十万字，增删修改、易稿达十余次。② 宣统元年十一月初七（1909 年 12

---

① 范忠信、叶峰：《中国法律近代化与大陆法系的影响》，（人大复印报刊资料）《法理学、法史学》2003 年第 5 期。

② 《商法调查案编辑员陈述意见》，1909 年 12 月 21 日。

月19日），第二次商法大会召开，共有浙江、北京、江苏、福建、广东等15个行省的76个商会的代表参加。① 该次会议的主题更加具有针对性：一是"联络气谊，借此筹商我商业上改良进步之策"；二是研究公司法调查案；三是讨论商法总则，"以便一并呈送农工商部法律馆核定，呈送部馆应如何措辞亦须共同商定"，②"将所编各稿共同讨论，取一同意，然后上之政府"。③ 这次会议议定了《商法总则》（共7章84条）及《公司律》（共6章334条），随即呈送农工商部，并附《商法调查案理由书》。这次会议所形成的《商法调查案》成为《改订大清商律》的主要基础。

（二）民国时期的商事立法

民国时期，商法在中国进一步向前发展，中国的商事法制进一步完善化，并走向体系化。民国初年对清末的《商律》稍作修订之后，颁行实施。1929年，当时的国民政府选择了民商合一的立法模式，并制定颁行了多部单行立法：《公司法》《海商法》《票据法》《保险法》；1935年，进一步颁行《破产法》，民商合一立法体制最终形成。《公司法》将公司之营利性放于突出地位，进一步丰富了法人持股以及股份有限公司机制。民国初期制定的《破产法草案》，对编排体例予以了高度的关注；而1935年的《破产法》不只是在体例层面对草案予以了超越，在内容上，也向前迈进了一大步。考虑我国的独特文化传统，破产制度被详尽、全面地制定下来。再看《票据法》，民国初年制定《票据法》时，草案经过了五次修订；1929年的《票据法》在前述工作的基础上，将汇票、本票、支票合为一体，对票据、原因关系予以严格区分，符合票据法发展的整体潮流。从内容上看，国民政府颁行的《海商法》也对清末的立法予以了全面的沿用，但是通过学习域外先进立法，推动海商法朝着规模化的方向进一步发展。而民国初期制定颁行的《保险法》在体例和内容两个方面也是对西方立法予以全面学习的结果，其既含保险合同法，同

---

① 《上海将开商法讨论会》，《申报》1909年12月18日。
② 《上海商务总会商学公会两会合词报告》，《申报》1909年12月20日。
③ 《预备立宪公会报告》，《申报》1909年12月20日。

时含保险业法，立法技术是相当高的。民国政府同期颁行的《银行法》也比较完善，无论是分业经营，还是银行监管，都非常先进。

20世纪前期，随着资本主义工商业的进一步发展，资产阶级的力量也不断壮大，作为工商界自治组织的商会也随之发展。商会关注政府的商事立法活动，并施加影响，成为民初商事立法中一个不可忽视的现象。在民初商会的发展中，存在着商会的自治权与政府控制力的冲突。这集中体现在《商会法》的制定过程中。1912年，在北京政府工商部组织召开的全国临时工商会议上，工商部将由自己拟订的"商会法案"及经法制局的修改案一并提出，作为咨询案以供工商会议讨论。工商部提出的商会法案主要有以下四个方面：一是将所有商务总会、商务分会均改名为商会，商务并非繁盛之地的原有商会也予以取消；二是将商会与工会合并；三是"严订选举与被选举之资格"；四是"严订选举方法"。① 然而，与会的商会代表及其他工商界人士对这种修改方案并不完全赞同，尤其是关于取消商务总会、商务分会的主张更是遭到激烈反对。② 经过充分讨论之后，在商务总会是否保留的问题上，政府作了妥协，商会的主张基本得以采纳。"这与清政府制定商会章程完全不征求商人意见，后来又对商会提出修改商会章程的呼吁置若罔闻的态度相比，应该说是一个明显的进步"，但是，在制定《商会法》问题上，政府与工商界之间仍存在明显的分歧。至1914年，农商部颁布由参政院议决的《商会法》时，两者之间的冲突更加激烈，矛盾的焦点仍然是商会的组织架构问题。在参政院议决的《商会法》颁布之前，中华全国商会联合会第一次代表大会即有关于修改《商会法》的若干意见形成，他们要求组织全国商会联合会，③ 但是，1914年颁布的《商会法》并没有采纳商会提出的关于保留总商会且要求设立全国商会联合会的建议。从官、商两方对于《商会法》草案若干条文的争论中可以看出，当时北京政府对于各省各埠建立

---

① 《讨论速记录》，《工商会议报告录》第二编"议案"（议决案），1913年版，第44—47页。

② 《讨论速记录》，《工商会议报告录》第二编"议案"（议决案），1913年版，第48页。

③ 参见徐鼎新、钱小明《上海总商会史（1902—1929）》，上海社会科学院出版社1991年版，第196页。

的总商会事权太重的状况有所顾忌，企图借助新《商会法》的制定，削弱总商会的权力，对于成立中华全国商会联合会这样的全国性的商会网络，当然更不会赞成①。

为争取属于自己的权利，商会向政府提出《商会法》修正大纲，以供参政院代行立法院职权时参考。1915 年 3 月，全国商会联合会上海总事务所召集 21 个省区的 78 名商会代表，举行全国临时代表大会，就《商会法》修改事项进行讨论，通过了"修正草案"和"意见书"，并请北京政府政事堂转呈大总统核准公布。② 在中华全国商会联合会的力争之下，袁世凯领导的北京政府为了缓和官商之间的关系，最终不得不接受商会关于商会法修改的若干意见。这段争执数年的官商矛盾与冲突，最终以商会的胜利而告结束。北京政府于 1915 年 12 月、1916 年 1 月先后公布反映商会意见的新《商会法》《商会法施行细则》。③ 商会通过努力解决了自身的法律地位问题，从而为其参与包括商事立法在内的各种社会活动奠定了基础。

1914 年 3 月，中华全国商会联合会召开第一次会议，中华全国商会联合会正式成立后，为资产阶级提供了集中表达自己主张的平台。据统计，中华全国商会联合会从 1912 年成立到 1928 年解体，16 年的时间里共召开了 9 次代表大会，提出的议案总数为 1051 件，834 人次参加会议，地域上涉及全国的商会，涉及的问题也非常广泛，如会章、会费、商权、商学、商律、商约、工商业保护、公司、银行、维持金融、币制、改良税则、裁厘加税、开埠、实业、兵灾善后、贸易表册、修正商会法、维持国货、外交等诸多与商务有关的问题④。另有学者统计，从 1912 年到 1921 年，北京政府先后公布各种经济法规 40 多种，其中还不包括各种施

---

① 参见徐鼎新、钱小明《上海总商会史（1902—1929）》，上海社会科学院出版社 1991 年版，第 197 页。
② 《禀政事堂等请修改商会法及商会法施行细则》，上海市工商业联合会、复旦大学历史系编《上海总商会组织史资料汇编》，上海古籍出版社 2004 年版，第 194 页。
③ 条文内容可参阅上海市工商业联合会、复旦大学历史系编《上海总商会组织史资料汇编》，上海古籍出版社 2004 年版，第 200—206 页。
④ 参见虞和平《商会与中国早期现代化》，上海人民出版社 1993 年版，第 115—116 页。

行细则和补充法规,范围涵盖工商、矿路、金融、权度、农林、经济社团、利用外资和侨资等诸多方面。"这些经济法规,除农林、权度两类外,其余各类的法规大多为商会的立法建议所提及,如果说这些法规的制定颁布不完全出自商会的建议和要求,那么也不能否认这是商会和政府有关部门共同努力的结晶。"①

四　中华人民共和国社会主义商事立法的发展与成就

(一) 中国目前采用民商合一体制

中华人民共和国成立后,1950年,中央政务院制定《私营企业暂行条例》,对包括独资、公司、合伙在内的诸多不同组织形式予以了集中规定;1956年,伴随社会主义改造的完成,《私营企业暂行条例》及其实施办法自动宣告失效。自此一直到20世纪70年代末,我国属于计划经济管控阶段,商法存在的基础消失不见。受多方因素共同影响,截至目前,我国都未颁行高度统一的商事基本法,也就是说,商法在我国长期零散化存在。改革开放和1979年《中外合资经营企业法》的颁行揭开了我国商事立法的序幕,尽管如此,一直到1992年南方谈话的发表,1993年社会主义市场经济入宪,以及《公司法》的通过,我国才正式揭开了编制商法的序幕。2002年,颁行的《证券投资基金法》象征着我国初步完成了商事立法的创设任务。在此过程中,商法学的理论研究于蓬勃中广泛、深入、全面展开。伴随市场经济体制建设目标的进一步确立,系列商事单行法在我国得以颁布实施,从商事主体到商事行为的运转都开始有法可依。学术界开始关注商法理论。发展到现在,中国基本上构建起了内容庞大、体系稳健、相对健全的商法规范体系。2001年,中国法学会商法学研究会独立设立,创办会刊——《中国商法年刊》。这进一步推动商法学研究迈上了新台阶;商法学教学同步迈向正轨化,多本经典的专业书籍刊印发行,大量专业人才被培养出来。教育部在1998年正式将商法学确定为法学的一门"核心课程"。

分析中国的民商事立法体制,可以将其归总为民商合一模式。这一

---

① 虞和平:《商会与中国早期现代化》,上海人民出版社1993年版,第216—217页。

体制是为多数学者所支持和赞成的。这些学者基于对中国历史、中国社会发展进程、中国独特法律国情的分析之后，相信民商合一的立法模式是适合中国的选择。从历史角度看，中国社会一直没有形成特殊的商人阶层；从社会发展视角解读，民商合一是立法的未来发展态势；另外，平等是基本的法律价值，如果基于职业做出特别立法，这不符合平等价值理念；此外，商事行为没有绝对明确、清晰的界定；最后，如何处理商人和非商人间发生的法律关系也是一个困境。与上述观点有所不同，学术界还有如下两种观点：（1）制定立法时，应于民法典以外单行制定商事法规；（2）于法律适用层面，采用的基本原则为：商事法优先，但以民法的基本原则、一般原则作为补充。

以商事破产制度的建立为例。在兼容公有和私有属性的财产制度下，我国推行了开创性的破产制度。我国的破产制度具有中国特色，这需要从历史的角度进行解读。撇开破产制度的具体内容，仅就破产主体而言，就与其他国家不同。中国最初颁布的《企业破产法》（1986年）只允许全民所有制企业破产，当时的集体企业、外资企业、私营企业等都不被允许破产。全民所有制企业即国有企业的财产在中国属于全民共有财产，当时在中国计划经济体制下既是国家财政的来源，又是国民经济乃至国民生活水平的保障。为了提高经济效益，改善国有企业的经营状况，1986年的《企业破产法》应运而生。可以认为，《企业破产法》是为适应国有企业改革的政策需要而制定的。至于集体企业、外资企业以及其他企业法人，则是在中国"以公有制为主体，多种所有制经济共同发展"的经济制度确立后，在其他公有和私有财产组织迅猛发展之后，于2006年《企业破产法》中才成为适格的破产主体，但是，西方发达国家的个人破产制度至今仍未被中国法律接受。事实上，即便企业法人于2006年之后都可通过破产法实现破产，但受各种因素的影响，司法审结的破产案件数量一直屈指可数。这与中国在破产制度上长期实行先"点"后"面"的政策方案有关，也与我国各个地区经济发展状况不一的实践现状紧密联系，但最关键的因素是，因为破产结果直接影响到职工安置和社会稳定，即它不仅仅是债权人和债务人双方的权利义务，更会对社会产生影响，所以，法律的制定和实施在很大程度上受到经济和社会政策的影响。

中国缺失商法传统而导致商事一般法缺位，依赖政策实现商事单行法先行的商事立法模式有别于域外国家的商事立法实践，而以国家经济政策为主导的商事立法模式，也是当下中国商法的又一特色的中国社会主义商法。它以中国的基本国情为灵魂，以吸收借鉴域外国家商事立法方面的精华为血液，以兼容公有主体和私有主体的商事主体制度、兼具公有属性和私有属性的商事财产制度、国有垄断与市场竞争并存的商事秩序格局、兼顾传统与现代经济活动并行的商事行为制度、并重法律监管和行政监管的法律规则体系、以国家经济政策为引导的商事立法模式为特色，是现代世界商法体系的重要组成部分，也是当下中国经济健康发展的重要基础。

（二）中国商法的主要制度

商法主要涉及下述法律制度。

1. 《公司法》法律制度

《中华人民共和国公司法》由中华人民共和国第八届全国人民代表大会常委会第五次会议上1993年12月29日通过。自1994年7月1日起施行。历经1999年、2004年、2005年、2013年、2018年五次修改，现有的《公司法》共二百一十八个条文，并附有5个司法解释，更加方便了人们的投资，有利于中国资本市场发展的需要。

2. 《证券法》法律制度

《中华人民共和国证券法》由中华人民共和国第九届全国人民代表大会常务委员会第六次会议于1998年12月29日修订通过，自1999年7月1日起施行。经历了2004年、2013年、2014年三次修正，2005年、2019年两次修订，现有法律条文二百二十六条。

3. 《信托法》法律制度

《中华人民共和国信托法》由中华人民共和国第九届全国人民代表大会常务委员会第二十一次会议于2001年4月28日通过，自2001年10月1日起施行，共七十四个条文。《信托法》是为了调整信托关系、规范信托行为、保护信托当事人的合法权益、促进信托事业健康发展而制定的一部法律。

4. 《破产法》法律制度

《中华人民共和国破产法》由中华人民共和国第十届全国人民代表大会常务委员会第二十三次会议于 2006 年 8 月 27 日通过，共一百三十六个条文，涉及相关有效司法解释 5 个。

5. 《票据法》法律制度

《中华人民共和国票据法》由中华人民共和国第八届全国人民代表大会常务委员会第十三次会议于 1995 年 5 月 10 日通过，自 1996 年 1 月 1 日起施行，并于 2004 年 8 月 28 日进行修正。《票据法》现有条文一百一十条，并于 2000 年 11 月 14 日通过司法解释。

6. 《保险法》法律制度

《中华人民共和国保险法》由中华人民共和国第八届全国人民代表大会常务委员会第十四次会议于 1995 年 6 月 30 日通过，于 2002 年、2014 年、2015 年进行了三次修改，于 2009 年进行了一次修订。现有《保险法》自 2009 年 10 月 1 日起施行，共一百八十五个条文，4 个有效司法解释。

7. 《海商法》法律制度

《中华人民共和国海商法》由中华人民共和国第七届全国人民代表大会常务委员会第二十八次会议于 1992 年 11 月 7 日通过，自 1993 年 7 月 1 日起施行。共二百八十七个条文。

8. 《合伙企业法》法律制度

《中华人民共和国合伙企业法》由中华人民共和国第八届全国人民代表大会常务委员会第二十四次会议于 1997 年 2 月 23 日修订通过，自 1997 年 8 月 1 日起施行。于 2006 年修订，自 2007 年 6 月 1 日起施行。

9. 《个人独资企业法》法律制度

《中华人民共和国个人独资企业法》由中华人民共和国第九届全国人民代表大会常务委员会第十一次会议于 1999 年 8 月 30 日通过，自 2000 年 1 月 1 日起施行。共四十八个法律条文。

第三节 中国部分法学院校的商事法学课程设置与发展

一 学科课程的交叉、融合与发展——中国人民大学法学院相关课程介绍

建构体系化的法学知识不能脱离于中国独特的法治体系，甚至可以说后者为前者设定了基本规划、为前者的发展注入了强劲之动力。编纂和实施的《民法典》不只是对民法的知识体系进行了充分的整合，同时推动了民法知识体系的完善。经过民法典编纂，民法相关的体系积累、知识积累得以重构，知识体系的融合度得到了进一步的加强，尤其是与经济发展、社会运行、文化构建之间实现了更为密切的融合。这对于整个法学学科来讲，都发挥了很好的示范效应，在其影响下，从商法到行政法，再到社会法，也在不断走向融通整合。具体到商法学界，学术界也在长期呼吁编纂统一的商事通则，依此体系化商法的制定和推行。

商法是民法的特别法，其理论发展与民法学理论发展密不可分。以中国人民大学法学院民商法学和经济法学的课程设置为例：[①] 商法学研究方向包括商法总论、公司法、证券法、票据法、保险法、海商法等部门法内容。经济法学研究方向包括经济法总论、财政税收法、金融法、企业和公司法、竞争法、涉外经济法。民法、商法与经济法的学科课程部分交叉，呈现融合与发展的趋势。

（一）商法学研究方向介绍

人大法学院自20世纪80年代起即在国内率先开设了商法总论、外国民商法、公司法、保险法、海商法等课程。商法学方向已被确定为国家文科重点基地（民商事法律科学研究中心）的主要学科，具有显著的学科基础优势和学科综合优势。商法学方向在下列方面取得了一定的成绩。

[①] 相关资料参考自中国人民大学法学院院史编写组《中国人民大学法学院院史（1950—2010）》（中国人民大学出版社2010年版）、中国人民大学法学院官网、中国民商法律网、中国经济法治网、中国劳动和社会保障法律网等。

1. 商法总论

本方向在国内（及港台受聘教学中）率先开设商法总论课程，本方向研究人员撰写了国内目前仅有的两部关于商法总论的著作和教材，该教材在国内教学科研中具有重要的影响并被广泛使用。本方向的研究人员目前正在进一步深化对于商法基本理论的研究，拟作出适合于我国商法各部门法发展要求的商法总论研究成果。

2. 公司法学

本方向 20 世纪 90 年代初即为中国人民大学法学院及港台联合教学的研究生开设公司法课程，本方向研究人员撰写的《中华人民共和国公司法》著作和相关教材在国内具有重要的影响，并长期参与《公司法》和有关法规的立法活动。目前正在进一步深化对公司法理论的研究，计划于近年来作出具有前瞻性和理论研究性质的公司法研究成果。

3. 证券法学

本学科方向在国内证券法教学科研中居于领先地位，在国内（及港台受聘教学中）率先开设了证券法课程，招收证券法方向的博士研究生，并专门为深圳证券交易所和国内 40 余家证券公司的从业人员开办证券法的培训班，讲授相关课程。国内首部证券法著作《证券发行与交易》（该书已再版 5 版）就是由本方向人员完成的，并进一步编写了首部证券从业人员资格考试统编教材《证券发行与承销》与《证券交易》，此外本方向的研究人员撰写的《中华人民共和国证券法》和有关证券监管制度的著作在国内具有重要影响。

4. 票据法学

本方向在国内率先开设了票据法课程，20 世纪 90 年代初即出版了中国票据法的专著，在中国票据立法改革后又率先编写出版了票据法教材。本方向的研究人员计划对中国票据制度进行系统深入的研究，作出具有前瞻性和符合国际票据交易惯例的研究成果。

5. 海商法学与保险法学

本方向人员自 20 世纪 80 年代中期率先在国内法律院校中开设了海商法及保险法课程，并撰写出版有关海商法的教材 6 部，有关保险法的著作 6 部。

（二）经济法学研究方向及相关课程介绍

经济法学主要研究方向有经济法总论、财税金融法、企业和公司法、竞争法等。

1. 经济法总论

本方向是关于经济法基础理论的研究。所做的基本工作，是力求对经济法涉及的各基本问题做出科学、透彻的阐述，以期对中国新时期法学的发展有所建树。内容主要有：经济法的概念，经济法的价值和基本原则，经济法和经济法学的体系，经济法的法律关系，经济法律责任等。当前研究的侧重点包括：（1）研究立足于调整对象的经济法基本定义，提高并确立经济法学的科学性。（2）以主客观统一作为法的部门划分标准，论证经济法作为法的部门和学科存在的客观性和必要性。（3）在经济法与其他法部门的关系方面，当前着重研究经济法与行政法的关系，论证在公共经济管理领域，经济法与行政法是内容与形式的关系，是经济管理的内容与行政控权的关系。（4）立足于经济法部门，研究经济法和经济法学的体系。在科学研究中摒弃泛经济之法观念，尽管不反对其作为日常生活中的观念和用语。（5）基于公有财产关系主导的现实，研究公有主体普遍角色错位和经营管理不善的治理，确立责权利统一的经济法原则，将经济责任制作为中国经济法的基本范畴之一，在此基础上构建中国的现代经济法。本研究方向既有的和将要取得的突破，是将泛经济之法渐次精确为有特定研究对象的成熟法学学科，用短短的二三十年走完传统学科百余年乃至数百年的建设历程。

2. 财税金融法

本方向是关于财政、税收、金融等法律制度和理论的研究。已经在税法和银行法基本理论、中央银行制度、财税金融法与国家宏观调控制度、财税金融教学体系等方面取得成果。结合改革实践，通过进一步研究，有望在财政权、税权、预算法制、地方税法体系、所得税完善、费税改革、金融风险防范与化解、政策性银行立法、非银行金融机构法律调整、农村金融法制建设、证券法制完善等方面取得突破和创新成果。

3. 企业和公司法

企业是一国各种社会关系的缩影，其组织与运作与一定的社会经济发展水平和历史、文化传统息息相关,本方向研究注重运用历史的、比较的和法社会学的方法,有望在企业和公司法研究中形成一种新的风气,使这方面的教研更贴近社会经济实际。本研究方向的特色和优势,是超越传统法律部门划分,以经济法的理念,融企业与公司、"公"(法)与"私"(法)、历史与现实、实践性与研究性为一体,整合各类企业法律制度进行研究,在此基础上开展教学。国外的企业法教学,英美法系的一般是按公司、合伙,或另单设商事组织法,大陆法系一般是按商法、民法,或另设公司法,分别设置教材及安排教学,也可能单设合作社法课程,但都不涉及国有企业法;中国原先的企业法教学,是将国有、集体等企业法与公司法分开,又将公司法与中外合资、合作、外资等"三资"企业法分开,且缺乏适用于各种企业的总论。适应社会主义市场经济和企业法制发展的需要,针对我国以公有主体投资经营为主、国有企业多为普通竞争性企业的实践,又结合世界范围内国有企业和合作社等非典型企业也日益以资本关系为主导、与公司形式相结合的趋势,经济法学科改革企业法教学内容,要旨就是将各种企业融为一体进行阐述,并设总论探求资本企业和企业法律关系的一般规律及其与非典型企业的关系,以收提纲挈领之效用。本方向研究的具体内容主要有:(1)企业和公司的基本概念及其与合伙、事业、合作、法人、有限责任等的关系、揭示其本质;(2)中国由政权直接操办经济事业的传统、"裙带资本主义"和建立现代企业法律制度问题;(3)企业法人登记和营业登记的理论与实践问题;(4)企业法人财产权的理论和实践研究;(5)企业法人资本制度和法人治理研究;(6)英美法系的公司秘书制度、驻会审计制度和外部董事及其对于我国的借鉴意义;(7)董事义务和小股东保护研究;(8)上市公司和证券法研究;(9)国有企业、公司的法律制度;(10)合作制暨集体所有制企业法研究;(11)关联企业制度研究;(12)有限合伙与创业型企业、风险投资制度研究;(13)企业、出资者或股东、董事、监事、经理(厂长)、职工、中介及服务机构、政府及其部门等违反企业法的法律责任研究;(14)破产和企业重整法律制度研究。

4. 竞争法。竞争法是西方国家经济法律制度的重要组成部分,也是经济法在西方出现的主要标志。在市场经济条件下,维持公平、稳定、有效的竞争秩序,是任何一个主权国家实行经济管理的重要目标。因此,加强竞争立法就是各国经济立法的重点。从狭义上讲,竞争法包括反不正当竞争法和反垄断法。在广义上,竞争法还拓展到产品质量法、消费者权益保护法、广告法、标准化法、计量法等。在教学科研中,本学科点对下列问题进行了探索:(1)竞争法的性质、地位和特征;(2)各国竞争政策及其背景;(3)各国竞争理论及其运用;(4)各国尤其是德国、日本、美国、欧盟等国家或地区的竞争立法;(5)竞争法与经济法、社会法的关系;(6)反垄断轨制的立法模式;(7)反垄断的法律属性和价值取向;(8)反垄断与技术进步、知识产权保护的关系;(9)国际反垄断对策研究;(10)中国反垄断研究;(11)竞争法律责任和执法机构等。

二 法学课程与其他社会科学、自然科学的彼此促进与发展

(一)西南政法大学"法学+金融学"双学士学位复合型人才培养项目简介[①]

1. 人才培养特色

"法学+金融学"双学士学位复合型人才培养项目是在高等教育教学改革和"新文科"建设背景下,依托西南政法大学具有博士学位授予权的法学和重庆市重点学科应用经济学开办的复合型、创新型人才培养项目,体现了西南政法大学"法金融合"人才培养的差异化竞争优势。

具体的培养特色有:一是充分发挥西南政法大学法学、应用经济学的学科优势,开展"法学+金融学"跨学科专业交叉融合教育,培养既具有法学专业思维又具有金融学专业技能的创新型、复合型"双料"人才。二是实施"通识教育+跨学科"培养模式。低年级实施通识教育与专业基础课程教育,高年级实施宽口径跨学科专业学习新模式。三是学生能够获得法学专业学历,同时获得法学和经济学两个学士学位(只发放一本学位证书,所授两个学位在证书中予以注明),培养的学生既可以

---

① 西南政法大学本科招生信息网,https://zs.swupl.edu.cn/zyjs/304004.htm,2021年10月6日访问。

参加全国司法考试，又可以参加金融行业相关资格考试。

2. 人才培养目标

本项目立足法与金融交叉融合的学科优势，根据"坚定理想信念、扎实理论功底、系统专门知识、良好职业能力"的一流人才培养要求，切实贯彻"立德树人""德法兼修"的培养理念，聚焦于培养具备法学和金融学复合知识背景、适应金融市场法律业务拓展需求，能够在司法部门、金融监管部门、金融风险防控机构从事法与金融关联工作的高层次、复合型人才。

3. 专业课程设置

除思想政治理论课和通识必修课外，本项目同时设立法学、金融学以及法学和金融学融合三大核心课程板块。

法学板块课程有：法理学、宪法学、刑法学总论、民法学、刑法学分论、刑事诉讼法学、行政法与行政诉讼法、民事诉讼法、商法学、经济法学、知识产权法学、劳动与社会保障法、国际法学、国际私法学、国际经济法学、环境资源法学、中国特色社会主义法治理论等。

金融学板块课程有：马克思主义政治经济学基本原理、会计学、微观经济学、宏观经济学、统计学、财政学、计量经济学、金融学、金融市场学、商业银行业务与经营、证券投资学、金融风险管理、国际金融、公司金融（双语）、互联网金融等。

法学和金融学融合板块课程有：证券投资基金法、国际金融法、金融监管、金融机构资产管理法律实务等。

4. 学生就业去向

本项目培养的毕业生的就业去向有法学和金融学两大专业领域。法学专业领域可在立法机关、行政机关、检察机关、审判机关以及法律服务机构从事金融法律工作；金融学专业领域可在金融监管部门、商业银行、投资银行、信托公司、基金公司、证券公司等从事金融监管与实务工作。

(二) 中国人民大学未来法治研究院简介①

1. 成立背景

近年来，互联网、大数据、人工智能、区块链、物联网等科学技术飞速发展，并以人们未曾想见的速度、广度和深度得到日益广泛的应用。这为社会生活带来前所未有的重大变革，也为全球法治领域带来了巨大的挑战和机遇。

2017年9月8日，中国人民大学法学院正式成立未来法治研究院，聚焦新一轮科技革命为法学领域带来的挑战及社会发展中的重大法治前沿问题，积极促进法学与当代科技发展及司法实践的紧密结合与交融汇通，建构对科技革命带来的新问题具有回应能力、对中国法律实践和法律体系具有解释力、对国际学术发展具有影响力的研究和教育平台。

中国人民大学未来法治研究院目前拥有多名具有跨学科背景、海外留学背景、学缘结构多元的优秀学者。他们的研究方向涵盖个人信息保护与数据治理、人工智能与法律规制、平台责任与平台监管、金融科技与技术驱动型监管、网络犯罪与网络安全、智慧司法理论及技术等重要领域。

2. 发展规划与使命

中国人民大学未来法治研究院将通过举办主题研讨会、前沿讲座、专题读书会、课程改革、建设实验室、对外交流等多种机制，探讨新技术变革所涉及的法学理论和法学问题分析框架及研究方法，针对新技术革命对法治提出的挑战给予法律规范和司法实践层面的回应，探索掌握新技术的复合型法律人才的培养路径。

中国人民大学未来法治研究院致力于成为新技术与法律紧密结合的研究平台，成为未来法学领军人物的孵化平台，成为面向世界法学界、具有重要国际影响力的合作平台，为新技术相关国内、国际规则的制定提供理论支撑和人才储备，服务于社会进步和人类文明的发展。

---

① 中国人民大学未来法治研究院官网，http://lti.ruc.edu.cn/sy/yjyjj/index.htm，2021年10月8日访问。

三 理论课程与实践课程的相互促进与发展

法学教育是一门培养法律人才的教学模式，旨在培养法律职业所需要的专业人才。法学实践课程是完成专业法律人才培养目标的重要环节，我们通常将模拟法庭、专业实习等同于法学实践课程，法学实践课程的基本概念是探究教学改革的开山之石，法学理论课程与实践课程的结合是培养专业法律人才的必经之路。法学专业是应用性很强的专业，要求进行理论联系实际为目的的社会实践。

法学专业理论课程主要包括宪法、民法、刑法、行政法、物权法、法理学、法制史、侵权责任法、物权法、民事诉讼法、刑事诉讼法、行政诉讼法、劳动和社会保障法、国际法、知识产权法等部门法。法学理论课程的教学目标是培养具有扎实法律专业知识储备的高质量法律人才，为法律实务的开展奠定理论基础。

实践课程以培育实践人才为最终追求和主要的教学目标。法学实践课程要传授处理法律实践的能力、方法、程序、技巧给学生，帮助学生熟悉相关的程序，掌握相关的知识，具备相关的能力。通过理论、实践两种教学方法的互相平衡，求取学生理论水平和实践能力的共同塑造。实践课程可通过安排学生到一线司法机构、审判机构、执法机构、律师事务所见习展开，也可基于客观情况，统一组织学生到行政机关或企事业单位进行实习和学习，依此进行实践育人。除此之外，还可安排学生在寒暑假展开社会实践；在校内，举办模拟法庭活动，教师对这些活动予以指导，进行点评。社会实践形式丰富多样，比如参加公开审判，做好案件纪实；参加疑难案例的讨论，撰写分析报告；参与现场勘察，附录勘察笔录；等等。实践教学与理论课程、书本知识教学不能等同，也不能把法律社会实践与实践教学等同起来。当然，课堂教学侧重于理论知识、书本知识的传授、灌输，但课堂教学中也可以进行实践教学。物证技术实验、摄影实习、案例分析讨论，也都能在课堂上进行，学生在获取教师提供的案例之后，分析归纳案件所涉及的法律关系、关键证据点以及从细节入手取得证据，归纳证据链以及学会质证技巧，这一学习过程本身就是由抽象到具体的实践教学阶段，学生的自主建构取代了被动的灌输教学。老师不再是满堂灌的"唠叨",而是在法律实践中化身"智囊",成为学生办理案件的引导者。实践课程的开设使学生在掌握马克思主义基本原理即法学专业知识的基础上把所学专业知识付诸实践,巩固、夯实专业知识,同时提升实务能力。在这一过程中引导学生发现问题、分析问题,并利用所学专业知识解决问题。

  法律是抽象的、概括的,理论则是具体的、复杂的,要将抽象的、概括的法律规则上升到法学理论,就必须联系实际,结合具体事例进行实践教学,从法律中提炼理论,用理论推动法律的修改和完善。实践课程为法学理论创新提供源头活水。这一点在程序法的研究方面更为显著。程序法的研究工作是不可能纯凭作图、笔记来完成的,具备实战经验的法律职业者对此更有发言权。加强实践教学,结合案例、联系刑事侦查取证、结合法院庭审现场来进行讲授,介绍司法机关如何审查、认定证据,如何运用证据来证明案件事实,如何形成合法的证据链条,从而使抽象的程序法规则形成体系,学生能够对证据学理论予以理解,广泛搜集论点、资料,博采众长。比如中国人民大学法学院人启动了课程体系改革,构建了"讲授课""练习课""实践课""研讨课""技能课"五大课程板块;建设法律诊所、模拟法庭、跨学科与交叉学科、实务专家讲坛、海外杰出法学家等新型课程模块;开设创业法律实务、创业+互联网金融等系列课程;共建网络法学、互联网金融、企业并购、新闻传播伦理与法规、大数据与司法舆情分析等跨学科、交叉型系列课程,实现教学内容推陈出新。修订再版经典教材,不断推出新学科、交叉融合型教材,形成"教材—资料—习题—案例—法规—电子资源库"立体化教材体系。通过这样的方式,学生能够把所学的各科理论知识直观地运用到实践中,慢慢打通理论课程,通过这样的学习方式,无论是对理论课程的学习还是实践课程的学习都大有裨益,也能促进二者的融合发展。

第二章

中国社会主义商事法的理念、价值与原则

第一节 中国社会主义商事法理念根植于马克思主义理论

一 商事法是马克思主义中国化理论成果

当代中国商事法与西方传统商事法在制度设计上存在着根本性的差异。西方传统商事法以私人产权为核心,以商人自治为基本原则;深入剖析中国当代的商事立法,归总其首要的立法原则、适用原则,可以概括为维护公益。这些展现在制度层面的差异,反映了理论渊源的不同。中国当下建立的商事法学理论体系具有自身的独特性,是马克思主义在法学理论层面上的中国化转换。具体来讲,传统商事法体制的核心是私权,当代中国对此予以了彻底的突破,并基于本国国情,构建起具有自身特色的、完整的商事法律体制和商事立法体系。

首先,比较我国现行的商事法和其他国家的商事法,归总双方的共性和差异,有如下所得:世界各国的商事法都支持一般性商事领域,私主体的主体资格;都赞成并高度认可依法治国,但是中国特色社会主义商事法也有自身的诸多特殊之处。其一,在承认行政机关监管身份的前提下,也授予公法主体相同的商事经营资格;其二,认可商事财产渊源的多样化,从私人财产到公共财产再到国家财产,均能转化成商事财产;其三,包括金融、信息产业、知识产权三个方面;其四,中国特色社会主义商事法更注重实用性,未颁行统一的商法典,以单行商事法的形式颁行适用于社会各个领域。具体而言,中国特色社会主义商事法可以归

结为：以公私混合主体为一般的基础，以法律的监管和行政监督相结合为保障，以公私并存的财产制度为特色，以金融、信息产业以及知识产权为主要的内容，是一个注重商事活动实际需求的商事法体系。中国特色社会主义商事法在制度上实现了国家所有权、集体所有权、私人所有权相互协调发展的一个创新，并且构造了多元主体制度，同时在尊重市场规律的基础上，通过国家的一个战略规划，创造了逐步推进、以点带面的商事法律发展模式。

据此，以兼具公有和私有主体为特色的中国商事主体制度，衍生出了由国有控股企业、国有独资企业，民营和外资控股、参股及独资企业、个体工商户、农村承包经营户等形成的多元主体创设的企业组织形式。相应地，中国独特的商事主体机制之所以能够长期存在并不断的延续，根源于多元主体所创设的多样而且丰富的企业组织形式。而这样的商事法律模式以及极具中国特色的商事主体制度，正是源于马克思主义的，同时是在实践中将中国的实际国情与马克思主义相结合的，是马克思主义中国化的理论成果。

二 社会主义商事立法具体制度的建构路径

中国以马克思主义中国化的理论成果为指导，对所移植的商事法制度进行了本土化改造，同时在法律创制的过程中对中国特色社会主义商事法的形成进行了理论上的指导。除了改革开放初商事法制度的创立时期外，在其后整个商事法制度的不断发展时期，中国始终坚持从实际出发，借鉴、吸收、改造传统商事法，突破传统社会主义理论的框架，破除教条，从实践中探索适合中国国情和未来社会发展趋势的商事法制度。

(一) 立足中国特色社会主义市场经济的基本国情

党的十八届四中全会通过的《中共中央关于全面推进依法治国若干重大问题的决定》（以下简称《决定》）所传达的精神表明，"社会主义市场经济本质上是法治经济"。中国的商事法学理论研究在构建市场经济法律制度时，必须始终立足于中国特色社会主义市场经济的基本国情。

(二) 保持国际性的同时坚持其自身的国内性

法律作为上层建筑，是由经济基础所决定的，对此马克思指出，"社会不是以法律为基础的。那是法学家们的幻想。相反地，法律应该以社会为基础。法律应该是社会共同的、由一定物质生活方式所产生的利益和需要的表现，而不是单个的个人恣意横行"。① 《拿破仑法典》并没有创立资产阶级社会，而是资产阶级在法典中找到了它的法律表现。以马克思主义为指导的中国商事法学研究，首先必须以社会为基础，既要关注国际社会的动向，更要从中国的实际国情出发，根植于中国特色社会主义经济和社会生活实践，在遵循商事法国际性的同时，也要着重体现出商事法的国内性。

（三）商事法学理论研究需要关注交易实践

商事法以市场交易关系为调整对象，而商事企业关系是其中比较重要的内容之一。马克思对于该调整内容产生的必然性和客观规律有过这样的论述："一方必须得他方同意，必须以共同的意志行为才让渡自己所有的商品，占有他方所有的商品。他们必须互相承认私有者的权利。这种权利关系——不管是不是依法成立的，它总归是在契约的形式上——是一种意志关系，并在其中，反映出一种经济关系来，这种权利关系或意志关系的内容，也就是这种经济关系规定。"② 由此，交易便带动了商事契约的产生，所以说，在探究以商事契约为调整对象的商事法的一般规律和具体规则设计的商事法学的时候，就必须随时关注并且紧跟商事交易实践发展的动态，同时坚持商事法的发展性和实践性。

（四）合理对待商事法与民法的联系与差异

起源于欧洲中世纪的近代商事法与民法有着不同的发展轨迹，在欧洲中世纪时期，肇始于罗马法的民法因为日耳曼人的入侵而遭到停滞，商事法在该时期从比较零散、杂乱的习惯法发展成了比较有系统的成文法，中世纪后期罗马法复兴就和在商事法的保障下快速发展的商业具有紧密联系。马克思指出，"当工业和商业（刚开始在意大利，之后在其他的国家）进一步发展了私有制的时候，详细拟定的罗马私法便又立即得

---

① 《马克思恩格斯全集》第6卷，人民出版社1961年版，第291—292页。
② 《资本论》第1卷，郭大力、王亚南译，上海三联书店2011年版，第39页。

到恢复并取得威信"。① 所以，民法和商事法是彼此联系、相互作用的，学习和研究商事法应该正确地认识民法和商事法在历史上就具有的关联性。

马克思主义经典作家关于商事法的阐述为中国特色社会主义商事法学的理论研究提供了本体论、认识论以及方法论上的指导，掌握这些理论有助于从根本上保障我们对商事法研究的准确性和科学性。

第二节　维护社会主义市场经济交易秩序的价值定位

商事法的价值，即指商事法所设定的、对于商事主体具有相当指导意义的价值取向，商事法的价值是商事主体所极力追求并且珍惜的。商事法的价值具有根本性、初始性、理想性，它是商事法制定、实施、评价、判断的依据和标准，也是商事法运行的起点和归宿。② 商事法的价值是商事法得以确立、存续和发展的理论以及逻辑基础。商事法常常被认为是没有理论底蕴的技术性法律领域，③ 或者说通常认为商事法的一般性规则已经被民法吸收了，④ 但是商事法的价值并没有被民法全部吸收，它当然有其独特的价值，主要包括交易的简便与迅捷、交易的公平与确实、交易的安全与公益。

一　交易的简便与迅捷

商事交易以简便为首要关注点，商事行为、商事主体和司法层面的法律行为以及主体间存在较大的不同。基于商事交易的独特性和关注重点，商事法以自由作为最基本的原则。商业的根本追求在于营利，为了实现营利的目的，交易迅捷是必需的要求，只有迅捷，交易才能反复、多次展开，交易的时间成本、经济成本才能得以尽可能地压缩，营利目的才可得以更好地实现。所以，于商事交易时效这个问题上，商事法所

---

① 《马克思恩格斯文集》第 1 卷，人民出版社 2009 年版，第 584 页。
② 于娟：《商法价值指向与经济法价值向度相关度考察》，《求索》2010 年第 2 期。
③ 赵旭东：《商法的困惑与思考》，《政法论坛》2002 年第 1 期。
④ 施天涛：《商法学》（第三版），法律出版社 2006 年版。

采用的是短期消灭时效主义；通过定型化交易的形态、交易的客体，推动交易更为迅捷地展开。

所以一般来说，站在商事主体的层面分析，交易便捷也即交易周期较短、时间成本较低、次数可以增多，利润当然也就能得以增加。为了适应商事交易这一客观要求，商事法就要追求交易的简便与迅捷这一基本价值。商事法主要从以下三个方面来贯彻落实交易的简便与迅捷。

首先，充分尊重商事行为当事人之意思自治。最简便的交易方式是对商事契约基础上展开的自由交易予以确认。通常，当事人只要具备自由的意志，公平的机会和条件，其主观能动性就会得到充分的发挥，运用自身的聪明才智简化交易程序，求取交易效率的提升，实现利润最大化。故而，就部分商事交易事项来讲，商事法设定的为任意性规定，比如公司章程、票据记载、海上保险等诸多领域，商事立法都设定了任意记载的内容，依此授予当事人约定的自由和意思自治的空间，求取商事交易更为便捷和快速地展开。

其次，定型化设置交易方式与客体。通过定型化，简化繁杂的交易程序，求取交易时间成本的节省。再看定型化交易方式，其指的是借助商事立法，预先将交易方式规定为数种具体的类型，具体交易时，无论商事主体如何改变，不管交易的具体时间，法律适用的成效都一样。例如：商法明确规定明码标价，买方即能基于此快速做出承诺与否的决定，使得交易能够更迅捷的展开；再比如商法针对记名证券所设定的"背书转让"规定、针对无记名证券所做出的"交付转让"规定等都是对交易予以定型；再来看定型化交易客体，其指的是在以物为交易客体时，对物的规格、标记等予以统一化，提高交易客体的识别度，方便交易的展开。在以有形物品为交易客体时，通过统一规格、借助特定商标化处理相关商品，推动交易规模的快速增加，求取交易效率的提升，交易成本的有效压缩；在以无形权益为交易客体时，考虑流通性的需要，商事法证券化处理了相关的客体，比如提单、债券，再比如本票、仓单等，运用立法对内容、对格式予以统一、固定的设定，提高流动的效益，提高客体的使用性，这也是交易简便与迅捷的体现。

最后是短期时效主义。短期时效主义就是指将交易行为所产生的请求权的时效期间予以缩短而从速确定其行为效力的立法规定。商事法为了追求商事交易的迅捷，采取了较多的短期时效主义之规定。比如我国《票据法》第十七条规定："票据权利在下列内不行使而消灭：持票人对票据的出票人和承兑人的权利，自票据到期日起二年。见票即付的汇票、本票，自出票日起二年；持票人对支票出票人的权利，自出票日起六个月；持票人对前手的追索权，自被拒绝承兑或者被拒绝付款之日起六个月；持票人对前手的再追索权，自清偿日或者被提起诉讼之日起三个月。"我国《保险法》第二十六条规定："人寿保险以外的其它保险的被保险人或者受益人，对保险人请求赔偿或者给付保险金的权利，自其知道保险事故发生之日起二年不行而消灭。人寿保险的被保险人或者受益人对保险人请求给付保险金的权利，自其知道保险事故发生之日起五年不行使而消灭。"我国《海商法》则从第二百五十七条至第二百六十七条对短期时效作出了专章规定。这些短期时效的规定，在很大程度上促进了商事交易当事人快速地进行交易，固定并且缩短了交易的期限，也就促进了商事交易的迅捷。

二 交易的公平与确实

商事交易社会，一切交易行为，都显露着纯粹的利己主义，易言之，此种社会，就是一个利己主义的集合，凡进出于其间者，大都凭着一己的力量自由竞争，以达到其营利之目的。举凡关于商业之组织，与商业之活动，其目的皆在于营利，交易上之往来，必须维持其公平。商事法上，对于商事交易的主体方面，则采平等交易之原则，诚实与信用之原则，及情事变更之原则，以期交易之公平。

交易公平，是指商事交易主体在法律地位上要平等，在权利和义务方面要对等。平等是基础，是实现商事法价值的前提和保障，如果商事主体法律地位都不平等的话，势必造成交易秩序的混乱与无序，同时商事交易的效率也就会因此降低。按照平等原则的要求，各商事主体在签订商事合同的时候，必须做到公平合理，而不允许附带不平等的条件和过分的要求，明显不公平以及损害交易相对方利益的商事合同都不应当具有法律约束力。就比如中国《海商法》第一百二十六条规定："海上旅客运输合同中含有下列内容之一的条款无效：免除承运人对旅客应当承担的法定责任；降低承运人的责任限额；对举证责任作出相反的约定；限制旅客提赔偿请求的权利。"

商事交易，重在确实，交易行为之当事人，双方应享之权利与应尽之义务，若不予以适当的规范，使其达到确实之要求，则一切交易行为，皆难以顺利完成。商事法上，对于交易相对人之意思表示方面，则采告知或通知义务主义，及禁止诈欺或不正当行为主义，以期交易之确实。

三　交易的安全与公益

安全，在商事交易中的含义是指财产权益能够顺利地实现，商事法中的安全为动态的安全，也就是交易过程中的安全，交易安全是指能够通过交易获得财产，能够保障债权和投资安全的实现。商事交易追求营利，商事交易之安全是商法和商事交易的当然关注要点。商事交易虽然高度追求迅捷，但是这一追求是建立在安全的基础上的，是以不损己安全为基本前提的。今日的交易绝对不会以牺牲明日的安全为代价。所以商事法将强制主义、严格责任、公示主义以及外观主义设定为自己的基础，借助这些基本原则对交易的安全性予以充分的保护。

公示主义，即指有关企业业务上的一些事实，如若与交易相对人有利害关系时，则需进行公告周知才能够发生法律效力。对于公示主义而言，商事法对其有登记、公告等制度设计。公示主义在公司法上表现为公示公告，比如说公司如果进行合并分立或者增资减资的话，则需向公司债权人进行公告通知；在证券法上表现为信息披露，信息披露即指证券发行人或上市公司依照《证券法》的规定，把企业的财务、经营等信息向证券管理部门报告，并对社会公众发布公告。社会步入现代社会之后，商事交易展开时，所有权和占有权互为分离已经成为一种常态，这就造成交易对象难以准确判别对方究竟有无处分交易标的的权力。另外，伴随着交易范围的扩大化以及交易相对方的快速变化，交易者都很难准确判定相对方的资信状况、履约能力。为了保证交易的安全性，商事法创设公示制度，借此从如下方面为交易的安全展开提供对应的保障和支持：其一，基于权利登记簿、基于公示对相对人的权利能力、行为能力予以确定；其二，基于权利登记簿、基于公示对相对人的财务状况、履约能力、资信状况、重大性关键信息予以判定，降低决策的盲目性，提高决策的准确性；其三，公示制度所具备的公信力授予善意行为人对抗其他第三方主体乃至真正权利主体的权利。

外观主义，即指交易行为的效果以交易当事人行为的外观为准。商事法律行为完成之后，出于对交易秩序和安全的保护，非经法律规定，表意人不得以意思表示瑕疵为由主张撤销或无效。外观原则是解说和制定众多商事法具体规则的法理基础。具体来说，外观主义在商和商行为法中都有相关的体现。首先是外观主义在商人法中体现。在商人法中表见经理、表见代表、不实登记、字号借用、自称股东等均体现了外观主义。比如说，如果当事人所处的法律关系属于商事法律关系，为了保障交易安全和促进交易效率，股东资格就应当以外观理论来确定。除此之外，在公司法中，公司章程对于法定代表人的限制不能产生对抗第三人的效力，这也是外观主义的体现。其次是外观主义在商行为法中的体现。商事法律行为以及意思表示的解释规则都是以外观为基础。《德国商法典》第三百六十二条以外观即缄默来确立承诺的法律效果。除此之外，在商行为法中，票据法、证券法和保险外观主义的应用相对来说更为广泛。比如说保险弃权和禁反言、票据行为的文义主义和表示主义等都体现了外观原则。① 外观理论不仅体现于具体规范，还可以直接作为商事裁判中的裁判准则。"法院可以根据安全和效率的要求，在没有具体制度支撑的情形下，直接外观适理论进行裁判。据外观理论进行裁判的判例。"②

第三节 社会主义市场经济依法调整商事活动的基本原则

商事法基本原则，指的是揭示商事法基本宗旨、在商事关系领域具

---

① 叶林、石旭雯：《外观主义的商法意义——从内在体系的视角出发》，《河南大学学报》（社会科学版）2008年第3期。
② 刘洪华：《论有限责任公司股东资格的认定》，《暨南学报》（哲学社会科学版）2012年第8期。

有较强司法指导价值、具有普遍适用性、统领商事法的整体规则体系的基本准则,其为商事立法之魂、为商事立法之魄,在商事审判的过程中,发挥着强大的指导作用,还是做出司法解释所依赖的基本依据。商事法基本原则不只见诸民商分立体制中的商事立法,而且见诸民商合一的商事立法。根据规制对象和规制因素的不同,商事法基本原则可以被划分为对商人予以规制的基本原则和对商行为予以规制的基本原则,基于商事法基本原则,商事法律关系的稳定性、统一性可以得到更好的保持,商事交易所积极追求的迅捷、效率、安全、公平能够得到更好的实现和保护。

一 商事主体法定原则

商事主体法定原则,是指商事法以强制性规范对商主体的类型、标准及设立作出具体规定,并要求商事主体按照其规定进行商事活动。对于商事法律关系的构成来讲,主体是最基本的要素。通过作用于商事主体的行为,影响商事法律关系,进而保持经济的稳定、交易的安全性,维护社会秩序。所以,针对商事组织,商事立法无不设定大量的调整规则。从外延的角度上理解和认识商事主体法定这一基本原则,其涵盖了商事主体,从类型到内容再到公示都依法而定。

(一)商事主体类型法定

商事主体类型法定,即指商事主体的类型是由法律强行规定的,商事主体不可以设立不符合法律规定类型的商人。虽然没有相关法律明确禁止选择法定类型之外的商人类型,但是由于商人成立需要进行登记,所以如若不符合法定类型,登记机构是不会允许登记的。我国现行《民法典》对民事主体采取了"自然人、法人以及非法人组织"的主体分类体系,[①]《民法典》的"民商合一"的编纂体例,使得民事主体的分类体系对商事主体的分类具有较大的参考价值。商人类型法定指的是商事法从类型上针对商人做出准确、合理以及严格的划分,对商人类型从法律层面做出全面概括,为商事法治、为商法实践在主体上做好种类设定。

---

① 范健:《中国〈民法典〉颁行后的民商关系思考》,《政法论坛》2021年第2期。

也就是说，商事主体在进行活动时，没有必要也不会选择法定类型之外的商人类型，法律之所以这样做，在于维护交易安全、降低交易成本以及促进交易效率。因为统一、协调并且合理的商人制度有利于促进实现良好的市场秩序。①

从传统意义角度解读商事主体，其可以被划分为如下三种类型：商个人、商合伙、商法人。先来看"商个人"，其指的是自然人基于法定程序，获得了商主体的相关资格，在我国有个体工商户、个人独资企业，还有农村承包经营者；而商合伙指的则是基于共同经营的需要，两个或多个主体就共同投资、共负盈亏、共担风险做出的约定，基于约定，通过商事登记彼此之间形成的负有连带责任之商事组织；商法人的设立同样是建立在营利目的基础上的，通过商事登记，所取得法人资格，并依法获取到经营权利、担负经营义务，以共同财产独立经营、独立担负相关商事责任之商事组织；商法人即指基于营利目的设立的、拥有法人资格，参与商事经营活动，依法独立享有权利，承担义务并以其共同经营的财产独立承担商事责任的组织，商法人具有以下特征：商法人是拟制法律主体；商法人基于商事立法设立，享有独立财产，不但是独立的组织体，而且是独立的意思自治主体，其以所有财产担负对应的商事责任，有限责任公司和股份有限公司是其常见形式；集体企业、国有企业以及外资企业是常见的、属性不同的商法人。

（二）商事主体内容法定

商事主体内容法定，即指法律对各具体商人类型的内部治理、财产关系以及责任形式加以强制性规范，并且禁止任何商事主体任意变更。在商事主体类型法定后，就会对各具体商人类型设置不同的规则并对其内容进行法定化，如果商事主体内容不同，那么商事主体类型法定化也就没有任何意义了。一般性社会主体若想具备商事主体资格，必须满足法定要件，即商事主体不能随意设立、任意变更，这就保证了商事主体在法律属性上的统一性、稳定性。

商事主体内容法定主要从如下两个方面发挥自身的作用和价值：一

---

① 董安生、王文钦、王艳萍：《中国商法总论》，吉林人民出版社1994年版，第55页。

方面，同类商事主体的法律构造大致一样，比如所有股份有限公司在内部都设有监事会、董事会、股东会三大组织机构；股份有限公司的财产独立于股东的个人财产之外；股东对股份有限公司的运营在投资范围内担负有限责任；股份有限公司的注册资本必须满足立法设定的最低限额要求等。另一方面，对于商事主体之内部元素，也只能依据商事立法进行变更，变更以登记为生效要件，但商事法也不是完全限制具体元素的更改，比如说如减少注册资本、变更商人代表人等，商事法也是允许的，但必须履行相应的法定程序才能够发生法律效力。最后，商事主体不得以法无禁止为由通过章程、协议消解商人法中的强行性规定。例如，公司在法定机构之外可以设置任意机构，但该任意机构不得架空法定机构的权力。大致相同的法律构造目的在于简化市场关系，帮助各方市场参与者降低信息搜索成本，锁定交易风险，最终达到促进交易效率和保障交易安全的目的。例如，对于股份有限公司，如果没有内容法定，投资人将无法隔离投资人自身的财产与公司财产，无法保证自己的投资安全，更无法锁定自己的投资风险，对于交易相对方也无从了解交易对手的内部情况，无法确定其资产状况和信誉等级，主体法定使得交易的便捷性在一定程度上受到了阻滞，交易欲望也因此而得到一定的控制。从正面看，商事主体内容法定让商事内、外法律关系得到更好的维系；从内部看商事法律关系发生于不同投资者间、投资人和商事主体间；从外部看，商事法律关系发生在商事主体和第三方社会主体间。

（三）商事主体公示法定

商事主体公示法定，即指商事主体在成立之前必须按照法定程序进行登记、公示，未经法定公示不能取得合法资格。具体而言就是商事主体必须就其类型和内容予以登记公示，公示的内容和效力依照法律确定。以公司为例，公司应当就其设立、变更和终止的诸事项予以公示。同时，商人依法登记注册的事项和文件既要设置于登记机关，也要设置于其营业场所。公示的目的是以便交易相对人和投资人及时知晓与商人人格相关的信息。登记公示的效力有未经登记和公示不产生效力的，如公司设立，也有不得用于对抗善意第三人的。

无论是为了商事组织的健康、稳健、安全运营，还是为了国家宏观管理权的实现和发挥，针对商事主体之设立和变更，国家立法在程序层面都设定了极其严格的规定，从强制登记管理到行政审批机制，均为商事程序方面的立法。另外，商事主体的信息年报披露机制进一步的将公司设立的基本原则从最初的核准设立推向了严格准则主义。借助公示，商事主体的能力和经营状况以及主要经营者的相关身份信息能够为社会、为公众、为利益相关方所掌握、所知悉，信息如果没有被法定公示，则不具备对抗善意第三人的效力。根据此原则，交易相对人对交易主体的信息能够更为方便地获取，能够更为准确地对其商业信誉、交易资质、履约能力做出判定，商事主体的财产以及履约能力也就相对更为确定，交易的安全性、经济之稳定性也就能够得到相对更好的保护与维持。

二 严格责任主义原则

严格责任主义，即从事商事交易行为的行为人应承担的责任较之于一般民事主体更为严格。实行严格责任主义是保障交易安全的一个重要举措。商事法上的严格责任主义是一种立法政策上的总体考量，而不是一种具体的归责原则，具体主要表现为义务上的增加，责任上的加重以及责任要件上的减少。

适用严格责任主义，主要有以下理由：首先，保障交易安全。有限责任的存在，让企业所有人尽可能的把自身的投资风险转移出去，当风险被转移出去之后，经营者为谋取更多的利润可能就会冒险，从而导致交易相对人的风险增加。严格责任的设立能够有效抑制此种风险的增加，保障商事交易中的诚信和安全，维护交易相对人的合法权益；其次，有效分散风险。企业不仅能够转移投资人的风险，也可以分散交易相对人的风险，它们会在经营中将损害赔偿金额分摊到商品中去，然后由众多的交易相对人来承担这些风险。除此之外，严格责任不要求过错，具有很低的赔偿门槛，通过降低因果关系的要求，也起到了分散风险的作用；最后，由于严格责任的赔偿门槛非常的低，这就会使得商事交易人为避免承担赔偿责任而有效遵守规定，从而促进交易安全和效率。

商事交易领域采取严格责任主义，含连带责任与无过错责任。其中连带责任的担负建立在连带之债的基础上，和民法领域所常用的单一民事责任相比更严格。在民法范围内,连带责任为责任担负之例外原则;但是于商事法领域,连带责任明显具有更广的适用范围。比如,公司法为无限公司之股东设定的就是对公司债务担负连带责任、公司法为合伙公司之无限责任股东设定的也是对公司债务担负连带责任。再比如合伙企业法同样规定了严格责任条款,例如:对于合伙企业经营产生的债务,合伙人担负无限连带责任;再比如有限合伙人在合伙关系内部所设定的优先责任对外不享有对抗善意第三人的权利;还有,票据法之中,二人以上签名人对于票据也担负有连带责任等。商事立法领域,可以找到太多严格责任的法律规定。总而言之,商事交易范围内,对于已经产生的债务,不管债务人有无过错,都应担负起对债权人的责任。保险法对严格责任主义予以更为显著的体现,对于投保人抑或是对于被保险人,即便是在不可抗力的情形下,承保也应负责。所以,商事法不只是对商事组织的特殊性予以强化,同时对交易安全给予了更有力的保障。商事立法一方面借助公司法在内的相关立法,为公司股东设定有限责任,基于此强化公司作为独立法人的地位和运作;另一方面,借助为商事主体设定严格的责任承担机制,充分保证了交易安全的实现。

由于严格责任加重了商事主体的责任,看似违反了意思自治和自己责任原则,但这实际上是商事实践的要求以及商事主体自己的选择。比如说,在成立或投资商事组织的时候,商事主体的类型在法定范围内是可以自由选择的,由于合伙企业承担的是无限连带责任,商事主体完全可以选择公司的形式,但是很多人还是会选择合伙。所以说,严格责任仍然是在当事人意思自治的基础之上的。

三 商事诚实信用原则

诚实信用原则是现代民商事法中的一个"帝王条款",它对民事活动和商事活动的公平进行具有普遍性的控制作用。要求交易行为当事人,应尊重交易习惯,依诚实信用的方法,而为交易活动,以维持公平。"诚信是金",在商事交易过程中,如果没有了诚信,就无交易可谈,诚信原则是商人在进行商事活动时必须遵守的一项重要原则。诚实信用原则不仅能够指导当事人的法律行为,也为法官自由裁量提供了机会,承担着私法领域中法律关系"稳定器"的作用。

各国商事法中对诚实信用原则的运用都比较重视，限制欺诈和各种不正当行为的规定甚多。诚实信用原则在公司法中的适用中，主要体现为受信义务。如在设立公司的过程中，发起人相互之间以及发起人对将来公司负有受信义务。在公司成立后，公司董事、监事、高级管理人员以及股东、控股股东、实际控制人对公司负有受信义务。在公司解散后，清算人在执行清算事务时对公司负有受信义务。公司法还规定：在设立登记之后，如果发现公司存在虚假登记行为，登记将被撤销，同时还要科处罚款乃至是给予相关当事人以刑事处罚。票据法领域，签章人在未获得代理权的条件下以代理人之名于票据上做出签章的，则签章人应担负对应的票据责任；票据代理人在代理权限之外行使相关行为的，对越权代理部分的行为担负对应的票据责任。另外，票据法之中还明确规定：应真实记载，签发、转让、取得票据的行为也应以诚信为基本原则，如果伪造抑或是变造签章的，则应担负对应的法律责任。保险法在保证交易安全方面的相关规定有：保险合同订立时，投保人应基于最大诚信的基本原则，就重要的保险事实履行诚信告知义务，例如被保险人之年龄、健康状况、职业等，虚假申报、申报不实可能造成不能获得保险赔付的法律后果。前述立法条款设置的目的都可以归总至严禁欺诈交易、禁止不正当交易，依此保证安全、诚信、公平交易的展开。

四　商事经营自由原则

经营自由，也称经商自由、交易自由或营业自由，是指除非依照法律规定或整体利益不得从事经营活动者外，行为人有权自主决定从事经营活动，即享有是否从事经营活动的自由和从事何种经营活动的自由。商事经营自由主要表现为选择营业类别的自由、经营自由以及停业自由。

第一，选择营业类别的自由，营业类别主要体现为商事主体类型和经营活动领域。在法律规定的商事主体类型中，行为人有权自主决定设立何种类型的商事组织，在商事主体类型和从事的行业领域相匹配的情况下，可以商个人的方式进行营业活动，也可以商合伙或者商法人的方式进行营业活动。同时，在行业领域如此众多的情况下，商事主体可自由选择自己想经营的行业，比如可以从事服装行业、影视行业、教育行业或者是餐饮行业，等等。

第二，经营自由。经营自由主要包括营业时间自由、营业地点自由、营业方式自由、营业内容自由、使用员工自由以及投资自由等。这里所提到的经营自由当然是在符合相关法律规定的前提下，与此同时，这些自由都要受到宪法以及相关的劳动和营业法律法的规范，不能够损害公众的合法权益。就拿营业时间自由来说，营业时间过短，营业者无法获得必要的利润，劳动者无法维持必要的生活，而如果营业时间过长，可能会给劳动者带来身心方面的危害。所以《中华人民共和国劳动法》第三十六条规定："国家实行劳动者每日工作时间不超过八小时、平均每周工作时间不超过四十四小时的工时制度。"因此，营业机构应保证所雇的劳动者每日工作时间不超过八小时、平均每周工作时间不超过四十四小时的工时制度，但营业场所的具体起止营业时间，可根据需要作出弹性的规定。目前我国行政法规对网吧、娱乐场所等特种营业场所的营业时间进行了限制。再拿营业地点来说，在一般情况下，对于市场，商事主体能进行自由评估、做出自主预测，并基于自身情况开展经营，选择具体的营业地点。不过需要指出的是，这个过程中不能有害于他人权益的实现，不能带来其他的社会危害，例如在经营地点的设定上，立法也有严格的规定，居民楼、图书馆、文保单位、博物馆之内不允许设置娱乐场所，以免有害于居民的正常生活。

第三，停业自由。停业自由是指商事主体有暂停或者终止其营业的自由。《民法典》第六十九条规定："有下列情形之一的，法人解散：（一）法人章程规定的存续期间届满或者法人章程规定的其他解散事由出现；（二）法人的权力机构决议解散；（三）因法人合并或者分立需要解散；（四）法人依法被吊销营业执照、登记证书，被责令关闭或者被撤销；（五）法律规定的其他情形。"所以商事主体不仅可以在章程中自行约定终止营业的事由，也可以在营业过程中自行决定法人进行合并或者分立，但是需要注意的是，经过政府审批才能够进行营业的行业，这些行业的营业主体一般都承担着提供相关公共服务的义务，所以它们的停业、歇业，需要事先获得作出行政许可决定的行政机关批准。

商事法在确立经营自由原则时，要处理好经营自由与政府审批之间的关系。在商事主体的登记上，在我国，商事主体应依照法律的要求向登记机关申请进行商业登记，依照我国法律的规定，未经登记，商人不得设立。商业登记是为了确定商事主体的特定资格，商事主体申请登记符合法律规定的条件时，登记机关就应当给予批准。在为维护公共安全和秩序而设定的普通许可上，《中华人民共和国行政许可法》第十二条第一款规定："直接涉及国家安全、公共安全、经济宏观调控、生态环境保护以及直接关系人身健康、生命财产安全等特定活动，需要按照法定条件予以批准的事项，可以设定行政许可。"出于维护公共安全和公共秩序，在特定行业领域，需要通过政府的审批制度来限制商事主体的自由经营，而不能完全放任商事主体自由经营。比如英国，对屠宰场、动物园、宠物商店、伐木等行业设定了行政许可，日本的药店、零售市场、典当行业、饮食以及住宿行业都设定了政府许可，而我国对化学危险品、毒性药品、精神药品以及放射性药品的生产经营都设定了政府许可。在专业技能和知识领域设定的许可上，《中华人民共和国行政许可法》第十二条第三款规定："提供公众服务并且直接关系公共利益的职业、行业，需要确定具备特殊信誉、特殊条件或者特殊技能等资格、资质的事项，可以设定行政许可。"对于需要特殊的专业技能和知识领域的行业，需要政府对商事主体的相关资格和资质进行审批许可，从而保障商事主体的素质要求达标、商事交易的效率和安全。在对公用事业的特许上，《中华人民共和国行政许可法》第十二条第二款规定："有限自然资源开发利用、公共资源配置以及直接关系公共利益的特定行业的市场准入等，需要赋予特定权利的事项，可以设定行政许可。"在涉及公共利益的领域，比如电力、城市燃气等公共事业，铁路、公交等运输业，承担着向公众生活提供必不可少的服务的任务，这些特殊领域所具备的高度公共性和公益性，使得这些领域的营业活动不能够让私人完全自由地进行经营。当存在具备经营这些行业能力的主体，或让其从事这些行业符合公益的情形下，行政机关赋予该特定人经营这些行业的特权。同时，行政机关通过对这些特殊领域的价格、质量、普遍服务义务以及知情权保障等方面进行规制，来对公用事业加以控制。这样的特许规制是为了保护处于弱势地位的消费者的权益，维护公共利益。

经营自由的限制，包括法定限制和行业限制。法定限制，是指对权利人经营自由加以限制的法律规定，就比如说如公务员和未成年人不得从事营业等。行业限制，也称整体利益限制，指权利人未事先取得某种特殊资格，即不得从事特定营业的限制。这和在专业技能和知识领域设定行政许可相似，从事某一行业需要具备专业的知识和特殊的资格，就比如未取得会计师资格的人，不得成立合伙制的会计师事务所，不得加入会计师事务所的行业组织；不具备承包工程资质的企业，不得进行工程承包。这样的限制不仅可以促进市场经济的良性竞争，还能提高相关行业的质量。

五 企业经营维持原则

企业经营维持原则，是指现代商事法通过种法律制度确保企业组织得以稳定、协调和健康地发展，尤其是通过各种制度安排尽力地维持企业的存续。企业组织包括独资、合伙、公司及其他企业形式。从本质上看，个体工商户和独资企业之间不存在根本性的差异，都属于企业的范畴。它们的整体规模相对不大，也没有较高的组织程度；公司以及合伙企业就与之不同，所以公司法、破产法有对应不同的规定。维持经营是商事立法针对企业设定的基本原则。

企业主体地位的维持。在企业的设立符合相关法律法规规定的条件以后，法律就不会轻易让已经存在的企业主体消失，而是会尽力维持企业主体的地位。在公司法中，有关公司设立瑕疵的法律后果以及请求公司解散等制度中都体现了企业主体地位的维持。公司设立瑕疵，是指经公司登记机关核准登记并获得营业执照而宣告成立的公司，但是在设立过程中，存在不符合公司法规定的条件或者程序而设立公司的情形。一般来说，既然法律明确规定了公司设立必须符合特定的条件与程序，公司设立瑕疵自然就应该导致公司的设立无效，自始否认其法律人格的存在，但是，由于公司已经设立，或多或少都建立了相当的法律关系，所以已存在的公司法律人格的消灭可能不仅会造成资源的损失，还会对交易安全与社会经济的发展带来一定的破坏，所以无法简单粗暴地直接消灭设立过程中有瑕疵的企业的法律人格。因此，各国或地区大都通过相应补救措施，允许存在设立瑕疵的公司继续保留其法律人格，而不简单地使其消灭。《公司法》第一百九十九条规定："公司的发起人、股东虚假出资，未交付或者未按期交付作为出资的货币或者非货币财产的，由公司登记机关责令改正，处以虚假出资金额百分之五以上百分之十五以下的罚款。"该条规定显示在公司设立过程中，出资具有瑕疵的也不会当然宣布公司的成立无效，而是由责令改正、补交以及罚款等方式来补救。这为承认瑕疵设立公司的法律人格留下了制度空间，体现了企业维持与尽可能承认瑕疵设立公司的法律人格的立法精神。除了公司设立瑕疵的法律后果，《公司法》第一百八十二条规定："公司经营管理发生严重困难，继续存续会使股东利益受到重大损失，通过其他途径不能解决的，持有公司全部股东表决权百分之十以上的股东，可以请求人民法院解散公司。"该制度的确立为公司受损股东权益的保护提供了一条新的司法救济途径，对解决我国公司，尤其是相对封闭的有限责任公司股东之间的僵局问题有相当积极的法律意义，也是企业经营维持原则的体现。

资本充足规则。资本充足规则又称资本维持原则，指公司在其存续过程中，必须经常保持与其注册资本额相当的财产。维持经营指的是公司经营以有相当资本总额为基本前提，所以公司设立后，股东的投资会转化成公司的财产，为了相关利益主体的权益保障，公司经营中，其财产总额应保持和资本总额的相当性，即公司对于所担负的债务应保持担保偿付能力。为了预防发生注册资本的不正当减少，公司法设定了资本充足原则，依此在资本层面保持公司诚信，为利益相关方的权益实现提供资本保证。资本维持原则对公司债权预先保护的功能主要通过以下几方面来实现：第一，确保公司一定量的实际财产，用于清偿债务。第二，纠正信息偏差，保障交易安全。第三，防止公司股东或内部人恶意操控，损害债权人的利益。

企业重整规则。根据企业经营维持原则，企业一旦成立，除非在经营过程中违反了法律法规的效力性、强制性规定或者是出现了法律规定或是章程约定的解散事由，一般不会轻易地解散。因为如果将一个已经存在的法律人格轻易解散，会涉及很多的社会关系和经济利益，所以在公司法和破产企业法上都有涉及，对于不能清偿到期债务、濒临破产解散的商主体，规定了和解等特别制度，以此为陷入破产境地的企业及时摆脱困境并得以复兴提供尽可能的机会，利用企业重整规则尽可能地去抢救，并让企业继续维持存在。

企业这一社会组织将诸多不同的生产要素组合在一起，在国民经济向前发展的过程中，发挥了重大作用，企业发展和一国经济发展、一国社会的稳定运行之间密切相关。而企业若想求得长期、良性运作，内部需要良好的组织协调管理，这就离不开企业制度。企业维持原则不但包括了和企业的设立、存续、发展相关的基本商事法，同时涵括了相关的商事立法机制、立法规则。

第三章

商事法的立法例争议与共识

部分法学者因为固守学科划分基础之上的狭窄领域，所以二级法学学科间在中国长期没有构建起密切的联系，协同性不强，缺乏共同探究的话题，法学学科内部出现了人为的壁垒分割，法学学科自身的体系性因此受到影响，进而引发法治实践效度的下降。对于相同的问题，不同法学学科在化解理念上彼此不同，乃至互为冲突，对应的引发的处理机制也就彼此不一，带来的实践效度大受影响；此外，这一壁垒还导致法学知识体系难以系统化地构建起来，法学学科的发展因此受到阻滞。社会发展到新阶段之后，综合化、体系化、全面化研究法学问题成为新的发展导向，在这一方向的引导和作用下，中国的法治建设的成绩更富成效，相关法治问题得到了更好的解决。比如，编纂《民法典》的过程中，就不仅仅充分汲取了民商法学专家们的力量和智慧，同时宪法学专家、行政法学学者、民诉法学界的领头人也积极参与其中，大家从各自的专业视角为民法典之编纂提出了自己的意见，做出了对应的分析。法学二级学科之间集约化、体系化建构工作的展开，一方面充分彰显了法制内部的高度一体性，另一方面彰显了不同法学学科之间的互为协调性。这一现象、这一举措一定要广泛出现在、广泛适用于整个司法改革的进程之中，依此推动中国法治建设的向前迈进，依此引导法治改革的持续展开。可以肯定地说，对于法学知识体系化的形成、法学学科一般性原理的凝结，法学内部跨二级学科的研究、不同二级法学学科之间的融通整合都是极为必要的。

第一节　民法、商法与经济法的叠加存在现实

一　民法与商法的"和而不同"

现代社会繁杂程度不断升高，其运转所高度依赖的法律规范和法律准则也更为详尽与完备。民法仅能对一般性的社会生活原则做出规定；商事立法却能在特殊的商事领域设定立法规范。相对于民法来讲，商事法为特别法。在民商合一的立法体制之下，商事一般被视作民事的组成部分，对应的商事单行法也就被视作民法的补充规定。这一点，在民商统一的社会之中尤为显著。比如，《民法典》在我国颁布之后，多数学者都把商法视作民法的特别法。从实质层面解读，不管立法模式选择的是民商合一，抑或是民商分立，通常商法均独立存在。即便是在立法形式上被吸纳到了民法典之中，从实质上分析，它依然具有不可取代的优越性。民商合一不是说民法将商法彻底吸纳掉或者是融合掉，而是说商法和民法在体系上的整合。实践运行中，商法依然在民法之外独立运行、单独存在，为独立的法律部门。商法规范的对象也仅为商事法律关系，具体适用时依然有赖于民法的相关规定，这为商法是民法特别法之根本依据。对商法与民法的关系进行讨论时，绝对不能简单地表述为民商合一抑或是民商分立，应自商法之渊源、商法在实质上所具备之独立性等多个层面进行探查，展开分析。[①] 以往，学者们对民法和商法的关系进行分析解读时，多基于对民商分立、民商合一两种不同给立法模式所形成之具体时代背景、发展沿革、对应的内容体系展开解读之后，获得自己的结论。对此探查解读模式之必要性，我们需予以高度的认可，不过笔者认为，我们不能简单地基于这一分析就获得对应的结论，如果这样就能获得结论，论证的严密性就会备受质疑。其实，以民商事法当前的立法实践状况去验证、去评判民商法关系这个问题的理论论争，不难得出理论远远没有达到实践的发展水平的结论，更别说指导实践的展开和向

[①] 聂志海：《〈民法典〉民商合一立法模式的逻辑证成》，《中国海商法研究》2020年第3期。

前发展了。无论是民法商法化，还是商法民法化，当下在全球各地广泛出现，这一现象的实质是民商法之间的互为交融。民商法的法治实践没有因为学术界的"合分"之争而停滞不前，相反民法和商法在不断地走进彼此。另外，不只是传统商法典能够被视作商事立法，同时单行商事法规同样为商事立法的重要内容。也即：发展到现代社会，商法以多种不同的形式出现、存在于社会之中。一言以蔽之，当下民商法的关系已发展到新阶段，绝对不能以陈旧观念、传统观点审视这个问题，更不能简单地将民商法之间的关系界定为民商分立或者是民商合一。[①] 随着中国市场经济的不断发展，商法和民法之间可以相辅相成，利用自身的独立性做出规定，同时在商法无法全部规范的时候运用民法的一般性规定进行具体的适用。商法的独立性，使其在很多方面也与民法存在着不同之处。

（一）商法和民法规范的假设前提不同

民法规范的预设针对的是"普通人"（或说是"常人"）。从民法的视角看，人人平等，无论性别，不管年龄，不考虑宗教信仰和财产多寡。

商法规范预设的基本前提为"特别人"。初期，商法专门针对商人而预设，所以被叫作"商人法"；现代商法以"企业"抑或是"经营主体"为基本的预设前提，而非"特殊人"，这里的"企业"抑或是"经营主体"从设定到运作乃至是到消亡都是根据立法规定展开的。基于此，可以得出现代商法并非为规范"人"之立法，而是对"营业"予以规范的立法。

（二）商法和民法规范的技术处理不同

民法为普通私法，民法具有普适性，是社会运转所依赖的基本原则性规定，民法覆盖了近乎所有的私生活关系。运用民法做出裁判的过程中，法之适用性得到了充分的演绎，复杂生活之中蕴含的共同规律和共同属性得以尽可能的揭示。

商法规范为特别私法，其以商业活动作为自己的关注对象，其强调的是商法在调整社会商业活动之中的适应性。经由对交易方式的创设，

---

① 王建文：《商法总论研究》，中国人民大学出版社 2021 年版。

商人或是经营主体对民法所设定的一般性规范之适用予以彻底的突破。所以，在民法规范以外，立法者设置以特别规范对相关的行为、相关的社会关系进行调整。而司法裁判人员则基于特别的规范，结合独特的社会关系，做出居中的调整和裁判，这个过程中归纳法得到了充分的适用，民法规范所具备的普适性因此而被弱化。

（三）商法和民法规范的价值观念不同

社会运行以民法为基础规范，民法规范的基本理念是为社会大众所认可的公序良俗、公平正义，无偿推定是民法规范适用时的基本推定条款。再来看商法，其适用以追求营利的经营组织、经营个体作为对象，等价有偿、有偿推定为商法领域的基本推定准则。

等价有偿原则通常在经营活动之中广泛适用。考虑到经济主体对营利的追求和自身所具备的经济属性，对当事人之行为动机、法律关系进行分析、做出推定时，当代法经济学以成本收益作为基准前提。商事关系范围内，当事人只要未约定无偿，均推定做有偿。现代法律为企业设定了担负交易安全的基本义务。

（四）商法和民法规范的责任观念不同

作为社会运行所依赖的基础规范，民法规范更为注重社会自身的伦理价值。比如于侵权责任之担负上，过错责任就被置于主导地位，它充分体现了公平这一基本社会价值。而商法规范则更为关注经济所具备的伦理性，所以连带责任、严格责任在商事领域具有广泛的适用性。

法律规范是相对抽象的，社会生活是复杂多样的，需要在法律和生活之间形成有机配合。民法规范能够反映一般的生活、伦理和理念，商法规范能够满足特殊的社会需求，两者相互配合，能够合理地回应社会生活的复杂性和多样性，提升法律规范调整社会生活的有效性。

需要特别强调的是，即便我国编纂实施了统一的《民法典》，商法在实质上的存在和地位都没有发生任何的改变，立法者也对民法、商法之间的关系予以了尽力的协调与平衡。若看不到商法在实质上依然存在，必然会抑制社会治理之中商法作用的发挥，也有碍于《民法典》价值的充分实现、作用的充分发挥。

二 经济法与商法的"美美与共"

自 19 世纪末叶以来,资本主义经济的发展趋于尖锐化,尤其在第一次世界大战以后,经济恐慌之现象,几于弥漫全球。战后各国关于社会善后之处理,以及对于经济弱者,各种保护的设施,于是产生若干片段的立法,皆属有关社会经济、国家经济及个人经济的法规,一般学者称之为经济法。自经济法的出现,商事法与经济法之立法体制便成为各国学者研讨之新课题。

课题中有以经济法为规范各种职业阶层之经济生活特别关系的法规之总称,其中包括商事法;有以经济法与劳动法,同为社会法内容之一部分;有以经济法为促成民商合一而代替商法的总名称;有以经济法之勃兴,是公法的商化之结果,商事法仍应存在,各说纷纭,迄今尚无定论。

商事法以企业所涉及的特有法律关系作为规范对象,经济法规范的对象中也包括了企业者的经济活动。从立法的性质层面上分析,作为私法的商事法依然具备一定程度的公法属性,针对经济主体,它不只是发挥保护作用,同时借助国家权力予以监督,基于此对社会公益予以保护。而经济法为公法,其强调的是公权力所发挥的强制作用,所具备的指导力、取缔力,是基于国家的经济政策,对国民经济活动进行的指导,经由强制执行国家的宏观经济政策,求取对经济秩序的维护。

从规范对象上分析、比较商事法和经济法,它们的规范对象都包括了企业的经济活动,存在较高的统一性、高度的融合性,不过从规范目的的视角分析,商事法规范的对象主要聚焦于个别经济主体之上,以保护他们的利益、调和他们的关系为首要目的;而经济法规范的对象主要聚焦在宏观经济运行、整体国民经济利益之上,更为注重保护公益。另外,从经济法和商事法各自所处的法域角度分析,商事法的法域基本上是针对企业组织和不同企业组织间的互为行为;经济法则以国民经济及相关活动作为基本法域,它们有着不同的运作目的,若认可它们各自以独立体制的形式运作,商事法和经济法就应该各自单独设立。

三 民法、商法与经济法的协同调整

(一) 法律关系

学术界的通说是,经济法以狭义之经济关系作为调整对象,也就是在国家参与和管理的基础上,所构建起的、在不断演绎的相关法律关系,含财政关系、税收关系、金融管理关系、产业政策关系等诸多方面。从广义层面解读,财产使用、财产流转以及财产所有引发的相关法律关系也属于经济关系的重要组成。从主体上看经济法所调整之相关社会关系,它具有特定性;从内容上看其所调整之相关社会关系,其具有专业性;从手段上看其所调整之相关社会关系,它具备综合性;从法益的视角上看经济法所调整之相关社会关系,它具有显著的复合性;从过程上看经济法对社会关系的调整,它具有明显的行政主导性、较强的政策性等。

站在调整范围的视角上看,商法与民法具有高度的一致性,都以平等主体之间发生的财产、人身关系作为调整范围,但是在部分民事关系上(具体指的是商事关系),商法发挥着优先调整的作用;在内容上,商法以商人人格权、企业人格权、财产使用和流转以及所有引发的法律关系为聚焦点。

经济法以狭义之经济关系作为调整对象,也就是在国家参与和管理以及干预的基础上所构建起的、在不断演绎的相关法律关系,含财政关系、税收关系、金融管理关系、产业政策关系等诸多方面。从广义层面解读,财产使用、财产流转以及财产所有引发的相关法律关系也属于经济关系的重要组成。

(二) 法律关系的主体

商事关系特指发生于商人间、企业间、商人和企业间、商人和消费者间、企业和消费者间的财产以及人身关系。它以商人或是企业作为核心主体。在经营的过程中,商人或是企业事涉国家行政机关的相关职权、有关行政地位的,不为商法所调整、所规范。

经济法律关系指的是在国家参与和管理以及干预的基础上,所构建起的、在不断演绎的相关法律关系,其以国家为重要主体。而商人或企业开展经营活动时,一定会和各种不同的国家机关之间在经济上、法律上构建起相关的关系。

(三) 法律关系的性质和调整手段协同

经济法揭示了国家机关和相对人之间在管理、领导、干预等方面形成的相互关系，所以公法性是经济法律关系所具备的基本特征，行政导向性是其重要的属性组成。对经济关系进行管理、予以领导、展开干预的过程中，国家一定要秉承法治、适度、程序承当、彼此互动的基本原则。

商法为私法的重要组成，以特定范围内之私人关系作为调整对象，一般不会和国家的管理、干预、领导有关。对商事关系进行调整的时候，商法不只是要按照民法原则展开，也要遵守经营自由、安全交易、守法经营、便捷交易在内的商法所独有的基本原则。

第二节　民商合一与民商分立的争议与安放

一　民商分立及其成因

(一) 民商分立的含义

民商分立也被叫作民商分离，它建立在商人及其行为观念的基础上，是分别针对商事、民事予以立法的模式，也就是说在民法典以外单独制定商法典，以其对商事组织进行规范管理，对商事关系予以调整的法制模式。当下，法典化诸国里，包括法国、德国、日本、西班牙、比利时等在内的四十多个不同的国家都采取了民商分离的立法体制。在这一体制下，从法学理论界到立法体例层面，都对民法和商法施以区别对待。理论层面充分关注了民法、商法之间的不同，强调了民法在内容上的广泛调整性，包括市民社会在内的所有私人生活都被确立为民法的调整领域，从财产关系到人身关系再到继承，都由民法所规范。在此体制下，学术界为商法设定的调整内容主要是围绕营利目的所产生的动态化的财产关系。从法律属性视角上看，将民法界定为纯私法，将商法视作具有一定公法化发展态势的立法。自法律规范的具体形态上，将民法设定为有通俗化要求之立法，将商法视作技术性要求较强的立法。民、商法在立法体例层面的分立，使得不但有民法典颁行，还专门制定颁行了商法典。前者对单纯的民事关系、民事行为予以调整；后者对商事关系、商事行为进行调整。民事、商事相对立，民法、商法相分离。1807年《法国商法典》的颁布，标志着民商分立制度的形成。

（二）民商分立的立法依据

实行民商分立的主要立法依据如下。

（1）商法围绕商人和商人的经营活动运作，商事活动和民事活动的根本区别为，商事活动完全为了营利而展开，高度关注行为之便捷和快速性。在民商分立的基础上，商人利益能够得到相对更为倾斜的保护。

（2）与民事立法高度关注稳定性相比，商事立法更为注重立法的进步。民商分立的模式还可以在民法的基本体例得到充分保持的条件下，根据社会、经济各领域的调整变化，进行商事法的修订与完善。

（3）国际性是商法所具备的一个最为显著的特征；相对的，民法的民族性、地域性相对更为显著。

（4）民法具有普适性，商法在适用方面则呈现出较强的特定性。

（5）化解、处理民事纠纷的过程中，诉讼最为常用，也最为有效；对商事纠纷进行处理时，仲裁居于重要地位。

二 民商合一及其缘由

（一）民商合一的含义

民商合一指的是在大民法主义的基本观念之下，商法被视作民法的重要组成。民法是商法的统帅，基本的商法原则、商法理念被吸纳到民法典之中，商法典不再单独制定颁行，而是基于需要，以单行法规的形式颁布实施。当下，法典化诸国和诸地区中，包括瑞士、泰国、意大利、中国台湾等在内的国家和地区采取的是民商合一的立法体制。中国当下的立法体制模式也可以被视作民商合一。这一立法体制的基础为以民事观念吸纳商事观念，从法学理论界到立法者们，均将民法、商法视为一体。从法理的层面上看，民商合一体制看到了民事、商事之间的共性，相信无论是民法还是商法，调整的对象都是私人生活，民法、商法均为私法，二者密不可分。所以，把民法、商法统一在一起，以民法典的形式颁行，不单独制定商法典，基于实际需要，制定单行商事法规，不过这些单行商事法规被视作民法的重要组成。之所以冠以"商事"之名，主要原因为强调行为的营利性，可以被视作广义上的民事领域，这是相对于单纯的、狭义层面上的民事而言。不过，深入分析民商合一体制下颁行的民法典、制定的民法体系，商法规范依然自成体系，具有一定的独立性，其特别法的地位和属性依然是为社会所认可的，司法实践中对于商主体与它们所作出的商行为进行调整，予以规范时，是以商事特别法为依据的，是不同于对民事活动和民事行为、民事关系所适用的一般性民法规则的。

（二）民商合一的立法依据

民商合一立法体制的形成缘由，根植于社会经济条件变化需要。具体而言，其主要立法依据如下。

（1）传统商法以商事关系、商事活动为调整对象，而商事活动主要体现为债权债务行为，它们可由民法债篇的相关规定予以规范，无须单独编制商法典。

（2）社会发展推动商业、生产两类职能日渐融合在一起。在经济不断走向社会化、不断朝着专业化前进的同时，商业职能早已超越单纯的交换领域，拓展到了生产环节，商业和生产两大职能之间的互相融合，使得民事、商事行为之间的界限越发模糊化，民法中和经营相关的一般性准则，在商事行为领域的适用性也在不断增强。司法实践领域，基本上找不到商业和一般性民事两类行为之间的界限，如果民商分立，则会引发立法适用的困惑。

（3）虽然单独制定和颁行商法典有助于更好地保护商事关系、调整商事行为，不过其同样可能引发对商人利益的偏帮，不符合公平这一法律的基本价值追求。

（4）发展到当下，中世纪所存在的专门商人阶层早已消失不见，传统商法所调整之内容对于普通社会主体来讲，也具有良好的适用性。换言之，即商法丧失了所赖以建立的社会基础。中世纪的欧洲，商人为专门的社会阶层，在工业革命的冲击下，在市场经济快速发展的推动下，商人已经成为普遍化的存在，甚至从专门的商业领域步入了生产领域；同时，也有越来越多的生产者展开商业经营。此时，已经不能清楚准确地区分商人和法人乃至自然人。对应的,商法也就不再具备独立设立的基本社会依据。

(5)民商分立实则是人为的对相同法律关系进行的割裂,对私法体系层面的高度统一、私法理论之体系化深入研究,都会产生阻碍。

三 中国的商事立法的模式选择

民商分立和民商合一最根本的区别是《民法典》之外是否有《商法典》。根据中国的实际情况,中国的民商立法模式的选择应是在承认民商有自己独有特性和法律规则基础上的民商合一制。

(一)民商合一的原因

中国之所以采取民商合一,主要基于以下原因。

(1)从所追求的基本价值方面看,商法与民法存在一定的重合性,它们为平等和意思自治在内的诸多相同价值规则所引导。民法和商法于调整手段、调整方法之上,同样有相同的所在。此外,民法追求的公平和商法追求的效益也存在互相交融的地方,甚至可以说它们的趋同性呈现不断增强的态势。现代社会追求的公平也会充分考虑效益的实现,效益之实现当然也日渐为公平所制约。

(2)从调整对象视角分析,民法、商法也难以区分开来,它们均以市场主体和市场主体的活动作为调整对象。中世纪所存在的专门商人阶层早已消失不见,传统商法所调整之内容对于普通社会主体来讲,也越来越具有较好的适用性。对应的,商法也就不再具备独立设立的基本社会依据。社会发展推动商业、生产两类职能日渐融合在一起。商业职能早已超越单纯的交换领域,拓展到了生产环节,商业和生产两大职能之间的互为融合,使得民事、商事行为之间的界限越发模糊化,民法中和经营相关的一般性准则,在商事行为领域的适用性也在不断增强。司法实践领域,基本上找不到商业和一般性民事两类行为之间的界限,如果民商分立,则会引发立法适用的困惑。

(3)从法律性质层面分析,民法与商法都为私法,都是权利法。如果民商分立实则是人为的对相同法律关系进行的割裂,那么对私法体系层面的高度统一、对私法理论之体系化深入研究都会产生阻碍。

（4）民商分离的缺陷性也非常明显。回顾中国的发展史，不难看出，商人从来未以独立的社会阶层存在过，基本上依附于地主阶层之上，也就是说，中国没有民商分离的基本社会基础；另外，纵观世界各国的立法史，不难得出民商合一是整体的发展趋势，再加上民商界限的日渐模糊化，社会对平等诉求的日渐增加，都不适合单独为某个职业、某个社会群体立法；最后，商人与非商人、商行为与一般民事行为间的划分并无明确界限，如果民商分立，就会引发立法重复，加剧法律适用难度，造成新的问题。

（二）中国民商合一的含义

当下中国民商领域的立法体制为民商合一，不过这并非说用民法全面的、彻底的取代商法，以民法典规范包括民商事行为和民商事关系在内的所有纠纷，我们所强调的为以民法指导、统率商事立法。立法和具体适用法律的过程中，仍需正确、科学地开展相关工作，对如下关系予以正确处理。

1. 立法仅制定颁行民法典，不再制定颁行专门的商法典

将商事法规统一囊括在民法典之中，会造成民法典在内容上过于庞杂，民法典的整个体制过于混乱。某些商事法规具有较强的技术性和实践性，再加上商事领域的变化调整很快，若强行将其纳入民法典之中，可能会有害于民法典自身的稳定性。所以，应该于民法典以外，专门制定单行的商事法规，以此更好的保证、维系民法典的稳定性，并充分满足商事法规对灵活性、具体性的要求。

2. 法律适用过程中，应遵守如下三大基本原则

（1）对单行商法的立法价值予以充分的尊重；（2）商法适用过程中以民法的基本原则为基，只不过是将后者延展到商事活动领域；（3）基于特别法优于一般法的原则，商事立法优先民法而适用。概括起来，在商事立法的具体形式选择上，中国应在民商合一的基础上，确立民法典的基本法地位，借助单行商事法规，对商事行为、商事关系进行调整、予以规范。

第三节　超越合一与分立的商事纠纷解决机制

无论民商合一还是民商分立，终归要回到商事纠纷的解决。所谓商事纠纷，是指因商事组织之设立或其他商事交易而发生的纷争。商人之间发生的争议具有特殊性。解决这些争议应快速高效，且基于商业秘密、营业信用维护的需求，若有可能，裁判过程应不公开进行。商事争议有时会牵涉很多当事人，还经常带有跨地域及国际性特点。在这些争议中，对立双方往往还要继续维持商务关系的企业。因此，法官或者裁决者在纠纷解决的过程中，要更多地注意为当事人之间将来的商事交往做准备，而不仅仅是对过去的罪错进行清算。所有这些原因都表明，解决商事纠纷的方式有其独特之处。[①] 这种独特之处具体表现在商事纠纷解决的基本模式、程序安排及审理原则、责任机制等方面。随着我国经济的不断发展，商事纠纷日趋呈现不确定性和复杂性，解决难度也逐渐增大，全力构建一个多元化的商事纠纷解决机制迫在眉睫。为了高效、快速地解决商事纠纷，我国很多地区都在搭建"调 + 仲 + 诉"结合的一站式多元解决平台，明确各种解决纠纷机制的地位和作用，使得每一种解决方式都能够最大限度地发挥自身的优势，同时又能和其他解决方式互相配合，达到解决商事纠纷的目的。

一　商事纠纷解决的基本模式

现代社会化解商事纠纷要么借助"法院模式"进行，要么以"法院以外的其他模式"展开。先来看"法院模式"。在这一模式下，商事纠纷有赖于国家司法审判机关工作的开展。分析各国以"法院模式"解决商事纠纷的司法实践活动，可以进一步将这一化解模式划分成由"普通法院"与由"专门法院"来予以解决。而"法院外模式"指的则是以司法审判以外的其他方式化解商事纠纷，比如仲裁、调解等。

[①] 蒋大兴：《审判何须对抗——商事审判"柔性"的一面》，《中国法学》2007 年第 4 期。

二 商事调解的程序特征

从广义层面上理解调解,其有法院内与法院外两种不同的模式。从狭义层面理解,调解仅指法院外调解。商事调解的狭义界定为:在自愿原则的基础上,争议当事人以第三方调解主体为依托,运用非强制的手段化解纠纷的处理程序。在中国,调解被划分成如下三种:法院调解、人民调解员调解、其他调解。《人民调解法》将人民调解员调解界定为运用疏导和说理的方法,在平等的基础上,推动当事人自愿协商化解纠纷,达成协议的纠纷解决方式。① 法院外的商事调解作为一种商事纠纷的解决程序,具有如下特征。

1. 调解程序的自愿性

通常,调解以当事人同意为适用前提,同意可为口头做出,也可基于所签订之协议做出;可为当事人主动申请,也可在第三方劝说的基础上做出的选择。在认可法院内调解的国家,调解一般也需要征得当事人的同意,法律一般不将调解设定为强制程序。例如,《法国民事诉讼法典》第131-1条规定,法院可以征得当事人同意将案件交由指定的第三人实施调解。"程序的自愿性"贯穿调解程序之始终,综合体现在程序的启动自愿,调解员的选任自愿,调解程序进行自愿、终止自愿以及调解协议的履行自愿等方面。

2. 调解员的中立性

调解员的身份具有中立性,必须是除双方之外的第三人,与双方当事人都没有利益纠纷且没有任何利害关系,调解员是基于双方当事人的信赖来解决商事纠纷的,不能偏袒任何一方,必须保持独立、公正的态度才能取得当事人信任并促使其自愿履行,达到解决纠纷的效果。如果调解员不中立,调解过程可能明显丧失公平性,不仅会影响调解协议的顺利达成,也会影响其有效实现,最终背离调解的本质。例如,《联合国国际贸易法委员会国际商事调解示范法》第6条第3款规定,在任何情况下,调解人都应当在进行调解程序时力求保持对各方当事人的公平待

---

① 参见《人民调解法》第2条。

遇，并应当在这样做时，考虑到案件的情况。

3. 调解程序的保密性

调解程序具有很强的保密性规定，调解是一种"双方让步"的纠纷解决方式，并非法律强制的纠纷解决程序。因此，调解程序中当事人的言辞有较大随意性，不会严格按照法院的证据出示及质证、辩论等程序和要求进行。对于调解进程中获知的信息，调解员负有保密义务，未经许可，甚至不能作为支持审判的证据，也不允许随意向包括审判员在内的其他社会主体展示。调解一般不公开进行，调解过程不记载笔录，参与调解过程的人员对于调解的一切事项负有保密义务。这可以在很大程度上提升公司和商人在纠纷解决过程中对信息的控制力，降低企业信息泄露风险，加强对商业秘密和个人信息的保护。

4. 调解协议的"软司法拘束力"

对于法院外的调解协议的效力，不同国家有不同安排，但通常具有较弱的司法拘束力，不像法院内调解协议那样，具有直接的强制执行效力。法院外调解协议要取得司法拘束力，往往需要经历法院确认的过程。例如，在法国，调解获得成效时，调解协议经法官宣告具有拘束力，属可执行范畴。法官批准调解协议的事项属非讼事务，当事人可对此提起上诉。[①] 中国立法认可和支持法院外调解协议的协议，不过立法虽然赋予了法院外调解协议以法律效力，但是并没有授予其对应的强制执行力。对于协议内容、协议履行，如果当事人存在争议抑或是当事人不认可调解协议的法律效力的，则可向司法审判机关提起诉讼。也就是说，法院外调解协议在中国若想获得强制执行力，还需获得司法审判机关的进一步确认。这充分体现了调解协议在司法拘束方面的"软性"。调解协议达成后，如果当事人觉得有必要，即可自协议生效日起算的三十天内，一起申请人民法院对调解协议予以确认，经过法院的确认之后，调解协议即具备了强制执行力，若一方拒绝履行（包括拒绝部分履行调解协议在内），另一方可申请强制执行。

---

① 胡铭、赵骏：《多元纠纷解决转型社会》，知识产权出版社2011年版。

三 商事仲裁的程序特征

所谓商事仲裁指的是由商事关系所引发的纠纷，相关当事人基于协议（可以达成于争议发生前，也可以达成于争议发生之后），自愿选择提交争议给中立第三方予以裁判的、解决争议的方法。[①] 作为商事纠纷解决方式之商事仲裁，具有如下特征。

1. 仲裁程序的自愿性

商事仲裁是一种"合意解决纠纷"的形式，以双方当事人自愿为前提。即当事人之间的纠纷是否提交商事仲裁，交由谁进行仲裁，仲裁庭如何组成，以及仲裁程序如何展开等，都是基于当事人意思自治，由其协商确定。提交仲裁需要双方都同意，有一方不同意的话都不能进入仲裁程序。因此，商事仲裁可以理解为"当事人自己的裁判"。

2. 仲裁员的专业性

随着商事交易的日趋专业和复杂化，一些复杂的商事案件的事实查明与鉴定、在相关法律关系的适用上面需要更加专业的人员才能解决，中国的《仲裁法》中规定了仲裁员基本任职条件：即应当从公道正派的人员中聘任仲裁员，同时需要通过国家统一法律职业资格考试取得法律职业资格，从事律师、法官或仲裁工作满八年的；从事法律研究、教学工作并具有高级职称的；具有法律知识、从事经济贸易等专业工作并具有高级职称或者具有同等专业水平的。现代商事交易早已超越简单的"易物交易"阶段，无论是交易的主体构成、交易结构设计，还是交易结算方式、交易责任的安排等，都呈现出极大的复杂性。例如，交易主体不仅涉及法人，还涉及非法人组织；不仅涉及社团法人，还涉及财团法人；不仅涉及营利性法人，还涉及非营利性法人。交易结构的设计也日益复杂，对非专业人士来说会难以理解，例如委托理财、信托、证券、期货产品都带有很强的专业性。交易可采用的结算方式越来越多，比如传统的现金结算，再比如相对复杂的信用证结算等，还有现在在法定设计之外新出现的对赌条款等，这就迫使立法者不得不常常检讨交易责任

[①] 乔欣主编：《比较商事仲裁》，法律出版社2004年版，第2页。

的安排是不是合法。商事交易相对较为复杂，商事纠纷也很难化解，为了快速、有效地解决商事纠纷，纠纷解决主体需要具备较高的专业性。观察商事仲裁领域的仲裁员，不难发现他们多数具有较强的专业背景，虽然专业并不相同，这就保证了仲裁的权威性以及高度的专业性。如果仲裁员缺乏对应的专业知识、不具有高水平的法律知识，裁决的准确就会大受影响，仲裁员可能因此被更换掉，从仲裁机构到仲裁规则的适用都可由当事人予以协商选择，依此保证仲裁的专业性以及为当事人所高度认可的权威性。

3. 仲裁程序的便捷性

灵活便捷是仲裁程序的显著特点之一，由于商事仲裁充分尊重当事人意愿，程序贯彻当事人自己决定原则，从仲裁庭的组成到开庭的具体方式，再到准据法的选择，仲裁当事人都能对此做出约定，从效益的角度上看，仲裁优于诉讼。仲裁裁决一经做出，其法律效力和法院判决相当。另外，商事仲裁采取的是一裁终局制，而司法诉讼可以有一审、二审、再审，所以在效率上，商业仲裁也高度契合商事所追求的快捷性。再加上程序相对简便，所以纠纷解决的成本也可以得到很好的控制，这又与商事行为营利的目标相符合。①

4. 仲裁程序的保密性

在解决商事争议的诸多路径中，商事仲裁广为适用，其在制度上具备的最为显著的优势之一是高度的保密性，即审理不公开，内容、证据、裁决等信息也不对外批示。也就是说，通常和案件无关的社会主体，就不被允许参与到整个仲裁过程中。仲裁的存在和适用以自治为基本原则，案外人若想知晓和纠纷相关的信息，若想进入整个仲裁程序之中，一定要获得当事人同意。② 在中国，商事仲裁审理依然以不公开为原则、公开为例外；《仲裁法》第 40 条就明确规定："仲裁以不公开方式进行，若当事人通过协议予以公开的，允许公开，不过事涉国家秘密的，则不在此列。"全球各地实施的仲裁规则同样设定有仲裁员保密的规定。

---

① 《商法学》编写组：《商法学》，高等教育出版社 2018 年版。
② 《商法学》编写组：《商法学》，高等教育出版社 2018 年版。

5. 仲裁裁决的强司法效力性

仲裁裁决也具有强司法效力,这一点通过如下方面得到体现:一方面,仲裁裁决的法律拘束力是稳定的,法院不可对其予以随意撤销。因此,《联合国国际贸易法委员会国际商事调解示范法》规定,原则上商事仲裁裁决不能被撤销,只在少数特殊情形下,才能被法院撤销。另一方面,仲裁裁决具有强制执行力。商事仲裁裁决与法院裁决一样,具有强制执行的效力,只是商事仲裁机构无权自己独立执行仲裁裁决,在当事人不自觉执行仲裁裁决时,要依托法院进行强制执行。中国《仲裁法》第62条规定:"当事人应当履行裁决。一方当事人不履行的,另一方当事人可以依照民事诉讼法的有关规定向人民法院申请执行。受申请的人民法院应当执行。"① 根据这个规定,在仲裁庭作出的裁决生效并在履行期满后,负有义务的一方当事人不履行仲裁裁决的,另一方当事人可以依法向有管辖权的法院申请强制执行。被执行人在国外的,由当事人直接向被执行人所在国有管辖权的法院申请裁决的承认及执行。被执行人在中国境内的,国内仲裁由被执行人住所地或被执行人财产所在地的人民法院执行。涉外仲裁裁决,由被执行人住所地或被执行人财产所在地的中级法院执行。可见,与调解协议相比,仲裁裁决具有更强的法律拘束力。

四 商事法院(法庭)与商事审判

(一) 商事法院的含义

商事法院(business court;tribunal de commerce),有时称为"juridictions consulaires",是指专门负责裁判涉及商人或商事活动纠纷的法院。中国目前并无专门的商事法院,由普通法院内设的民事庭(或者商事庭,以前称经济庭)处理商事纠纷。

(二) 商事审判程序的特征

在程序上,商事审判原则上适用民事审判的规则及制度,与普通民事审判有共性的一面。例如合议审理、程序公开、当事人对庭等。但与

---

① 参见《中华人民共和国仲裁法》第62条。

其他商事纠纷解决机制及普通民事诉讼程序不同,因商人有较强的营利追求及融通性,商事交易对快捷及效率有特别要求,商事审判程序还有其自身特征。这主要表现为:程序简便、费用低廉。例如,法国商事法院的诉讼程序就很简易,诉讼成本较低,通常不强制由律师代理诉讼;商事诉讼的期间通常也很短,小额诉讼不允许上诉;等等①。在商法发展史上,商事法院对商法规则的固定和传播功不可没,随着商事案件在我们的经济生活中越来越多,各种利益关系的调整变更,商事案件的审判在社会生活中占据着越来越重要的地位,而且商事法院本身代表了一种民主的、有效率的审判模式。这种民主特征至少可以从两方面得到体现②。

一方面,商事法院实施的是"参与裁判制",即审判员的组成富有显著的民间性。商事活动的展开以互惠交易为目的,商人在自愿的基础上,可自由组建自治共同体。对商事审判的方式,各国有不同规定。不过多数采取专门法院模式协调商事纠纷、规范商事活动的国家的商事审判体系中,都包括有商人代表,他们不是职业法官,但是会参与到商事审判之中。比如德国、法国、比利时等都是如此。这一现象在商事法院设立的初期,更为明显。比如,中世纪时的商事法院的任职法官通常都是由商人群体抑或行会首脑所推选的商人担任。在英国,此类法庭被称为"灰脚法庭",原因在于作为法庭审判人员的商人,携着旅程中的灰尘,风尘仆仆地步入法庭。③

另一方面,在审理程序上,商事法院也较为宽容。从审判组织之组成到审判程序的设定,商事法院都体现出高度的民主性。各种商事法院都以迅速、快捷、非正式作为程序追求,所以审理过程中,专业的法学人员、专门的司法辩论通常是被排斥在外的。商事审判基于公平、公序良俗展开,对于法律的适用,也不纠缠于细枝末节。这些特征缔造了和

---

① 参见[法]伊夫·居荣《法国商法》(第1卷),罗结珍、赵海峰译,法律出版社2004年版。

② 蒋大兴:《审判何须对抗——商事审判"柔性"的一面》,《中国法学》2007年第4期。

③ 参见[比]亨利·皮朗《中世纪欧洲经济社会史》,乐文译,上海人民出版社1964年版,第47—48页。

城市法院、王室法院截然不同的审判程序,和教会法所遵照的成文程序之间也存在极大的差异,[①] 不过和教会法领域的简易程序之间存在可以相比照的地方。教皇在 1306 年颁行准许以简易程序审理商事案件和其他特殊类型的案件的训令。按照这一训令,审理程序以简单明白为基本要求,对正式争论、正式规则没有要求。以简易程序审理案件时,无须提交书面诉状,无须书面答辩;闭庭时期,法官也可以简易程序审理纠纷;将简易程序引入纠纷处理中的目的为删除拖沓、拒绝延误、减少不必要上诉和各方的不必要"喧嚷"。此训令被编入意大利商事法院法规之中,对英、法、德三国商事法院也产生了极大的影响。基于此,可以知悉:商事审判是商人的独有审判方式,自诞生起,就携带较强的民主基因,源于商业实践,是商人根据实际需求所自行创造的独特司法体系。伴随民主国家的产生,商法日渐走向国内化,商事审判也日渐被国家权力强化。商人阶层的式微加速了对商事审判的改造进程,最终被纳入世俗审判体系之中,不过这并没有彻底地消解商事审判所具备的"柔性"。无论是否继续保持传统的商事法院系统,化解商事纠纷机制的"柔性"都依然存在,它可以是协商仲裁,也可为温和审判。[②]

(三) 商事审判程序的改革

中国的漫长历史进程中,一直没有出现专门的商事法院,商事纠纷的解决是由民事庭、商事审判庭这两个设立于普通法院之中的组织负责的。因为商事审判一直没有独立形成和存在过,所以商事审判程序也就从来没有独立设置和运行过,造成的结果是审判过程中不能充分考量商事纠纷的特殊性,审判效率大受影响,商业活动的营利追求大受阻碍。全球化经济时代的到来彰显了上述审判方式所存在的缺陷,为了更有利于经济的发展,建议我国设立专门商事法院,设定商事审判程序,对商事事务和商事活动的简便、快捷性予以充分的考量,让商事纠纷的解决效率得到很好的提升。

---

① 参见 [美] 哈罗德·J. 伯尔曼《法律与革命——西方法律传统的形成》,贺卫方等译,中国大百科全书出版社 1993 年版,第 422—423 页。

② 蒋大兴:《审判何须对抗——商事审判"柔性"的一面》,《中国法学》2007 年第 4 期。

基于前文的分析，不难得出，专门组建商事法院，对商事纠纷采取特殊的诉讼程序，是充分认识到了民、商活动的不同，是看到了民、商两类主体的不同诉求。不过在当下的中国，无论是学术界还是司法实务界，都没有看到这个方面，都笼统地以"民商事审判"称呼商事审判和民事审判，更混淆了这两种不同审判的不同需要，以统一的诉讼规则对民事、商事审判进行高度一体化的展开，造成商事审判灵活性的下降，宽容性的丧失，商事审判不符合商事活动的基本追求，有害于交易目的的实现和达成。近年，对民事证据制度进行了不断的改革，可从商事角度评判这一改革，它是不成功的。它过于强调了审判过程中的对抗性，从举证责任的设置到举证时限的设定，都对这一对抗性予以强化，改革造成庭审前后、庭审的过程中，诉讼双方竭尽全力进行对抗，但是，它没有看到一般民事审判与商事审判之间的差异，对原本已经遭受了损坏的交易产生了更大的破坏，使得"和谈息讼"更难实现。① 以诉讼做出判决来定纷止争，仅仅为理想，仅仅为表面上的定纷止争，当事人的内心深处、社会整体是不是在这一领域真正实现了定纷止争，不能判定。无论是为了和谐社会的更好构建，还是为了当事人关系的更好维护，诉讼都不是最有效、最柔和、最仁慈的方法和手段。为此，一些学者从商事纠纷特殊性的角度提出，我们需要反思目前民商一体化的程序的思维，重视商事审判"柔性"理念，② 逐步推进以下程序性改革，并提出具体的"柔性"审判改革建议：第一，审判组织柔性化—推进"仲裁机制进法院"。尝试选举商人充任商事法庭的法官，并允许当事人选择自己的法官。第二，立案受理过程的"柔性化"——松绑立案标准。第三，审理形式的"柔性化"——尝试"圆桌审判"。第四，证明过程的"柔性化"——宽缓证据制度。第五，审理语言和调解方法的"柔性化"——实行"商谈审判"。在商事审判过程中改革审理语言和调解方法，营造轻松的法庭氛围，可能更有利于纠纷的解决。第六，裁判方案"柔性

---

① 参见［日］谷口安平《程序的正义与诉讼》，王亚新、刘荣军译，中国政法大学出版社1996年版。

② 参见蒋大兴《审判何须对抗——商事审判"柔性"的一面》，《中国法学》2007年第4期。

化"——宽缓对法律关系的理解,妥善处理交叉诉讼。

(四)商事审判的理念

司法实践领域,部分商事法官没有关注到商事审判活动自身所具备的规律性,以老旧模式、传统思维处理纠纷、解决矛盾,以审判影响相关当事人的关系和相关行为的做出与展开,这就造成商事领域纠纷的整体解决水平依然有很大的提升空间。简易商事审判人员能够从民、商纠纷的不同之处着手,能够从两类审判的差异层面思考,商事审判活动的展开应该以什么理念为指引,并基于此开展相关的商事审判工作。

1. 商事纠纷的特殊性

和一般民事纠纷相比,商事纠纷有着自身的特点,此类案件深受商事行为特征的影响:首先,此种纠纷的主体目的就是为了实现自身利益的最大化。通常发生在法人、其他经济体等之间,彼此之间存在着商业利益关系,没有其他方面的关系;一般民事纠纷通常发生于当事人之间,当事人之间有着稳定的社会关系和人身关系。对于前者来说,法人或者其他经济体开展商务活动的目的就是为了营利,一旦出现纠纷,商事主体希望能够维持自身利益的最大化,所以他们更愿意选择理性和强制性的手段对此进行判决,然后来保障自身的利益。其次,商事纠纷发生在社会生活的各个领域,纠纷双方之间的关系比较复杂,需要一定的专业技能。商事行为主体实施各种行为本身就是为了营利,所以在从事商事活动时,需要自觉地遵守企业资质、市场自律、在法律面前一律平等、实施公平交易等,同时还要坚持诚实信用原则,但是在开展此类活动时,一旦出现变化,比如对方没有遵循契约自由,或者违背了公平交易原则等,当事人都可以通过司法渠道来维护自身的权利。为了提高商事活动的交易效率,往往在交易过程中采用定型化等专业模式进行交易,同时还运用大量的技术手段,这样才能实现交易安全,才能对交易双方的诚信进行规范。最后,商事纠纷内容比较复杂,在法律适用方面同样也呈现出复杂特点。根据中国当前的立法体系,中国民法和商法并没有明确分开,但是也存在着很多商事单行法。所以在处理此类纠纷过程中,要优先使用商法,如果此类法规中没有对纠纷进行规定,可以考虑使用民法对此进行规制。商事纠纷相对比较复杂,不仅会涉及个案,还会涉及各种社会问题,比如因为纠纷引发企业破产,此时就涉及了非常复杂的社会问题,包括企业职工安置、债务纠纷解决,甚至会影响到金融系统安全等。所以很多商事案件在审理的过程中普遍存在着政策性强、法律适用难等方面的问题。根据当前已经出现的司法案例,对此类案件进行审理,一要尊重当事人意思自治原则,二要充分体现权力本位思想,三要遵循商事交易规则和惯例。在此基础上维护当事人的合法权益,同时还要尊重和保护市场秩序、社会秩序,更要考虑国家经济安全等。

2. 商事审判的独特性

商事审判也不同于一般的司法审判,有着自身的独特之处:第一,在社会关系调整方面,民事审判目的是维护市民社会秩序、实现公平正义、维持善良风俗等,所以调整的对象主要是财产和人身关系。商事审判目的就是为了解决商事活动中利益分配不均、实现商事主体营利、维护正常交易等,所以调整的对象主要是商事关系。第二,在价值取向方面,民事审判和商事审判存在着显著区别,前者强调的是民法上的公平,在诉讼过程中,关注更多的是当事人的意思,法官会主动向当事人履行自身的告知义务,主动调查取证,掌握相关证据之后依据法律法规来保护民事主体的权益,根据法律精神,倾向于对弱势群体权益的保护。对于后者来说,司法判决过程倾向于维护社会经济发展,促进社会财富增加,在实现这一目的的基础上来维护商事主体的合法权益,保护的重点是信赖利益,强调的是当事人的外观效力,或者践行的是公示主义思想。在诉讼模式上,法官在商事审判中处于居中裁判的地位,当事人只有发挥自身的主观能动性,才能够在诉讼中获得更多的保障,才能推动诉讼的顺利进行。第三,在利益保护倾向方面,两者也存在着显著差异,民事裁判审判的过程会对当事人之间的关系进行调整,目的就是为了协调、修复双方之间的民事关系,是一种静态保护,对于当事双方来说,民事判决保护的是双方的原始权利。商事审判过程中保护的重点在于双方的交易行为,不仅要保证交易的有效性,还要保证利益取得的合法性,同时,针对善意第三人,也作为重点保护对象。因为商事交易的目的就是实现双方利润的最大化,利润和风险往往并存,赢得利润的过程中同样也要承担相应的风险,所以此方面的审判体现了一个动态保护的过程。

3. 商事审判的基本理念

商法作为民法的特别法，有着自身的独特之处，比如不同于民法的价值取向等。所以在解决商事纠纷过程中，尽可能地从商法专门法的视角对此进行衡量，不能简单地从民事审判视角对此进行判断。和传统的民事案件裁判相比，商事审判倾向于维护公平诚信，更倾向于维护社会的公序良俗，所以法官要具备商法意识，在面对此类案件，不仅要遵循审判的客观规律，而且在审判过程中要体现商事思维，在裁判过程中要依据商事法规，得出相对公平的审判结果。针对商事审判基本理念，具体包含以下几点。

第一，树立尊重意思自治和权利本位的理念。商事纠纷通常发生在市场运作过程中，该领域要充分体现市场主体的意思自治，所以在审判的过程中尽可能不介入，充分尊重当事人在合同和公司自治领域的权利，要在充分商业判断的基础上进行法律思考和判断。市场经济在发展过程中会出现很多新现象和新问题，不能够轻易否定合同效力，比如新类型的合同，或者合同中的新类型条款。在使用情势变更原则的过程中，要慎之又慎，要充分考虑到社会公平，同时也要分析其中是否存在着转嫁风险的行为。针对违约和失信行为，要作为重点制裁对象；针对公司的内部约定，要给予充分的尊重；针对法人资格、公司的稳定，不能轻易否认，更不能够轻易作出裁决。在商事审判过程中，更考虑到商事活动的特点、交易的稳定性，同时还要充分考虑双方意思自治，法官要对自身的自由裁量权进行规范、约束，不能滥用。①

第二，树立促进商事交易效率与安全并重的理念。在安全的基础上追求效率，才能创造出更多的价值。如果交易过程中忽略了安全，那么就谈不上效率，就违背了市场规律，所以市场安全和交易效率在某种程度上是一致的，两者相辅相成。首先，商事审判目的就是为了鼓励交易双方通过正当交易实现彼此利益最大化，或者通过合法渠道获取相应利益。针对商事合同中经常出现的有偿或无偿内容，双方没有约定，此时审判过程中要遵循有偿性判断原则，要具备此方面的思维，如果双方没

---

① 《商法学》编写组：《商法学》，高等教育出版社2018年版。

有约定，一般应该推定为有偿。针对守约一方，在判决过程中应该作为重点保护对象，保护其可得利益，因为可得利益是守约者在交易过程中应得的，而并非是额外的。这种判决理念实际上是鼓励交易双方诚实守信，按照交易规则开展正常的交易活动，有利于形成良好的市场秩序。其次，商事审判过程中要结合纠纷的性质、遵循此方面审判的思维，选择合适的法律对此进行审判，通过审判来保护相对方的合法权益。另外在审判过程中，不仅要考虑交易效率问题，还要考虑交易安全问题，化解两者之间的矛盾，提高交易的安全性，提升其效率性，形成稳定的交易关系和交易秩序。安全和效率往往是相辅相成的。

第三，树立保护善意交易相对人的理念。根据商法精神，法规重点倾向于保护社会交易安全、形成良好的交易秩序，同时也倾向于保护第三人利益。针对商事主体资格，法规中有明确的条文对此进行了规制，所以在认定的过程中非常严格，要遵循法定原则。根据商法，此类群体要承担更多的社会责任，要主动保护交易相对人的合法权益，比如针对董事，《公司法》中明确指出，要积极承担起对债权人的义务。法规中也明确规定债权人有提起诉讼的权利，同时对不能对抗第三人的情景进行了明确规定。

第四，树立商法优先适用和尊重上市交易规则惯例的理念。商法虽然属于民法的范畴，但是商事审判有着自身的独特之处，所以在法律适用上，应该优先使用商法，如果商法中没有相关规定，那么再用民法对此进行规定。如果存在着商法和民法规范的冲突，仍然要遵循商发优先使用原则。商事交易习惯在市场运作中非常普遍，影响着交易实践，因此在此类纠纷审判的过程中，也要充分考虑交易习惯。针对交易习惯，中国《民法典》中对此进行了规定，可以在补充合同条款中来显示这部分内容。司法审判的过程中，也要充分考虑商事交易习惯，尊重行业组织章程、各机构的组织原则、业务规则等。经济政策在不断地调整和变化，商事审判过程中要充分考虑到最新政策，如果法律和政策存在冲突，此时更需要法官对此进行履行判决，要发挥商事审判的引导作用，推动商事交易的顺利进行。

第五，维持团体交易关系的理念。商事交易过程中带有明显的团体性特征，能够实现交易双方的持续营利，所以商法在制定中也显示了这一特点，比如商事组织法、交易行为法中，都有相关的条款，对此方面交易的团体性进行了明确。所以商事审判的过程中，要充分体现团体法理念，要遵循以下原则：首先，尊重商事判断原则。团体和商事交易都是交易方意思自治的结果，或者说是双方自己决定、相互约定，所以审判过程中要充分了解交易行为人之间的约定，尊重当事人的自我判断，不能够随意的通过法律对其行为下结论。其次，要为团体交易关系的维持创造条件。这种关系是形成交易的基础，也是推动市场发展的关键，所以司法判决过程中，要鼓励合同成立、生效，要为此提供保障。最后，推进有约必守规则。遵守合约、当事人诚实守信，才能保证合约的有效履行，审判过程中也要对诚实守信行为进行鼓励。

五　商事法律责任

与商事纠纷解决之特殊性相关的问题是商事法律责任之特殊性。商事法律责任指的是在交易过程中，交易各方依照法规所应该承担的责任，此方面的责任从性质和内涵上看，属于特别私法责任范畴，不同于其他普通的民事责任，有着自身的独特之处。

第一，商事交易一般是建立在契约的基础之上，双方交易过程遵循自由原则。所以在确定这方面责任时，要从契约的视角确认，比如契约中规定的商事主体应该承担的责任、内容等，都是商事主体需要遵循的法律责任。双方没有约定，有时可以不用承担，所以自治空间比较大，和其他强制性的责任有所不同。例如公司章程，实际上就是公司董事和股东约定形成的一种契约，只要符合法律规定，就要确认章程的合法性，董事和股东一旦违背章程，就要承担此方面的法律责任。

第二，法定责任的严格性。在实践中，交易秩序越安全，交易效率就越高，反之亦然，由此可见，商事法律责任的认定实质上就是维护交易秩序的安全，所以有一定的强制性。如果交易行为违背了交易的基本秩序，那么行为主体就要承担法定责任，这种责任带有明显的强制性，甚至制裁更加严格。商事法规针对法律责任规定得非常严格，包括连带责任、制裁性违约金或者惩罚性赔款责任等。①

我国当前的部门商法中所规定的商事责任，也非常严格。比如《证券法》中规定，如果存在着扰乱市场秩序，影响证券市场发展的行为，那么行为人就要承担极其严格的法律责任，比如欺诈发行、操纵市场等行为，此时商法对行为人的违法责任进行了强制性规定。公司法中同样也严格规定了股东滥用权力等违法行为所要承担的法律责任，其严格程度远远超过了民事法律责任。《票据法》中也有此方面的规定，商事法规在法律责任认定方面非常严格，原因是多方面的，首先，法规只在商事交易过程中体现这种严格性；其次，充分体现了法律责任的公共性特点。

商事法规也存在着减轻责任的内容，其目的就是鼓励交易，让从业者能够在合法框架下大胆进行交易。比如公司法的有限责任人安排，商事主体如果从事的是朝阳产业，没有任何经验可以借鉴，那么在交易过程中如果出现了相关问题，法律也会从轻对其处罚，商事法规此方面的规定对于新兴行业的发展具有重要意义。

第三，追责时效的特殊性。商事交易要想顺利进行，需强调安全和效率，同时也追求时效，在合理的时间之内完成交易，才能保证资金的有效流动，才能创造出更多的价值。所以在此方面诉讼时，也强调了效率，商事诉讼追责时效最显著的特征就是短期，诉讼时间比较短，在短时间内解决此种诉讼问题。例如，《票据法》《公司法》中均有短期时效的安排，以尽快安定商事交易及公司组织秩序。其次可约定性。一般诉讼时效多呈现法定性之特点，排除当事人约定之可能，普通民事诉讼及行政、刑事诉讼莫不如此。在商事诉讼中，应当允许当事人约定比法定时效更短的时效，以督促当事人及早行动，尽快了结商事纠纷。

---

① 参见范健、王建文《商法论》，高等教育出版社2003年版，第150页。

第二编

商事法基础理论范畴

第 四 章

商事法的体系及其法律渊源

第一节 商事法在中国社会主义法律体系中的地位

一 商事法在社会主义市场经济法律体系中具有独立的存在价值

在大陆法系法文化的背景下，当代中国商事法是民法体系中的特别法，它以单行法作为表现形式，直接规范市场主体资格及其行为，与经济法有机整合，共同促进社会主义市场经济的发展。①

商事法是对交易双方之交易行为进行规制的一种法规，目的就是为了商事主体能够平等地进行交易。商事法涵盖的内容非常多，票据法和公司法等都可以归入此类法规的范畴。从性质上看，商事法旗下有多个子法体系，共同构成了一个相对独立的法律体系，形成了法律部门。商事法之所以具有相对独立性，原因在于其内容非常丰富、体系非常完善、可自行调整，且内容是相对于民法而言的。属于此类型的法律，从其性质上看，不仅调整商品关系，还肩负着调整社会关系的重任；从其内容上看，其属于民法内容的延续和扩展，内容更加具体，并能够对商事领域进行全面规制。而商法也属于民法的一部分，比如公司法就相当于民法法人制度的规定。

票据法、信托法等实际上都属于商法的一部分，抑或属于民法在债权制度方面的特殊规定。商业登记法从性质上看应该属于行政法范畴，

---

① 赵万一、赵吟：《论商法在中国社会主义市场经济法律体系中的地位和作用》，《现代法学》2012 年第 4 期。

而破产法则属于民法范畴,前者属于企业进行交易的前提,[①] 后者属于企业在交易过程中所产生的后果,因此后者属于商事法范畴,对违反此类法规的商事行为认定时,要分析其本质,可以从商事法的视角对此进行规制。

就本质而言,不论是传统商事法还是现代商事法,商事活动也是某种市民活动,"民事"即市民之事,因而商事活动即民事活动。的确,在早期,由于商人的特殊地位,商事活动与民事活动在适用法律上有区别,但是,随着资本主义商品经济的广泛发展,尤其是现代市场经济的建立,参与市场商事活动的主体日益扩大,职业商人尽管仍占有相当的比例,可是已失去其社会地位的特殊性。即使在今日之德国,商人在商事法中仍居于核心地位,传统商事法中商人的特殊社会地位已经不复存在了。也就是说,今日的商事法已无独立的与民法相对应的调整领域传统,商事法的调整领域已被民法所渗透和涵盖。因而,商事法与民法的实质内容呈现水乳交融的关系。

二 商事法之作用在社会主义市场经济法律体系中具有不可替代性

商事法具有一定的独立性,被很多国家作为一个主要的法律部门,能够从立法的角度对于现代市场经济进行全面规制。该法律在我国亦如此:作为一个独立的法律部门,在市场经济运作过程中发挥着巨大作用,具有独特价值,因此是现代社会发展中不可缺少的法律体系。从商事法的立法精神来看,其目的在于两方面:一是维护市场秩序,二是鼓励主体营利。虽然民法和经济法同样能够对市场经济关系进行调整,但调整的目标与方向各不相同,其和商事法三者分别在不同领域作用于市场经济关系,即保障市场主体利益,推动交易顺利进行,实现社会财富的进一步增加,同时构成了一个相对比较完整的调整链条——"前置法(民法)—基本法(商事法)—保障法(经济法)"。在社会主义市场经济体

[①] 柳经纬、齐树洁:《商法概论》,厦门大学出版社1996年版,《绪论》。

制中，商事法发挥着独特作用，是市场经济有序运行的有效保障之一。[①]

公平是民法价值之所在，也是此方面立法的宗旨、执法的准绳，同时对于行为人来说，是守法的依据。[②] 此部法律在实施过程中有一个前提——市场经济条件下的主体属于理性人，并且具有平等性、互换性和最佳性三个特点，就是说民事主体之间不存在高低贵贱，都是平等的，在市场交易中可以根据彼此的需求互换位置，从而谋求自身的最佳利益。[③] 所以民法在商事交易过程中具体体现为：个体在公平的条件下通过不懈努力，来赢得自身利益，同时根据自身需求来确定自身属于交易双方的哪一方，民法侧重于对个体的一般保护，比如公平，是一种形式公平，符合法律规定的人都有平等的机会，例如法人和自然人，也包括其他具有民事权利和行为能力的人，无须考虑个体差异，也不考虑客观环境不同等因素，均平等保护。其中民事主体制度、民事所有权制度、民事债权制度等，分别从不同的方面确定了自然人和法人等都具备参与商经济活动的主体资格，能够通过交易实现对利润等方面的占有，依照法规确定特定主体的权利和义务等，其目的就是为了营造良好的市场秩序，推动经济活动的顺利进行。根据上述分析可以看出：在市场经济活动中，民法属于前置性法律，确定了各类经济活动所需要具备的前提条件，只有具备这些前提条件，才能实施市场交易，进而实现财富的创造。[④]

商事法设置的初衷带有明显的激励意图，即鼓励商事主体从事合法交易，从中实现自身的合法利益。商事法制定了相对较为公平合理的经济制度，能够形成良好的市场秩序、市场环境，为交易活动创造条件，让交易主体能够顺利地进行交易，赢得利润。商事法实际上是从微观调节的视角对于市场秩序进行维护，确保交易安全。通过商事立法，设置了市场准入门槛，规定了评价标准，进而使市场自动依据法规的要求，

---

① 赵万一、赵吟：《论商法在中国社会主义市场经济法律体系中的地位和作用》，《现代法学》2012 年第 4 期。
② 邢建东：《衡平法的推定信托研究》，博士学位论文，对外经济贸易大学，2006 年。
③ 刘永林：《试析民法与经济法的基本假设差异》，《法律科学》1998 年第 3 期。
④ 赵万一、赵吟：《论商法在中国社会主义市场经济法律体系中的地位和作用》，《现代法学》2012 年第 4 期。

结合自身的内在机制,实现良性运转,在运转的过程中产生了利润,增加了社会财富,实现了商业等领域的有效发展,也即商事法设置的目的就是为所有的资本找到有效的运作路径,不仅能够实现资本所有者利益的最大化,还能够实现社会利益的最大化。因此在市场经济体制中,商事法属于基本法,其价值独特,在经济发展中发挥着独特功能,是其他法规所不可替代的。

三 商事法是与市场经济联系最为密切的法律部门

商事立法者首先对市场运行条件和程序进行分析,确认了运行规则,总结了此方面的实践和习惯,并在此基础上将规则与习惯等上升为商事法,所以此类型的法律形成于市场经济当中,目的就是营造良好的市场环境,服务于市场经济。从宏观视角来看,商事法随着现代市场经济的产生而产生、发展而发展,在两者的不断博弈之中逐渐达到一种均衡状态,从而,成为此方面的基本法。①

(一)市场经济是自主经济、平等经济,要求确认市场主体的法律地位和基本权利

随着市场经济的不断发展,社会分工越来越细,商品交换越来越频繁,每个人在市场经济中的角色都在不断转换,既有可能是购买他人的劳动产品,又有可能出售自身的劳动产品。市场交易最显著的特点就是交易主体具有独立性,拥有自身所持有商品的所有权,然后才能进行等价有偿交换,商事主体制度就确定了交易主体的独立性和平等地拥有市场资格和法律地位。同时,各类市场主体可以根据自己的意思在市场上进行交易,满足自身营利的需求。例如,《公司法》明确规定有限责任公司和股份有限公司的法人地位,并根据各自经济能力的差异分别赋予法人不同的权利,股份有限公司能够通过在公开市场上发行股票来筹集资金,有限责任公司则无此项权利。再如,考虑到市场主体对经营管理和投资收益的不同需求,《合伙企业法》将企业形态区分为普通合伙企业和

---

① 赵万一:《中国究竟需要一部什么样的民法典——兼谈民法典中如何处理与商法的关系》,《现代法学》2015年第6期。

有限合伙企业并分别作出不同的规定，有限合伙人仅负责出资，不具体参与合伙企业的事务管理，从而满足了不同投资主体的不同利益要求。

（二）市场经济是竞争经济、开放经济，要求有效的竞争工具和灵活的竞争规则

充分竞争是市场经济的显著特征，而只有竞争才能实现优胜劣汰，实现资源的合理配置，让市场充满活力，推动市场经济的有效发展。现代市场经济覆盖范围更广、辐射区域更大，任何人之间都可以跨地域、跨时空进行交易，市场经济的开放品格得到了充分彰显，市场主体数量也越来越多，形成了各种各样复杂的竞争关系，竞争手段更加五花八门，竞争规则也不断地推出与完善，但前提条件就是合法竞争。只有合法竞争才能适应市场运行规律，才能推动市场经济的有效发展。非法竞争或者超越法制框架进行竞争，都会导致市场陷入混乱。商事行为制度通过灵活的规则，对市场运行状况进行了全面规范，成为经济活动的框架，也成为经济主体进行合法交易的依据。该制度同样来源于经济活动之中，是此方面实践和经验的总结，并且通过合法渠道上升为法律制度，能够对市场主体的行为进行全面规范，能够提高交易效率，实现合法交易利益的最大化。例如，《证券法》通过赋予市场主体以证券发行权，满足了其扩大生产规模和创造更多社会财富对资金的需求，但同时又通过规定上市公司的初次信息披露和持续信息披露义务，解决了发行人与投资者之间信息不对称的问题，从而为投资者的理性选择奠定基础。再如，《票据法》专门针对票据这种信用工具进行规定，赋予票据汇兑、支付、融资、流通等功能，以在更大程度上降低交易成本、促进交易便捷。

（三）现代市场经济立法主要表现为商事立法

随着中国市场经济体制确定并发展，中国开始了此方面的立法。之前中国实施的是计划经济体制，政策取代了法律，资源配置的手段主要是计划、指令，所以在那一阶段没有真正意义上的市场和商事法。在1992年中共十四大报告中，党和国家明确提出要建设社会主义市场经济，从某种程度上讲，中国的经济体制从而发生了巨大调整，市场经济体制逐渐被确立，也开启了此方面的商事立法。随着市场经济体制的不断深入，市场经济交易的复杂性也在进一步加剧，迫切需要商事法规对此进

行全面规制。民法虽然是维护市场经济关系的前置法，但是在经济方面的规制有限，根本无法应对复杂的市场交易，而政府对市场只履行宏观调控的职责，不再直接管理，也不直接下达行政指令。因此，从 1992 年颁布《海商法》开始，中国相继出台了《公司法》《票据法》《保险法》《合伙企业法》《个人独资企业法》等一批重要的商事法律，对市场经济主体的设立和运作及其市场行为进行直接调整，商事法作为独立法律部门的特殊功能和地位也越来越得到认可和重视。尽管当时中国由于对社会主义市场经济缺乏清醒的理论认识和足够的实践把握，商事法领域除了大量新颁布的法律外也存在一些不合时宜的法律，例如《经济合同法》颁行于 1981 年，直到 1999 年《合同法》实施后才失效。该法更多的是反映计划经济时期的经济规范要求，但是这并不影响商事立法整体的快速发展。总体而言，中国商事法领域中的主体制度和行为制度都是跟随市场经济改革和发展的步伐不断进行自我更新和完善的，现代市场经济的立法也因此主要表现为商事立法。迄今为止，规范商事主体方面的法律包括一系列法律及其配套实施法规、规章等。为了顺应新形势下全球经济一体化潮流，中国先后加入了一批重要的国际商事公约，包括《联合国国际货物销售合同公约》《承认和执行外国仲裁裁决公约》等，逐步实现国内商事法律与国际商事公约的对接。商事法开始突破国家法的束缚，朝更加体现国际化的方向发展，对国际公约和国际惯例的接受程度不断加大，从而满足国内市场接轨世界大市场的现实法律需求。

第二节　中国商事法律的渊源体系及其开放性

一　商事法的渊源

（一）商事法渊源的概念和分类

具有法律效力的商事法规范，也是当代商事法渊源，或者说是其表现形式。中国作为大陆法系国家，用成文法的方式对于商事法进行了明确规定，商事法渊源从性质上看仍然属于一种法律规范，对商事主体和和行为都具有普遍的约束作用，也是此方面活动开展及司法审判的依据。从类型上看，商事法渊源可以分为：国内法渊源，包括国内的正式和非正式商事法渊源；国际法渊源，包括国际条约、商事习惯，同时也包括国际各种行政协定。前者是形成国内商事法的基础，后者是形成国际商事法、经济法的基础。

(二) 中国商事法的正式渊源

正式渊源，是指由国家立法机关或经授权可以立法的国家机关以国家的名义依据法定职权，通过法定程序制定的规范性法律文件。各国商事法均承认商事法正式渊源的地位。唯有正式渊源的形态，在民商分立和民商合一体系下有所不同。在民商分立体系下，商事法典、商事特别法是最重要的商事法正式渊源，民法典也是商事法的正式渊源。在民商合一体系下，有民法典而无商事法典，且事实上存在商事特别法，因而，民法典和商事特别法是最重要的商事法正式渊源。中国商事法的正式渊源包括：(1) 宪法；(2) 民商事法律；(3) 行政法规；(4) 地方性法规；(5) 自治条例和单行条例；(6) 部门规章；(7) 地方政府规章；(8) 最高人民法院具体应用法律的解释（司法解释）。

1. 宪法

宪法是国家全面规范社会、经济、政治生活的根本大法，直接或间接规范了商事关系，是我国商事法的正式渊源。宪法对于其他法律规范的制定、解释和实施等，具有约束力。

2. 民商事法律

民商事法律是全国人民代表大会或其常委会依法制定的、规范民商事关系的规范文件，直接或间接规范商事关系，是中国商事法的主要渊源。民商事法律可分为一般法和特别法。民商事一般法，主要包括《民法典》；民商事特别法，是针对某些特定类型的商事关系所制定的特别规范。特别是在民商分立的国家，特别法普遍存在，主要包括《公司法》《票据法》《证券法》《保险法》《破产法》《海商法》《证券投资基金法》等，这些构成了商事法的重要渊源。

3. 行政法规

行政法规是国务院为了履行宪法赋予的管理职权和执行法律而依法制定的规范性文件。在中国行政法规中，既包括行政管理的内容，也包括有关商事关系的内容。行政法规中有关商事关系的内容，属于中国商事法的重要渊源，比如《公司登记管理条例》、《企业法人登记管理条例》和《商业特许经营管理条例》等。

4. 地方性法规

地方性法规是省、自治区、直辖市的人民代表大会及其常务委员会，以及设区的市的人民代表大会及其常务委员会根据其行政区域的具体情况和实际需要，在与宪法、法律、行政法规不相抵触的前提下依法制定的法律规范文件。地方性法规中涉及商事关系的内容，属于我国商事法的辅助渊源，其中既包括专门规定商事活动的地方性法规，也包括有关商事活动的地方性法规。

5. 自治条例和单行条例

民族自治地方的人民代表大会有权依照当地民族的政治、经济和文化的特点，制定自治条例和单行条例。自治条例和单行条例可以依照当地民族的特点，对法律和行政法规的规定作出变通规定，但不得违背法律或者行政法规的基本原则，不得对宪法和民族区域自治法的规定以及其他有关法律、行政法规专门就民族自治地方所作的规定作出变通规定。

6. 部门规章

根据《立法法》的规定，国务院各部、委员会、中国人民银行、审计署和具有行政管理职能的直属机构，可以根据法律和国务院的行政法规、决定、命令在本部门的权限范围内制定规章。部门规章规定的事项应当属于执行法律或者国务院的行政法规、决定、命令的事项。没有法律或者国务院的行政法规、决定、命令的依据，部门规章不得设定减损自然人、法人和其他组织权利或者增加其义务的规范，不得增加本部门的权力或者减少本部门的法定职责。例如国务院各部委等具有行政管理职能的直属机构，可以根据法律和国务院的行政法规、决定、命令，在本部门的权限范围内，制定规章。部门规章规定的事项应当属于执行法律或者国务院的行政法规、决定、命令的事项。没有法律或者国务院的行政法规、决定、命令的依据，部门规章不得设定减损自然人、法人和其他组织权利或者增加其义务的规范，不得增加本部门的权力或者减少本部门的法定职责。例如商务部制定的《单用途商业预付卡管理办法（试行）》和《零售商供应商公平交易管理办法》，证监会制定的《证券发行与承销管理办法》和《证券登记结算管理办法》，等等。

7. 地方政府规章

地方政府很少针对商事关系单独制定地方政府规章，但根据《立法法》规定：省、自治区、直辖市和设区的市、自治州的人民政府，可以根据法律、行政法规和本省、自治区、直辖市的地方性法规，制定规章。例如《北京市交易场所管理办法（试行）》《新疆维吾尔自治区市政公用事业特许经营条例》等。

8. 最高人民法院具体应用法律的解释（司法解释）

根据《立法法》的相关规定，最高人民法院作出属于审判中具体应用法律的解释，应当主要针对具体的法律条文，且符合立法的目的、原则和原意，并在法定期限内报全国人大常委会备案。最高人民法院针对《合同法》、《公司法》、《保险法》、《破产法》和《票据法》等的适用，已作出多项司法解释，并针对具体问题专门作出批复。最高人民法院审判委员会讨论通过的规范性文件，均属于司法解释。

（三）中国商事法的非正式渊源

非正式渊源，是指立法机关及其认定的有权机关以外的其他组织制定的、不违反法律规定并发生实质约束效力的规范。对于非正式渊源，有些国家明确承认其法律渊源地位，有些国家未排除其法律渊源地位。在民商分立国家，非正式渊源的地位也有不同。其中德国和法国的《商法典》未明文接受习惯或习惯法作为法律渊源，其学术界认为，非正式渊源缺少一般性和抽象性，不具有反复适用的性质，因而不能成为商事法的渊源。《日本商法典》第1条明文规定了非正式渊源的地位，即"关于商事，本法无规定者，适用商习惯法，无商习惯法者，适用民法典"。在民商合一体系下，民法典也提到非正式渊源问题，如瑞士和意大利的《民法典》都明确规定了习惯法的地位。从中国商事法实践来看，非正式渊源主要包括以下几点。

1. 最高人民法院公告的案例

中国属于大陆法系，不存在普通法意义上的判例或判例法，但是最高人民法院讨论通过并正式公告的案例，在实践中发挥了法律渊源的作用。各级人民法院公布的其他生效判决，不具有法律渊源的地位。

2. 最高人民法院发布的指导案例

最高人民法院自 2005 年正式提出"案例指导制度",至今已发布诸多指导案例。指导性案例系经最高人民法院审判委员会讨论通过的案例,它既不同于地方各级人民法院发布的案例,也不同于最高人民法院作出生效判决的案例,可以作为法官论证的依据,但不得援引作出裁判,具有法律渊源的某些实际作用。

3. 交易习惯

中国《民法典》承认了"习惯"的民法地位,《合同编》明确了交易习惯的地位。根据《民法典》,习惯不得违反公序良俗。根据最高人民法院的解释,下列情形中,不违反法律、行政法规强制性规定的,人民法院可以认定为合同编所称的"交易习惯":(1)在交易行为当地或者某一领域、某一行业通常采用并为交易对方订立合同时所知道或者应当知道的做法;(2)当事人双方经常使用的习惯做法。对于交易习惯,由提出主张的一方当事人承担举证责任。[①] 有的学者认为交易习惯具有习惯法的性质。交易习惯也是可以适用并调整商事关系的规范,具有法律渊源的作用。

(四)中国商事法的国际法渊源

中国商事法的国际法渊源,主要分为国际商事条约、行政协定和国际商事惯例。

1. 国际商事条约

国际商事条约是指以国家名义缔结、参加、承认的单边或者双边国际商事条约、协定和具有条约性质的文件,如《联合国国际货物买卖合同公约》《统一船舶碰撞某些法律规定的国际公约》等。我国缔结或者参加的国际条约同中国的民事法律有不同规定的,适用国际条约的规定,但中华人民共和国声明保留的条款除外。

2. 行政协定

行政协定,是指两个或者两个以上的政府之间签订的有关政治、贸

[①] 参见《最高人民法院关于适用〈中华人民共和国合同法〉若干问题的解释(二)》的相关规定。

易、法律文件等方面的协议。行政协定是以政府名义签订的，而不是以国家名义签订的，从而区别于国际条约。例如，针对证券跨境交易的实践需求，中国证券监督管理机构已与境外多个国家的监管机构签订了联合监管、执法合作备忘录。

3. 国际商事惯例

早期商事法带有鲜明国际法的属性，近代商事法虽然呈现了转向国内法的趋势，但是，伴随国际经济贸易的发展，国际上已形成大量在商业或贸易基础上发展起来的、用于解决国际商事问题的实体法性质的惯例。国际商事惯例不是法律，但当事人有选择适用国际商事惯例的自由。一旦当事人选择了某个国际商事惯例，该惯例就在当事人之间产生拘束力。

二 中国的商事法体系

对于中国的商事法体系，有实然和应然两个观察角度。商事法的实然体系，是指基于中国立法的现状，将有关商事法律分类组合而形成的体系化商事法。通常认为，中国采用民商合一体系。[①]《民法典》是私法意义的普通法，"民法总则编"是私法的总则；作为特别法的商事法，主要包括《公司法》、《证券法》、《票据法》、《保险法》、《破产法》和《海商法》等。《合伙企业法》、《全民所有制工业企业法》、《证券投资基金法》、《期货法》、《银行法》以及其他有关商事的法律和规则，也是商事法体系的组成部分。

（一）中国商事法的应然体系

这种商事法体系考虑了中国商事法的现实状况，但不拘泥于现行商事法的规定，而是从法典化或准法典化角度出发，构建中国商事法的体系。结合商事法的应然体系，增加了相当于总则方面的内容，如果再增加商法典内容，那么就如同实现了民商分立体系。商事法的具体模式取决于每个国家自己的法律文化传统、世界上并不存在统一的商事法模式；法律体系和经济模式的多元化决定了商事法的多元化。与此同时，商事

[①]《商法学》编写组：《商法学》，高等教育出版社2019年版，第29页。

法又是现代社会市场经济秩序的产物。市场经济秩序的维护离不开商事法；商事法根植于市场经济的土壤中。因此，无论是选择民商分立模式，还是民商合一模式，对于一个国家来说，不存在孰优孰劣、孰对孰错的问题，关键是看选择的模式是否适合本国的历史传统和经济发展的需要。

（二）中国现行商法体系的结构缺陷

混合于民法规范的商法规范与单行商法构成的商法规范体系存在着以下缺陷：一是混合于民法规范的商法规范呈现出商化不足的现象；二是为体现商法理念而规定的某些一般民法规范表现出过度商化的倾向；三是商事部门法因总纲性商法规范的缺失而无法形成有效的商法理念与原则，从而未能在商法中形成有效的弥补成文法漏洞的法律机制；四是商事部门法中虽分别规定了部分一般性规范，但总纲性商法规范尚极为欠缺，更无法形成合理的体系。

（三）民商区分，制定总纲性商事法规范

中国在构建商事法体系中，要尽力反映立法的现实状况，参考商事法学的研究成果，努力改善商事法的自身结构和体系，尽力发挥在推进经济进步方面的积极作用。基于上述，中国未来的商事法体系应当主要包括以下内容。[1]

1. 商事法典或商事法通则

主要规定商人或企业（或经营者）的类型和资格、商号或商业名称、商事账簿、商事登记。从目前情况来看，我国尤其需要整合现有的企业类型，抓紧制定商事登记法。

2. 商主体制度

明确商人、企业或经营者的概念选择，坚持商主体法定主义原则，规定商主体的责任形式，明确商主体与商事登记的相互关系，提供商主体转换的法律依据。

3. 商行为

协调商事法与债法或合同法的关系，围绕企业的组织体特征，根据现代商业的发展情况，引入传统商事法中的营业规则，设置商行为的特

---

[1] 《商法学》编写组：《商法学》，高等教育出版社2019年版，第29—30页。

别规范。

4. 特别商事法

明确《公司法》《个人独资企业法》《合伙企业法》《证券法》《票据法》《银行法》《保险法》,破产法》《期货法》《信托法》《基金法》《海商法》等的特别商法地位。

第三节 商事法律体系的内在效应与外在张力
——以股东出资义务"加速到期"的
法律续造是否必要展开

商事法的体系效应既表现为不同部门法之间的外部协调和冲突化解,也表现为内在体系之间的相互检索和功能发挥。既表现在规范之间,可以相互配合,还表现在规范缺失的情况下,可以通过体系解释的方法弥补法律的漏洞。从而在体系框架之内实现法律的动态发展,也使得法律的这种发展不脱离人们对法律的既定预期,有助于维护法律秩序的稳定,保持法律的可预期性。因此,在这个意义上,法律的可预期性不仅仅表现为对既定法律秩序的预期,还应该表现为对法律所展现出来的价值和体系的一种预期,如果要区分的话,可能前者更多的表现为一种释然,后者更多的体现出一种因然,但此种因然与自然法中所谓的应然相比又多了体系的保障,因此更加具有相对稳定性。

一 《公司法》制定法中关于"股东出资义务"的法律漏洞确定

2013 年中国《公司法》修改以后,公司资本法定实缴制度变为认缴制,股东由此可以自由安排自己出资的时间和期限。《公司法》第 28 条明确了有限责任公司股东"按期足额缴纳公司章程中规定的各自所认缴的出资额"的法律义务,第 83 条则规定了股份有限公司发起人"按照公司章程规定缴纳出资"的法律义务,第 30 条和第 93 条也规定了违反上述义务应当承担的法律责任。虽然根据《公司法》的制定法文本已然确立的出资规则,认缴股东负有实缴出资的义务,但是《公司法》文本却没有设定适用这一规则的场合,尤其是缺失履行实缴出资的期限、标准、程序等关键设定，例如，股东可以约定履行出资的时间和期限，却会对公司债权人的利益产生一定的影响，尤其是当现有公司资产不足以清偿债务时，由于公司股东的出资义务尚未到期，公司债权人的债权会迟迟无法实现，甚至可能会出现出资协议或者章程确定了过长的出资时间，或是在出资期限即将届满之前又决定推迟出资时间，乃至根本未约定出资期限。① 这样，无疑使公司债权人的债权实现存在危机，在这个意义上股东出资义务加速到期构成了一个"开放型"漏洞。②

股东之间的协议或者公司章程虽然已经确定了股东的出资（不论是公司设立时或者增资时）时间，但是在公司对于债务不能清偿时，股东就不能再主张其期限利益，公司债权人可以请求股东承担责任。这也是所谓股东出资义务的"加速到期"制度。我国公司出资制度改为认缴制以后，公司资本不再成为债权人的担保，因此，债权人的债权不能实现时，股东应当按照股东出资协议或者公司章程确定的时间履行出资义务，即出资义务未到期的不能加速到期。③

现行《公司法》表述的"公司章程规定的"股东或发起人承担出资义务，不应理解为是民商事主体可以约定的合同义务，而应理解为作为商事组织法的《公司法》上的法定义务，即使该法律义务在公司设立阶段是民法合同义务，但是公司成立并取得法人资格之后，该民法合同义务已经转化为商法法定义务。负担出资义务的股东对"设立之后的公司"承担"足额缴纳"的法定义务，按照合同相对性的原理，只是"向已按期足额缴纳出资的股东"承担"违约责任"。

负担出资义务的股东无论应当"按期"还是需要"加速"继续履行"足额缴纳"的法定义务，其适格的请求权主体都应当是公司，而不是公司的债权人。《最高人民法院关于适用〈中华人民共和国公司法〉若干问题的规定（三）》第13条是对《公司法》制定法文本的法律续造，确认了公司债权人对违反出资义务股东的"补充赔偿责任"请求权。然而其

---

① 刘铭卿：《股东出资义务加速到期研究》，《政治与法律》2019年第4期。
② ［德］卡尔·拉伦茨：《法学方法论》，黄家镇译，商务印书馆2020年版，第473页。
③ 刘铭卿：《股东出资义务加速到期研究》，《政治与法律》2019年第4期。

问题在于，公司债权人并不是直接适格的请求权主体，即使其享有，也应是公司怠于主张其到期债权，而行使债法上的代位请求权。这里需要法律续造填补的法律漏洞在于，公司于何种情形下得以向违反出资义务的股东请求其履行"按照公司章程规定缴纳出资"的法律义务，嗣后，公司再向公司债权人履行债务。至于"揭穿公司面纱"或者"法人人格否认"则是另外一个问题，对这些替代途径是否能够真正保护公司债权人的利益，以及它们能在何种程度上保护公司债权人的利益，并不完全适宜放在《公司法》第28条、第30条、第83条和第93条确立的"股东出资义务"的框架内讨论，而应置于《公司法》第20条及其法律续造中予以解决更为妥帖。

二 修补《公司法》的漏洞还是选择适用《破产法》或其他

《〈公司法〉司法解释（三）》第13条虽然可能在一定程度上支持了"股东出资义务加速到期"，然而其进一步的问题在于，公司债权人先拿到生效判决即可先获得"补充赔偿责任"，其后的债权人即使以相同请求，也无法获得法院的支持。基于公司组织体独立主体、独立财产和独立责任的基本立法设定，公司首先是履行公司债务的适格主体，只有在法律特别规定情形下，才由其股东承担公司债务，而不是动辄逾越公司组织要求股东直接对公司债权人清偿债务[1]，更不应该只是对个别公司债权人清偿。那么，股东违反出资义务是否足以启动并适用《破产法》？

根据中国《破产法》和《最高人民法院关于适用〈中华人民共和国公司法〉若干问题的规定（二）》的规定，认缴出资的期限在公司破产或者清算时应提前到期，但是目前并没有其他法律规定股东在公司未破产或未清算时应提前缴纳出资，因此许多学者以此作为反对股东出资义务加速到期的重要理由。这样，如果公司债权人希望通过股东提前出资以使自己的债权获得清偿，则必须先向法院申请公司破产或者要求公司进

---

[1] 《〈公司法〉司法解释（三）》第13条使用"补充赔偿责任"一词也颇值讨论，自愿的公司债权人主张的合同义务、违约责任并不必然等同于公司亦或其股东的赔偿责任，对非自愿的公司债权人而言，"补充赔偿责任"并不完整，"先到先得"原则更不合适。

入清算程序，以迫使股东提前出资。与加速到期有所不同的是，此时股东的出资并不直接向公司债权人清偿，而是成为公司资产，"主动"的债权人和其他债权人一起依破产或者清算程序获得债权清偿。一般情况下，"主动"债权并不能获得完满的清偿。①

当公司现阶段的经营已经无法产生利益，对股东和债权人来说毫无意义，此时公司面临着破产或者清算。根据中国《公司法》规定，采取资本认缴制之前的公司资本，可以分期缴纳，之后的资本具有一定的认缴期限。如果公司破产，要尽快消灭公司与股东、与债权人之间的债权债务关系；如果保留认缴期，那么此方面的处理难度会进一步加大，无法在短时间内处理债务债权关系，显然违背了法规的意图。在其他清算程序中也是如此。出资成为公司股东之后，那么债权人就可以向股东主张自己的权益，而且不受期限限制。

股东履行出资义务，目的就是增强公司的偿债能力，帮助公司能够在短时间内清偿所有债务，让公司重新获得发展动力，能够实现可持续经营。虽然公司债务相对比较多，股东履行出资义务之后，公司仍然有部分债务，不能够完全清偿，但是能够在一定程度上减少公司继续经营的障碍，减轻公司的债务压力，让公司有缓冲的机会，能够实现公司的有效发展。如果股东履行出资义务的前提是要求清算或者申请破产，那么公司则没有发展的动力，也难以实现上述目的。因为，根据中国《破产法》第2条的规定，破产为"公司不能清偿债务"与"公司资不抵债或明显缺乏清偿能力"，并且公司虽无法清偿到期债务，但股东出资作为公司资产的一类，若尚未缴纳出资的数额高于对外债务数额，则明显不符合"资不抵债或明显缺乏清偿能力"之要求；另外，普通清算程序的发起系公司权力，债权人并不能主动提起，而在很多情况下公司也不会同意进行清算。由此可见，此种路径对于公司债权人实现债权几无可能。②

股东履行出资义务，如果目的并非是加速破产或清算，而是缓解公司债务压力，让公司重新获得发展机会，在这种情况下，能够保全债权人的

---

① 刘铭卿：《股东出资义务加速到期研究》，《政治与法律》2019 年第 4 期。
② 刘铭卿：《股东出资义务加速到期研究》，《政治与法律》2019 年第 4 期。

债权，股东也能够灵活安排投资资金，并且公司能够获得新的发展力量，重新进行正常的生产经营，并且从中营利。如果股东加速到期所作清偿，属于公司破产前6个月内所进行的清查，那么公司债权人通过该程序能够保障自身的债权。如果公司并没有沦落到破产或者自行清算的境地，但是此时因为债务压力过大，无法继续经营，也缺乏偿债能力，此时债权人是否有权申请股东承担此方面的债权责任，尚需要进一步探讨。在这种情况下，为了保障公司债权人都能够平等的保障自身的债权，可以通过破产程序进行，或者通过公司清算程序受偿，但不适用加速到期制度。当公司生产经营陷入停顿，说明已经难以偿还债款，此时根据我国相关法规，公司唯一的路径就是申请破产，或者公司通过自行清算而解散，在这种情况下，对于股东来说，出资义务提前到期，那么对于债权人来说，如果部分优先受偿，另一部分利益则会受到损害。所以，此种状况下，公司债权人可以针对被告公司的债权，提出破产申请，公司在此时有可能就会主动自行清算，按照清算程序，可以优先偿还债权。①

同时，2019年《全国法院民商事审判工作会议纪要》（九民纪要）"法〔2019〕254号"第6条试图对公司资本认缴制滥用进行一定程度的纠偏，将《企业破产法》第2条和第35条的内容进行了扩张和造法，"股东出资义务非破产情形加速到期"的适用需要具备四个前提条件：（1）人民法院穷尽执行措施，（2）无财产可供执行，（3）已具备破产原因，（4）不申请破产。该第6条并不完全是法律续造，而更类似于法政策学进路，② 其着眼点在于《破产法》能否（以及多大程度上）替代《公司法》。股东出资义务加速到期是一个《公司法》制定法漏洞，对于《破产法》的制定法③而言则不存在这样的漏洞。④ 同时股东出资义务加

---

① 刘铭卿：《股东出资义务加速到期研究》，《政治与法律》2019年第4期。
② 陈铭祥：《法政策学》，台北：元照出版有限公司2011年版，第122页。
③ 依据中国《破产法》第35条，管理人（而不是公司债权人）有权不受出资期限的限制要求该出资人缴纳所认缴的出资。
④ 因此一般情况下，"股东出资义务加速到期"指的就是《公司法》项下的"非破产情形下的股东出资义务加速到期"，而于《破产法》第35条更为精准的表述应当是"管理人应当要求该出资人缴纳所认缴的出资，而不受出资期限的限制"。

速到期也不是一个法漏洞（Rechtslücke），① 因为《民法典》和《公司法》的法秩序已经解决了这个问题，法律续造的切入点在于如何填补"股东出资义务怎样加速到期"的法律漏洞，而不仅是选择法律的适用。最高人民法院试图以《公司法》与《破产法》的体系协调解决全体债权人一致保护似乎是合理的判断，然而其危险在于将可能打破法律体系的结构性平衡和功能性平衡，可能产生法秩序失范问题。②

选择适用工商登记规则是另一种形式的择法而适，该观点主张，既然债权人已经知悉了公司的登记信息，应当自己预见债权损失的风险。③这里的问题在于，工商登记规则不仅不能说明认缴股东期限利益的优先性，反而可能强化了债权人的信赖利益保护。债权人既然已经知晓股权出资登记信息，那么债权人可以正当期待——作为债务人的公司或股东应当履行符合债权关系要求的行为，这一信赖利益和正当期待应当属于法律保护的内容范畴。同时，中国公司财务和征信信息披露及公众可查询的便利程度仍有很大的改进需要，以有限的工商登记信息豁免股东认缴出资加速到期，可能会加剧股东与债权人之间收益与风险的不成比例。

无论是择法而适破产法还是工商登记规则，都将可能混淆公司法与破产法等其他法律各自的立法目的和应当适用的领域，迁就个别因素逾越制定法已有的文本，不仅不能替代填补法律漏洞的法律续造，反而是解决了一个问题的同时制造了更多的问题，徒增司法资源消耗和债权人保障债权的诉累。

三 公司资本规制的法律与政策能否替代法律续造

近几十年来全球的公司法演进呈现出大陆法系与英美法系的相互影

---

① 拉伦茨认为"法漏洞"是指法律秩序在整体上不完整性，或者是缺失某种法律制度，且首先应是立法者享有填补"法漏洞"的权限，考虑到法典与法秩序的复杂与多元，对法律续造而言不宜使用"法漏洞"这一表达方式。参见［德］卡尔·拉伦茨《法学方法论》，黄家镇译，商务印书馆2020年版，第471—473页。

② 陈甦：《司法解释的建构理念分析——以商事司法解释为例》，《法学研究》2012年第2期。

③ 俞巍、陈克：《公司资本登记制度改革后股东责任适法思路的变与不变》，《法律适用》2014年第11期。

响的现象，产生"股东出资义务加速到期"问题的背景即在于：英美"授权资本"以"认缴（认购）出资（股份）"的形式出现在大陆法系的公司"法定资本制"的立法之中。而"认缴（认购）出资（股份）"并不能视为"授权资本"，主要的原因在于："授权"意指股东集体对公司的授权，① 股东将可能承担相应的特许权税（Franchise Tax），公司市值是对股东实际出资的激励，股东被催缴后仍不缴纳可能丧失对应的股权数额，公司失去偿债能力和宣告破产还可能导致被催缴股东承担惩罚性责任倍数。"认缴"则是"法定资本制"下的"认缴"，并非对"法定资本制"的根本修改，其立法的核心要义仍然在于通过维持一个公司注册资本的固定数额，实现对债权人的保护。

"授权资本制"和"法定资本制"的差异体现在保护公司债权人的不同路径，并不意味着否定或弱化保护公司债权人。公司资本规制的法律与政策破产规则、工商登记规则、会计准则、审计准则等，大致可以对应"授权资本制"语境下的债权人保护，却不能直接适用于"法定资本制"项下的"股东出资义务加速到期"。解决公司纠纷的法政策学进路与法律续造虽有部分内容重合，但两者并不能完全等同。法律续造解决的是法律文本不完整的问题，而法政策学则是需要回应法的秩序能否满足社会经济发展需求的问题。立法和法政策，本质上是国家权力的意志行为。② 而法律续造，则是司法者的认知行为。股东出资义务并非是"不能填补的法律漏洞"，法官借助制定法的价值评价、法秩序固有的法律原则以及"事物本质"，还是有可能做出有依据的裁判。如果欠缺必要的期限规定，那么法官可以确定出一个适当的期限，如同欠缺违约赔偿具体数额，法官可以裁量一个违约赔偿数额。更为合理的替代性解决方案在于，首先以法律续造填补法律漏洞，在法律续造不能填补法律漏洞的边界之外，再以法政策补充调整，这也更符合法政策学的基本原理。

---

① 邓峰：《普通公司法》，中国人民大学出版社2009年版，第311页。
② 也正是在这个意义上，法政策作为国家权力的意志行为，更为接近于一种准立法行为，如果裁判者主张以《破产法》规则和程序替代《公司法》规则，更接近于司法审查权的范畴。

第 五 章

商事法的价值判断与利益衡量
——以公司股东与外部债权人关系展开

近代商业活动的扩展使得所有权最重要的作用已不再是利用物质资本,而是将其作为资本并进行利用进行再获益。公司法制度本身,就是债权制度标准化、格式化和可交易化发展的结果,其核心在于解决商事组织的风险与责任分配。然而随着公司已然成为实现社会治理的一种途径,股东期限利益与保护公司债权人的价值判断,不仅需要考虑公司股东与外部债权人的利益衡量,还需要考量整体主义的法秩序理念。[①] 公司法作为现代社会最重要的组织体,公司的生产、经营活动已经同整个社会高度联系在一起,其所担负的功能已超越了我们传统所理解的公司组织和公司管理的范畴,所以公司法不应该被简单视为单纯商事组织法,其已经成为社会治理中的重要一环,公司法功能定位也需要放在实现"从公司管理到社会治理变迁"这一更为宏大历史背景下去考量。[②] 所以说,在整体主义视角下,需要认真对待商事法律制度不断发展以及演化的社会现实,遵循利益平衡和整体主义立场来推进公司法价值理念的转变。

---

① 冯果:《整体主义视角下公司法的理念调适与体系重塑》,《中国法学》2021 年第 2 期。
② 赵万一:《公司治理的法律设计与制度创新》,法律出版社 2015 年版,第 1—2 页。

第一节　如何讨论法律续造的价值判断

公平正义、诚实信用和公序良俗作为公司法价值的最高指引，并不适宜直接介入具体的公司法价值判断。营业自由、保护营利、交易安全、交易效率和交易秩序等商法价值，[①] 则是讨论《公司法》价值判断问题的基础。欲将股东期限利益与保护公司债权之间的案件事实归属于法律规范的构成要件之下，需要依据具体化的、"须填补"的标准来判断该案件事实，这里就需要进行法律续造的价值判断。[②] 法律续造的价值判断的必要性源于法律实质理性品格。关于法律的实质理性的提法，出自马克斯·韦伯（Max Weber）的划分，按照韦伯的界定，实质理性具有价值的性质，是关于不同价值之间的逻辑关系的判断。[③] 与之相对的形式理性主要被归结为手段和程序的可计算性，是一种客观理性；实质理性则基本上属于目的和后果的价值，是一种主观的合理性。就法律的制定和施行来说，形式理性体现为法律本身符合形式法治的要求；而所谓实质理性主要指立法者将其主观认定的社会公认的实体价值固定于法律规范之中，并在司法当中根据主观的社会正义价值标准来解决纠纷。[④] 就股东期限利益与保护公司债权人的关系来说，需要将其价值固定在已有的法律规范之下，而后在司法中根据主观的价值判断来进行股东期限利益与公司债权人利益之间的利益衡量。

讨论的第一项规则在于：如无必要，不得否定"公司法人资格"。即《公司法》第 3 条第 1 款所确立的："公司是企业法人，有独立的法人财产，享有法人财产权。公司以其全部财产对公司的债务承担责任。"这里

[①] 范健、王建文：《商法的价值、源流及本体》（第 2 版），中国人民大学出版社 2007 年版，第 49 页。

[②] ［德］卡尔·拉伦茨：《法学方法论》（全本·第六版），黄家镇译，商务印书馆 2020 年版，第 365 页。

[③] 姚辉：《民法适用中的价值判断》，《中国法律评论》2019 年第 3 期。

[④] ［德］马克斯·韦伯：《经济与社会》（下卷），林荣远译，商务印书馆 1997 年版，第 15 页、第 16 页。

包括两层含义：其一，公司是依法登记注册的独立法律主体。其二，公司实际上对自身的债务承担无限责任。这里构成了公司法的逻辑基础，离开了这个根基，也就无从讨论公司法的其他具体制度。如果否定公司在法律意义上的这两层含义，需要主张者提供充分且必要的理由。比如说《公司法》第20条第3款规定的："公司股东滥用公司法人独立地位和股东有限责任，逃避债务，严重损害公司债权人利益的，应当对公司债务承担连带责任。"该制度称为"公司人格否认"或者是"揭开公司面纱"，也就是在特定的情形下，债权人可以向股东直接求偿，这是对"股东有限责任"的补充。公司人格否认制度的目的就是解决滥权股东与公司债权人之间的关系。

讨论的第二项规则在于：如无必要，不得否定"有限责任制度"。即《公司法》第三条第二段所规定的："有限责任公司的股东以其认缴的出资额为限对公司承担责任；股份有限公司的股东以其认购的股份为限对公司承担责任。"在法律文本意义上，有限责任是一种法律上的特权（privilege），这一特权只能由法律明确规定，而不能来自民事主体之间的约定。股东有限责任制度的价值在于：一是有利于降低股东的投资风险，刺激股东的投资欲望和热情。二是有利于加强股份的流通性，促进市场交易。股东有限责任使得股份的经济价值和风险与众多股东的个人财产及身份权益相剥离，而只与其自身经济价值即公司效益相联系，因此大大地加强了其在市场上的流通性，并促进了证券市场的发展与繁荣。三是有利于树立并巩固公司的法人人格，充分发挥公司作为独立民事主体在社会经济生活中的作用。股东有限责任结果必然是股东个人人格与法人人格的剥离与独立，也即股东权利的有限性。四是有利于实现公司经营权与所有权的分离，造就专门的经营管理队伍，从而实现股东利益与社会效益的最大化。总的来说，有限责任是股东的防火墙，股东的其他财产可以豁免于公司经营失败的赔偿责任。否定有限责任制度，也需要提供充分且必要的论证理由。例如上述提到的"公司人格否认"制度，也就是对股东有限责任的补充，当出现股东滥用权力，损害公司债权人或者公司的合法利益时，股东的责任就不再仅限于有限责任了。

股东出资是公司法人人格和有限责任的前提，既确立公司财产和股东责任的范围,也确立债权人能够行使债权请求权的最大值。公司超过其股本的营利将构成股东的滚动收益,公司超过其股本的亏损可能转化为普通债权人的不可偿还债权。因此,股东出资既是确立商事主体追求营利、创新、竞争与风险的基础,①也是如何在公司法价值限度内保护公司债权人的前提。

股东出资通常指的是股东根据公司章程、法律规定、发起人协议等,按照相关程序增加资本、交付财产,履行相关义务的行为,其目的是拥有公司股份。从法律上看,此种行为具有以下特征:第一,目的是获得股东身份,出资是此方面的法律依据。股东作为公司的投资者,拥有一定的特权,比如享受公司分红,其他公司参与者无法获得此方面的权利,但是如果公司运行出现了问题,面临着资不抵债的现象,有可能会陷入破产境地,那么,债权人的债权就面临着危险,在此背景下,股东需要承担有限责任,是根据出资比例承担。股东投资获取利益时就要承担责任,如果没有根据事先规定或者承诺承担相应的出资责任,履行应尽的出资义务,那么债权人可以追究其法律责任。第二,出资是公司彰显资本信用的法律依据。对公司来说,注册资本包括公司的注册资本,还包括各股东出资资本总和。对于债权人来说,公司可以从出资的视角来彰显自己的资本信用,从而吸引债权人投资。所以股东一旦在出资方面作出了法律意义上的承诺,就必须缴付相应的资本。如果存在抽逃资本行为,或者出现虚假出资行为,那么都会受到法律的严惩。法律同样规定了公司减少注册资本的相关事项,给予债权人利益的保护,必须严格按照法定程序减少,达到法定条件才能减少。

股东未履行出资义务承担补充责任的现行规定。《公司法司法解释(二)(2020)》第二十二条规定:"公司解散时,股东尚未缴纳的出资均应作为清算财产。股东尚未缴纳的出资,包括到期应缴未缴的出资,以及依照《公司法》第 26 条和第 80 条的规定分期缴纳尚未届满缴纳期限的出资。公司财产不足以清偿债务时,债权人主张未缴出资股东,以及公司设立时的其他股东或者发起人在未缴出资范围内对公司债务承担连

---

① 范健:《中国〈民法典〉颁行后的民商关系思考》,《政法论坛》2021 年第 2 期。

带清偿责任的,人民法院应依法予以支持。"以及《破产法》第 35 条规定:"人民法院受理破产申请后,债务人的出资人尚未完全履行出资义务的,管理人应当要求该出资人缴纳所认缴的出资,而不受出资期限的限制。"上述法条规定了未履行出资义务的股东的补偿责任,但在司法实践中,对于在公司并没有破产或者解散的情况下是否能够要求股东的期限利益加速到期存在一定的争议,对此争议,《全国法院民商事审判工作会议纪要》(《九民纪要》)第六条规定了未出资股东在公司未破产、未解散又不能清偿债务时对公司债权人承担补充责任的两种例外情形,这似乎对实践中存在的争议已经给出了一个答案,这一点将会在下一个部分进行详细叙述。

对于股东出资的规定,2013 年 12 月 28 日,《公司法》修正案完成了公司资本制度的变革,该轮公司资本制度的变革主要涉及三方面内容:一是放宽了公司注册资本最低限额的要求,《公司法》取消了有限责任公司最低注册资本 3 万元、一人有限责任公司最低注册资本 10 万元、股份有限公司最低注册资本 500 万元的限制。二是将注册资本由分期实缴登记制改为认缴登记制,不再将实收资本规定为设立登记事项,并且不再对股东缴纳资本期间做出期限规定,而完全交由股东自行约定。《公司法》取消了关于公司股东或其发起人应当自公司成立之日起 2 年内缴足出资、投资公司可以在 5 年内缴足出资的规定;取消了一人有限责任公司应当一次足额缴纳出资的规定。规定公司股东或其发起人可以约定认缴出资额、出资方式、出资期限等,并记公司章程。三是取消公司登记提交验资证明的要求,股东完全依章程自治,根据约定时间和方式缴纳出资。《公司法》删除公司"股东缴纳出资后,必须经依法设立的验资机构验资并出具证明"的规定,也就意味股东缴纳出资后,不再要求必须经依法设立的验资机构验资并出具证明,公司登记机关也不再要求提供验资证明,不再登记公司股东的实缴出资情况,公司营业执照不再记载"实收资本"等事项。

针对股东出资制度,相关职能部门结合市场运作的需求进行了全方位改革,取得了显著成效:首先,优化了中国资本制度,形成了相对宽松的市场环境,同时为大众创业提供了机会,增强了市场活力,促进了经济发展。其次，也出现了很多负面现象，具体体现在：第一，在履行出资义务方面出现了很多问题，比如拒绝出资、延迟履行等。① 受当前实施的认缴资本制度影响，针对股东出资，公司法没有再进行强制性规定，股东是否出资，完全依赖股东的自律，或者依靠公司章程对股东进行约束，那么在缺乏硬性约束的情况下，部分股东就有可能不履行出资义务，或者不全面履行，这种状况实质上是股东失去诚信，对公司违约，不仅会影响到公司的信誉，而且会威胁到债权人和公司的利益。第二，抽逃出资的现象更加严重。《公司法》修订之后，对资本放松了管制，却没有建立起有效的监管制度。在具体实践中，当公司在职能部门完成注册之后，很多股东会直接抽回投资的资本，也有的通过其他途径变相收回，这种状况实质上是侵犯了公司的财产权。第三，资本显著不足现象更加严重。根据修订后的《公司法》，实施了完全认缴资本制度，没有最低限额，也没有时间限制，此种状况下，出现了一些注册资本非常低的公司，甚至出现了认缴资本只有一元的公司。新的资本认缴制度会导致股东滥用权利，或者出现侵犯债权人利益的行为，同时还会出现一大批没有实力的、所谓的"侏儒公司"，此类公司同样会影响市场经济的有效发展。②

这一系列问题最终会引起公司股东和债权人之间的利益衡量，取消设定公司最低资本额要求、允许股东自行约定出资期限以及不要求公司登记提交验资证明等，这些变革对公司的股东来说是十分积极的措施，但由此引发的股东不履行或不全面履行出资义务的问题、抽逃出资的问题以及资本严重不足的问题等对债权人的保护却是十分不利的。在利用商事价值制度商事主体进行营业活动时，公司股东和外部债权人之间的利益衡量便是不可避免的。具体来讲，没有出资股东的补充责任，也就是在特定情形下没有履行或者没有完全履行出资义务的股东在公司不能清偿债务时，在未出资范围内对公司债权人承担的补充清偿责任。而对于出资期限约定，是股东在设立公司过程中在公司章程中的约定，是意

---

① 赵旭东：《资本制度改革与公司法的司法适用》，《人民法院报》2014年2月6日。
② 甘培忠、吴韬：《论长期坚守我国法定资本制的核心价值》，《法律适用》2014年第6期。

思自治的体现，法律应当对此予以确认和保护。① 如果公司债权人可以随时要求未出资股东承担补充责任，公司认缴资本制的初衷也就无法实现了。而就公司债权人的利益来说，在资本认缴制的情况下，很多股东在公司设立的时候利用出资期控制公司注册资本，从而逃避履行出资义务，这是股东对出资自由的滥用，既违背了商事诚信原则，又损害了债权人的合法权益。所以公司股东的期限利益和公司外部债权人之间的利益应该如何协调和保护，是值得我们深入思考的。

第二节 "风险"是否应该超比例"自负"

资本制度改革将公司注册资本实缴登记制修改为认缴登记制，不再限制公司设立时全体股东的首次出资比例，不再规定公司股东实缴出资的期限，公司的注册资本及实缴期限完全由公司章程自治。在认缴制制度之下，公司的注册资本和每位股东各自认缴的出资仍是十分明确的，但是每位股东的出资期限和每期出资数额均由公司章程自主决定。实践中已经有一些公司根本不在章程中设定股东的出资期限，或者直接设定一个不合理的出资期限（比如说股东认缴的出资在公司成立后50年或者100年内缴足即可），面对这样的情形，工商登记机关尚缺乏约束手段。而当公司资产不足以清偿债务时，问题就会暴露出来。一方面，股东可援引公司章程的规定，认为自己的出资义务尚未到来，自己出资的期限利益需要得到保护，拒绝缴付未到位出资以清偿公司的债务。另一方面，债权人认为自己对公司的债务合法存在，不可因为公司章程未对出资期限作出规定或规定的不合理就能够在事实上延缓甚至豁免股东的出资义务，并损害自身权益。就理论而言，股东和债权人的诉求均有道理，如何平衡股东出资期限利益与债权人保护确实是一个必须慎重对待的问题。

---

① 王莹莹：《论未出资股东对公司债权人的补充责任》，《法律科学》（西北政法大学学报）2020第6期。

一 股东期限利益与保护公司债权人之间的比例原则

比例原则要求合比例、适度,其主要着眼于相关主体之间的利益均衡,比例原则的精神在于反对极端、实现均衡,也就是不能"过度",但是也不能"不及"。适用比例原则的时候要注意必要性、适当性以及相对性,比例原则在方法论中适用的情况主要是:在无法确定立法者的价值判断时,法官应该尽可能采取"两害相权取其轻"的思考模式。

比例原则在股东期限利益与保护债权人之间的关节点在于,防范任何人以不正当的、不合对价的行为从公司资产中获取利益,使得公司法对债权人的保护真正落到实处。股东期限利益与保护公司债权人之间应当形成一定的比例关系,对任何一方受保护的法益的妨害不能逾越公司法的价值判断。适用比例原则,应当采取最能尊重法益的手段的原则或者尽可能轻微限制的原则。① 如果为了保护公司债权而必须限制股东期限利益时,不得超过此目的所必要的程度,或者至少是"合理的",而为了保护股东的期限利益必须限制公司债权人的利益的时候,也不可以超过此目的所必要的程度。

就立法目的而言,关于认缴制的公示,股东认缴的数额实质上是对全体公司债权人的债务承诺,其缴付时间只是对该承诺数额所附加的时间限期,中国《公司法》并未要求股东实际缴付认缴出资的最低时限,所以说股东实际缴付认缴出资也可以不附加时间期限,公司章程或股东出资协议等另有规定的话也可以附加时间期限。如果股东仅以未到期限拒绝履行实际缴付义务,则仅能对抗公司其他股东请求其履行出资义务,而不能对抗公司外部的债权人。公司债权人依合法生效合同享有债权,法院不宜仅凭公示推定债权人附有债权等待义务。否则,股东便享有了超比例的"期限利益"。

就诉讼利益而言,股东出资义务的直接受益人为公司而非全体或特定的债权人,债权人虽为自己利益诉讼,但其诉讼本质上是公司或其他股东怠于履行要求股东履行出资义务的派生诉讼,人民法院判决股东加

---

① 王利明:《民法上的利益位阶及其考量》,《法学家》2014 年第 1 期。

速向公司履行出资义务而非向特定债权人偿付债务，即《全国法院民商事审判工作会议纪要》（以下简称《九民纪要》）第六条规定："在注册资本认缴制下，股东依法享有期限利益。债权人以公司不能清偿到期债务为由，请求未届出资期限的股东在未出资范围内对公司不能清偿的债务承担补充赔偿责任的，人民法院不予支持。但是，下列情形除外：公司作为被执行人的案件，人民法院穷尽执行措施无财产可供执行，已具备破产原因，但不申请破产的；在公司债务产生后，公司股东（大）会决议或以其他方式延长股东出资期限的。"无论是其中第一种情形还是第二种情形，法院都不宜径行判决股东向特定债权人偿付债务。也就是说，如果股东履行出资义务之后公司具备清偿能力，则人民法院依据执行规则予以处理；如果股东履行出资义务之后公司仍不具备清偿能力，则人民法院应当向双方释明，公司和债权人有权启动破产程序。普通债权人要求公司和股东与承担连带责任的，应当同时起诉公司与股东。否则，普通债权人享有了超比例的"债权保护"。

二　股东出资是否能加速到期

在资本认缴制的时代，对于股东期限利益和公司债权人利益之间的衡量，在公司无法清偿到期债务的情况下，就会涉及股东的出资能不能加速到期以及债权人的利益应如何保障的问题。对于这个问题，无论是理论上还是实践中对此都有不同的看法，主要的观点有"破产加速说"、"非破产加速说"以及"折衷说"：① "破产加速说"认为，为维护股东在认购契约中的期限利益，并确保全体债权人均能公平受偿，"加速到期"只能在公司进入破产阶段才能够实施，该说认为"在非破产情形下，如果让股东出资义务加速到期，则需具有明确的法律规定，或着是由最高人民法院对此做扩张性解释"；"非破产加速说"认为，不仅在破产阶段可以加速股东的出资义务，在非破产阶段，当公司不清偿其债务时，也可以股东加速履行其出资义务，该说认为，加速到期有法理上的正当性，

---

① 蒋大兴：《论股东出资义务之"加速到期"——认可"非破产加速"之功能价值》，《社会科学》2019 年第 2 期。

在现行公司法律体系下，建构债权人追究未届期股东出资责任的法律规范依据有四种路径，包括公司法的立法完善、法律解释、扩张性司法解释与合同法路径选择等；"折衷说"则主张区分情况进行加速到期，在公司经营困难或者非自愿债权人主张时，允许对股东出资义务加速到期。

在司法实务中，法院也存在"破产加速说"与"非破产加速说"立场不同的判决。① 比如说，在"江苏博恩大宗商品交易有限公司与张家港保税区熙泰进出口有限公司、陈仪等买卖合同纠纷案"中，② 江苏省张家港市法院对原告提出的请求裁判未届期股东加速到期其应承担的出资责任不予支持，其裁判理由如下：（1）认缴制在激发股东创业、促使公司自由化方面起到了积极作用，但不可避免缺少对债权人的保护。理论上一致认为有必要规范股东认缴行为，但如何规范，特别是能否直接裁判加速到期未届期的股东承担出资责任这一问题上，理论界目前尚存在很大分歧，原告的该项诉请未在理论上形成共识。（2）认缴制作为一种制度创新，系《公司法》的明文规定，而加速到期无疑是对认缴制的突破，且这种突破实质上是加重了股东个人的责任，这种对个人责任的科处，在法无明确规定的情况下，不宜对相关条款做扩大解释。（3）张家港熙泰公司虽经营出现重大困难，但原告无证据证明该公司"不能清偿债务"，且对该事实的认定应通过执行来解决，而不宜在诉讼过程中判定。（4）股东认缴的金额、期限都明确记公司章程，作为一种公示文件，债权人应当知道这一事实，在交易过程中对此风险也应予以预见，故以保护债权人预期利益为由来论证加速到期的正当性，理论略显不足。（5）股东未出资的金额都有一定限额，如允许单个债权人通过诉讼直接向股东主张清偿责任，那么势必会造成对其他债权人的不公平，无法平等地保护全体债权人的利益。（6）债权人并不是只有通过诉讼来直接判定加速到期才能对债权人利益予以救济，如可以通过认定行为无效来规制股东转移公司财产行为，可以通过适用《破产法》来实现股东出资义务加

---

① 蒋大兴：《论股东出资义务之"加速到期"——认可"非破产加速"之功能价值》，《社会科学》2019 年第 2 期。
② 参见（2016）苏 0582 民初 3630 号民事判决书。

速到期等。债权人可以通过这些法律明确规定的方式来维权。因此，在理论存有较大分歧，法无明文规定的情况下，以诉讼方式通过突破认缴制来判定股东责任加速到期，进而让出资不实的股东承担补充责任，这一诉请理由尚不充分，法律依据不足，法院难以支持。与此相反，上海普陀法院则在处理注册资本认缴出资案中，采纳了"非破产加速说"。①在该案中，某公司注册资本 2000 万元人民币，实缴出资 400 万元。在认缴制推行后，该公司又增资到 10 亿元，但在签订了近 8000 万元合同后，面对到期债务突然减资到 400 万元，并更换了其股东。债权人在该公司未清偿其第一笔债务 2000 万元后，将该公司连同新、老股东一并告上法庭，要求该公司与新老股东承担连带偿还债务的责任。普陀法院认为，认缴制下公司股东出资义务只是暂缓缴纳，并非永久免除，在公司经营发生重大变化时，公司包括债权人可以要求公司股东缴纳出资，以用于清偿公司债务。被告投资公司未履行法定程序和条件减少公司注册资本，类似于抽逃出资行为，公司债权人也可要求股东对于公司不能清偿的部分承担补充赔偿责任。故判决公司支付股权转让款 2000 万元；对公司不能清偿的股权转让款，股东在未出资的本息范围内履行出资义务，承担补充清偿责任。②

首先，公司解散、破产时，股东出资是否应当加速到期？《公司法司法解释（二）（2020）》第 22 条规定："公司解散时，股东尚未缴纳的出资均应作为清算财产，股东尚未缴纳的出资，包括到期应缴未缴的出资，以及分期缴纳尚未届满缴纳期限的出资。公司财产不足以清偿债务时，债权人主张未缴出资股东，以及公司设立时的其他股东或者发起人在未缴出资范围内对公司债务承担连带责任的，人民法院应依法予以支持。"《企业破产法》第 35 条规定："人民法院受理破产申请后，债务人的出资人尚未完全履行出资义务的，管理人应当要求该出资人缴纳所认缴的出资，而不受出资期限的限制。"所以根据上述规定，在公司解散、破产

---

① 蒋大兴：《论股东出资义务之"加速到期"——认可"非破产加速"之功能价值》，《社会科学》2019 年第 2 期。

② 参见（2014）普民二（商）初字第 5182 号民事判决书。

时，债权人可以主张股东出资加速到期。在此处，对股东的期限利益和公司债权人利益的保护限定在了一个合适的比例中，既在正常的范围内保护了股东的利益，也没有破坏对公司债权人的利益保护。

其次，在公司存续的状态下，公司不能清偿到期债务时，股东认缴的出资能否加速到期？《公司法》及相关司法解释对于这个问题没有明确的规定，但是最高人民法院下发的《九民纪要》，对此问题作出了相应规定。《九民纪要》第6条规定："在注册资本认缴制下，股东依法享有期限利益。债权人以公司不能清偿到期债务为由，请求未届出资期限的股东在未出资范围内对公司不能清偿的债务承担补充赔偿责任的，人民法院不予支持。"但是，下列情形除外。

第一，公司作为被执行人的案件，人民法院穷尽执行措施无财产可供执行，已具备破产原因，但不申请破产的；本条的理解需要从《企业破产法》及相关司法解释着手。首先，"破产原因"是指公司不能清偿到期债务，并且资产不足以清偿全部债务或者明显缺乏清偿能力。其次，公司"不能清偿到期债务"的认定需要同时满足债权债务关系依法成立、债务履行期限已经届满、公司未完全清偿债务三个条件方可认定。公司"资产不足以清偿全部债务"的认定需要公司的资产负债表，或者审计报告、资产评估报告等显示其全部资产不足以偿付全部负债，且无相反证据足以证明其资产能够偿付全部负债。至于公司"明显缺乏清偿能力"的认定，只要符合以下五种情形之一即可：因资金严重不足或者财产不能变现等原因，无法清偿债务；法定代表人下落不明且无其他人员负责管理财产，无法清偿债务；经人民法院强制执行，无法清偿债务；长期亏损且经营扭亏困难，无法清偿债务；导致公司丧失清偿能力的其他情形。从《企业破产法》及相关司法解释、《九民纪要》第6条第1款之规定，可以明确公司不能清偿到期债务且经人民法院强制执行仍无法清偿债务的，应当认定公司已具备破产原因，在不申请公司破产的情况下，债权人可直接主张公司股东出资加速到期，请求其在未出资范围内对公司不能清偿的债务承担补充赔偿责任。

第二，在公司债务产生后，公司股东（大）会决议或以其他方式延长股东出资期限的。本条制定的理论基础应是基于债权人撤销权，公司通过股东（大）会决议或其他方式延长股东出资期限的行为，实质是公司股东恶意放弃公司对股东所享有的即将到期的债权，严重损害公司债权人利益，债权人可以请求撤销。笔者认为，该撤销只是针对恶意延长的出资期限，即债权人主张加速到期也只是在延长后的出资期限届满前可以请求股东承担补充赔偿责任，而对于原出资期限，债权人不可主张加速到期。因《九民纪要》的立法本意是以保护股东期限利益为原则，保护债权人利益为例外，只有满足特定情形，才会为保护债权人利益而否定股东的期限利益。

我们要知道，任何自由都是有边界的，不存在绝对的自由，股东的期限利益也必然不是绝对的，虽说股东期限利益的制度设计是为了降低市场准入门槛、盘活闲置资本，从而激发市场的活力，但是也不能单纯的盲目追求这一目的，为保护股东利益的制度设计当然不能影响企业的正常经营，更不能损害公司债权人的利益，所以股东期限利益与保护公司债权人之间应当形成一定的比例关系，对任何一方受保护的利益的妨害不能逾越公司法的价值判断。

第三节　为什么外部债权应该具有优越地位

古代农业时代和手工业时代的资源配置不仅规模相对有限，而且大多限于血缘、宗法或高度人身依附关系的场景，而近现代的工商业则以"私法自治"的债权为基础，超越血缘和地域在更广的范围内实现资源配置。在这一进程中为了实现交易的安全和效率，商法从人本主义的民事个体发展出作为商事组织体的法律拟制之人，[①] 公司成为最有效率的生产组织。日本民法学家我妻荣指出，这种现象意味着"依靠金钱债权而支持全部资本的企业形态，作为最有利的企业形态受到欢迎，使金钱资本运用形式日益进步"。[②] 在这个意义上，公司法是债法不断发展和社会化

[①] 赵万一：《后民法典时代商法独立性的理论证成及其在中国的实现》，《法律科学》2021年第2期。

[②] ［日］我妻荣：《债权在近代法中的优越地位》，王书江、张雷译，谢怀栻校，中国大百科全书出版社1999年版，第195页。

的产物。

当问题移步债权视角的公司时，尽管股东与外部债权人的法律关系有明显的区别，然而从这一关系可能产生的实际效果而言，不参与实际经营企业的股东权利更加类似于"收益请求权"的"有限制的所有权"，我妻荣先生进一步指出，此类股东"不过是单纯的金钱债权人"，"所有权起的作用"正"逐渐被债权所替代"。① 仅依物权形成财产关系、仅以物权作为财产客体时代，可以说只能生活在过去和现在，但是，承认了债权制度，就可以使将来的给付预约，变为现在的给付对价价值。② 以债权制度的内向维度而言，请求权关系仍然是相对的；但是在外向维度，债权不受非法侵害则具有了对世性。③

现代社会债权类型的多元和复杂，使得公司制度可能隐含着更为复杂、更为多元的利益冲突，有学者指出公司价值追求目标应当从"股东至上"转向"投资者至上"。④ 这也就意味着，在法秩序整体主义视角之下进行利益衡量时，保护公司债权应当优越于股东期限利益。超越比例原则的迁就个别股东的期限利益，其代价是整个社会为其带来的风险买单。如果法律能够反映一个民族的历史，西方国家人民也并非生来就尊重产权和信守契约，近代西方崛起确切地说正是保护债权人和保护投资收益的产权制度得到确立、巩固和强制实施的结果。⑤

在20世纪60—70年代，随着契约理论和产权理论的确立，"股东利益至上理论"开始盛行。所谓"股东至上"，就是指公司的经营目标是实现股东利益的最大化，而公司的经营者在公司日常管理和重大决策中只需要考虑股东的利益，而不顾及其他的利益主体。在"股东至上"理论之下，公司经营的宗旨就是要为股东实现利润的最大化，各国立法均体

---

① ［日］我妻荣：《债权在近代法中的优越地位》，王书江、张雷译，谢怀栻校，中国大百科全书出版社1999年版，第194、214页。
② 尹田：《物权与债权的区分价值：批判与思考》，《人大法律评论》2001年第2期。
③ 王泽鉴：《侵害他人债权之侵权责任》，《民法学说与判例研究》（第五卷），中国政法大学出版社1997年版，第190页。
④ 冯果：《整体主义视角下公司法的理念调适与体系重塑》，《中国法学》2021年第2期。
⑤ ［美］道格拉斯·C. 诺思：《经济史中的结构与变迁》，陈郁、罗华平等译，上海人民出版社1994年版，第225页。

现了这一宗旨，故而将公司债权人的利益完全忽视。基于股东至上的公司治理模式比较适合于工业经济时代，在工业经济时代，股东提供的物质资本具有相对稀缺性和专用性，而人力资本对企业财富创造的作用不明显，专用性也相对较弱，使得物质资本所有者在企业的权力博弈中处于有利地位，债权人由于让渡的仅仅是财务资源有限时期的使用权，股东便当仁不让地成为企业的所有者。20 世纪 90 年代以来，公司治理面临着一系列新的矛盾，股东利益保护问题、人力资本拥有者激励约束问题、向公司贡献了专用性投资的主体参与公司治理等公司的治理理论和实践问题，让人们逐渐认识到利益相关者对于企业发展和成长的关键作用。所谓利益相关者管理指的是，根据利益相关者的特性和利益来调整企业和利益相关者之间的关系。① 利益相关者理论视企业其他利益相关者与股东的利益同等重要，他们从不同角度为公司的生存、发展提供支持和投入。所以说，在公司的治理和发展的过程中，我们不能将所有的目光都集中在公司股东的身上，也应该注意到其他相关主体的利益。经过不断的发展，尤其在现代社会债权类型多元化和复杂化的背景下，外部债权人的利益就越来越显得重要，甚至具有优越地位。

对于为什么外部债权应该具有优越地位，我们可以从以下几方面来对其进行分析。②

首先，债权关系在企业运行中的杠杆作用。营利为公司的首要目的，也就是通过卖出商品或服务而获得利润，换句话说，交换是公司存在的目的，而交换在法律上的本质就是确立债权关系，因此，可以进一步说，公司的存在就是为了形成债权，公司就是为债权而存在的。除此之外，公司的成立及运行也都离不开债权关系。对此我妻荣在其著作中论述资本主义经济组织的债权基础时也指出，"交换"成了维持经济组织的根本杠杆。另外，从股东的角度观察，由于股东的目的在于公司营利，因此股权的实现同样必须建立在公司的债权关系的基础上。所以我们可以认

---

① 李维安、王世权：《利益相关者治理理论研究脉络及其进展探析》，《外国经济与管理》2007 年第 4 期。

② 刘贵祥：《债权保护在公司法制中的优先性论》，博士学位论文，对外经济贸易大学，2006 年。

为，债权关系在公司运作中处于杠杆地位。因此，从功能论的角度考虑，优先保护处于这种杠杆地位的债权关系无疑应当成为公司法的基本政策，因为如果说公司的债权关系得不到优先保障，则公司的运作乃至整个公司的制度从根本上也就难以维系。从公平的角度考虑，既然股东股权的实现离不开公司债权关系，那么股东就不应该以侵害公司债权人利益的方式来实现自己的股权。

其次，就外部债权人的救济来说。债权与股权谁应该优先保障的问题，总体上且实质上是交易安全与投资安全两种价值的平衡问题。无论是自愿债权人还是非自愿债权人，相对于股东而言，均为公司的外部人，均不参与公司的治理过程，虽然股东尤其是中小股东也有可能在事实上成为公司的外部人，但公司的债权人与股东之于公司的外部性的程度仍然明显不同，而且对于消极股东以及被排挤的股东，当其在事实上成为公司的外部人时，亦可以利用股权机制和公司治理结构机制寻求救济，而这样的路径对于公司的债权人而言，是无法通行的。在这种情况下，如果对于外部债权人没有任何的优先保障或者不具有任何优先地位的话，外部债权人的利益很难得到保障，或者说想要救济的话会显得很困难，所以说，对于债权人这样的公司外部人的利益给予优先保障不仅是正当的而且也是必要的。

再次，从风险分配的正当性和合理分配公司经营风险的角度出发，我们也可以论证外部债权优先保护的观点。在有限责任制度的背景下，公司股东享有有限责任的保护，除此之外，在公司意思自治的市场环境下，股东基本上还可以根据自己的意志，随意的设定对公司的投资额，同时，股东也在不同程度地控制着公司。作为现代公司法之基石的有限责任制度在一定程度上给公司的债权人的利益保护带来了危机。所以，我们在考虑如何在股东与公司的债权人之间分配公司经营失败的风险的时候，答案将显而易见，为了避免和缓解股东对有限责任这一风险转嫁机制的滥用，债权的优先保护正当而且不可避免。

《公司法》为了保护股东利益，实现公司的有效发展，制定了股东有限责任，但这一规定对于股东和债权人来说，分别有不同意义：第一，此方面的规定能够保护投资者的利益，降低投资风险，股东投资者的热情会因此得到充分调动,更愿意履行投资义务。此方面的规定虽然保护了股东的利益,却让债权人陷入了债权风险之中,股东承担有限责任,从本质上看,是投资风险在股东和债权人之间所进行的重新分配,风险依然存在,并没有因为股东的有限责任而消除,而这部分风险转嫁到了债权人身上,由债权人来承担部分风险。有限责任制度明确了股东在出资范围之内承担相应的投资和经营风险,并不承担出资范围之外的风险,而这部分风险则由公司之外的债权人承担。对于债权人来说,没有参与到公司经营当中,对公司的经营状况不了解,却要承担公司的经营风险,显然有失公平。债权人也无法用合法的手段来保护自身的合法权益。所以,司法此方面的制度安排,虽然保护了股东的权益,降低了股东的出资风险,但牺牲了债权人的利益,增加了债权风险。第二,有限责任实际上是限制了债权人向股东的直索权,一旦公司经营不善,陷入了破产境地,那么债权风险就会进一步加大。第三,对侵权责任造成了规避。在公司侵权行为之下,任何不特定当事人都有可能被转化为债权人,这种转化是非资源的,当成为公司的非自愿债权人之后,缺乏有效的自我保护手段,再加上有限责任制度的限制,非自愿债权人往往会面临着巨大的债权风险,不能得到足额赔偿,公司及股东把自身的风险转嫁到非自愿债权人身上,实质上是破坏了风险利益相一致原则,违背了法律精神。从很大程度上可以认为,在公司法上债权优先保护是对股东享受有限责任保护的一种平衡。同时由于现代各国公司法对公司成立的最低资本额要么不做要求,要么要求较低,股东基本上可以自由设定对公司的投资额,在这种情况下,有限责任制度对债权人的潜在风险更加严重,债权优先保护尤有必要。

最后,从公司股东和外部债权人的法律地位比较上来看。公司股东是公司的出资者,对公司享有所有权。而公司债权人仅仅是与公司签订契约或因公司侵权行为而享受债权的人,所以二者的法律权利义务具有很大的不同。公司股东作为公司的所有者,对公司享有很多的权利,根据《公司法》的规定,公司股东的股权主要有知情权、表决权、股利分配请求权、新股认购优先权、剩余财产分配请求权、股东代表诉讼权、对公司经营的建议与质询权等。由此可见,从事前获知交易信息到事中参与经营决策，再到寻求司法救济，法律对公司股东的权利给予了全面有效的保护。而对于公司债权人来说，除了依据与公司订立的契约对公司享有传统民法或普通法所规定的债权请求权以外，对自身债权的保护手段非常有限。尤其是在以下三方面：第一，知情权。根据公司法，要保障股东的知情权。只有保障股东此方面的权利，股东才能了解公司的经营和财务状况，才能判断出公司是否营利，自己的出资是否能够获得相应回报，或者了解到公司经营中存在的各种问题，那么就有机会进行质询，或者向公司领导层提出建议，能够提前对自身的出资风险进行全面判断，但公司债权人却不同，依照法规不能参与经营，同时公司法中也没有保障债权人的知情权，债权人不了解公司的经营状况，即便是把资金借贷给公司，也不知道资金的用途，同时丧失了对借贷资本的监控权。虽然公司为了赢得债权人投资，获得债权人认同，会采取抵押协议的方法来保障债权人权益，债权人能够获得相应价值的抵押资产，降低债权风险，但是公司的运作状况具有不确定性，签协议的时候运行良好，运行一段时间之后有可能会遇到各种风险，甚至让公司陷入了破产风险，此时债权人手中所持有的抵押资产也会因为公司资不抵债而贬值，远远低于债权，所以即便是债权人拥有了抵押资产，同样会面临巨大的债权风险。第二，表决权。根据现代公司治理模式，股东拥有表决权，但并不直接参与公司的经营，只能通过该权力股东大会上发表意见。特别是公司有重大事务，或者出现重大表决时，股东的表决权作用就能够得到充分体现，有可能会影响到董事的选任，也有可能会影响到公司的决策。针对公司重大决策，达到一定条件的大股东拥有一定的控制权，而小股东和债权人没有此方面的权利，在此状态下，大股东有可能为了实现自身的利益，做出不利于小股东和债权人的决策，导致后者利益受损。特别是债权人，没有知情权，不能直接参与企业管理，即便是大股东做出了侵害债权人权利的行为，很多债权人都不知晓，即便知晓也没有合法渠道维护自身的权利，因此处于被动地位。第三，股权分配请求权。股东出资的目的就是获利，所以有权要求公司分配股利。《公司法》明确股东此方面的权利，实际上就是为了保障股东的投资能够获得一定的回报。然而，同样是公司的资本提供者，公司债权人不具有股利分配请求权而只有要求公司还本付息的权利。在股东不当行使股利分配请求权时，也可能使债权人的债权受到侵害，因为股东能否实现股利分配请求权取决于公司经营是否产生利润。公司如无利润则不能分配。即使是公司有盈利，根据《公司法》的规定，也需要在弥补完公司的亏损、依法提取公积金、公益金之后才能依照投资比例向股东分配股利。如果公司事实上并没有盈利或者说公司的盈利并没有按照法律规定和公司章程提取公积金、公益金，股东就擅自私分股利，使公司的资产减少或应当增加而实际未增加，那么公司债权人的利益就有受到侵害的危险。第四，剩余财产索取权。股东通过对该权利的行使可以使自己的利益在公司解散之时得以维持，防止董事或者其他人借公司解散之机将公司的财产趁机夺走，损害自己的利益。而公司债权人依据清算规则，虽然对公司财产享有优先受偿权，但常常因为公司资不抵债而落空。综上所述，公司外部债权人和公司股东之间的地位悬殊，使得外部债权人相较于公司处于一个相对弱势的地位，所以，为了能够让外部债权人的权益得到公平合理的保护，法律就应该赋予外部债权人优越的地位。

确保和维护公司财产的独立性是债权优先保护的关键环节。确保和维护公司财产的独立性，是公司作为法人的基本要求。[①] 确保公司财产的独立性，对公司而言，实际上就是要维护公司作为企业法人依法对公司财产所享有的占有、使用、收益、处分的权利；对股东而言，则是要遵守公司财产与股东财产相互区隔的机制，对董事而言；则是要恪尽维护公司财产安全的义务。在公司法制中建立起确保公司财产独立性的机制，其用意既为保护股东利益，亦为保护公司债权人的利益。倘若公司财产独立性不保，首当其冲的往往就是公司债权人的利益和中小股东利益，因为危及公司财产独立性的往往就是控制股东或者公司高管人员。公司债权人是公司的外部人员，相对于中小股东而言，确保和维护公司财产的独立性对其有着更加显著的意义。毫无疑问，确保和维护公司财产的独立性是保障公司债权的关键环节。公司财产独立于股东，这使得股东

---

① 刘贵祥：《债权保护在公司法制中的优先性论》，博士学位论文，对外经济贸易大学，2006年。

不得对公司财产行使所有权人具有的对所有物完全的处分权。公司财产的经营、处分和分配要服从公司的利益。公司的利益是公司债权人、股东利益实现的物质基础，也是股东、公司债权人利益实现的手段，公司在进行利益分配时，应当遵守债权优先规则，只有在清偿公司债务后仍有余的才在股东之间进行分配。据社会心理学家分析，人都有趋利性，都希望成为利益的最大获得者，也正是在这种趋利心理的驱动下，人与人之间的利益冲突随之产生。试想，一旦公司财产与股东财产混同，股东必将用尽所有权人的权限为自己谋利，而不再囿于股权之所限，公司债权的实现将失去物质保障。因此，公司财产的独立性保障了债权的实现。

第 六 章

商事法的规范配置与法律续造
——以股东出资义务展开

商事法律责任,是指商事主体在商事交易过程中,依法应承担的法律责任。商事法律责任在类型上属于特别的私法责任范畴。与其他法律责任及普通民事责任相比,商事法律责任具有如下特征。

第一,商事交易遵循自由原则、契约交易。形成于经济活动的商事法律,就带有典型的契约性特征,通过契约来明确各主体之间的责任、应尽的义务,契约双方自治空间比较大。第二,严格的法定责任。稳定的交易秩序、安全的交易环境,是进行交易的基础,也是提高交易效率的关键。所以商事法律针对法定责任规定非常明确,具有一定的强制性。第三,特殊的追责时效。因为商事交易的目标具有特殊性、追求效率,所以在追责时也体现了这一点,充分体现了此方面立法的目的和精神。

《公司法》与民法的差异使得通过"单一民法路径"构建"商法秩序"可能存在一定的风险,[①] 因此这一法律续造的可能路径还是应当基于公司法本身的体系展开,同时顾及法律交往需要[②]的连接"规范"与"事实",体系化地解决如何区分社团责任与个体责任,如何制裁违反诚信义务的行为,如何协调公司法与其他法律的适用,从而填补"股东出

[①] 范健:《公司法改革中的泛民法化风险——兼谈〈民法总则〉颁布后的〈公司法〉修订》,《环球法律评论》2019年第4期。

[②] [德]卡尔·拉伦茨:《法学方法论》(全本·第六版),黄家镇译,商务印书馆2020年版,第520页;刘俊海:《论公司法与民法典的良性互动关系》,《法学论坛》2021年第2期。

资义务加速到期"的法律漏洞。

第一节 大前提：法律续造的"找法"

法律续造的"找法"实际上是对可供适用的法律规则进行验证，[1]"找法"并不限于请求权规范基础的检索，还包括法律关系义务群、抗辩权和形成权的检索。通过梳理"加速到期"的请求与抗辩的实体性规范与程序性规范，确定可供适用的裁判规范——"大前提"，进而探寻法律续造和修法因应的路径。

一 原告及其诉讼请求的类型与再类型化

其一，公司成立之前，根据《公司法》第28条和第83条，股东出资义务的合同相对人是其他股东或其他发起人，只有合同相对人才能原告请求负担出资义务的股东依据合同履行出资。其诉讼请求的基础是合同，"找法"所寻之大前提是《合同法》或其他民事法律，其诉讼请求的类型在于民法意义的请求之诉、形成之诉和确认无效之诉等。[2] 设立中的公司虽然在某些特殊情形下可以适用合伙的相关规则，但其又并不具备独立的法律主体地位，故不具有独立请求权，但是其可以无独立请求权第三人享有某些诉讼利益。在此阶段，如果公司投资者之间并没有约定股东认缴出资的期限，那么就不存在"股东出资义务加速到期"的诉讼请求。从合同视角审视公司法本质的学者，认为司法介入公司合同，不是对公司合同的背离，而是起到"弥补公司合同缝隙"及"解读隐含公司合同条款"的作用。[3] 公司合同本身不自足性则需要公司法这一标准合同对公司合同拾遗补阙，但是《公司法》这一标准合同也是若干具体公

---

[1] 王利明：《法学方法论》，中国人民大学出版社2012年版，第139—144页。
[2] 章恒筑、王军、叶林、刘建功、王建文、钟毅、王富博、邓峰、蒋大兴、王松、吴兆祥、段晓娟、李后龙、曾宏伟、李志刚等：《认缴资本制度下的债权人诉讼救济》，《人民司法》2016年第16期。
[3] 罗培新：《填补公司合同"缝隙"——司法介入公司运作的一个分析框架》，《北京大学学报》（哲学社会科学版）2007年第1期。

司合同经千百次市场考验，并得到立法者合理性证成后，上升为公法条款，公司法绝大多数制度是对公司普适性规则的事后追认。然而，公司之间的纠纷却随着社会经济的发展，不断地推陈出新，不可避免地出现公司合同与公司法同时没有关注到或者关注不够充分的新型纠纷，立法释放给投资主体的合同活动空间，投资主体是否能够灵活运用，这一系列的变化都会引发公司纠纷类型多样化及复杂化，这类纠纷应如何解决，有可能需要法院根据现行公司法的立法精神，运用法理分析进行裁决，也可能最高人民法院根据成熟审判经验进行相应的司法解释。[①] 例如，股东出资构成公司成立的经济基础，股东之间彼此协议出资的形式、金额及出资时间，当然也会在协议中明确未按照协议履行出资义务所需承担相应的违约责任，但是，如前所述，股东之间的协议不可能穷尽所有出资违约的各种情况。因而，《公司法》作为公共产品，在其第 36 条抽象地规定，公司成立后，股东不得抽逃出资，避免因股东抽逃出资而将公司经营风险转嫁给第三人。但何为"抽逃"？在司法实践中对这个动词的理解便见仁见智，引发不同的司法判决结果。大连大锻锻造有限公司与鞍山市人民政府股东出资纠纷案，辽宁省大连市中级人民法院认为鞍山市政府作为鞍山一工的投资人之一，将作为投资作价 1710 万元的土地收回后，应将相应资金补足，如未能补足则构成抽逃出资，损害了鞍山一工债权人的权益。此案上诉到辽宁省高级人民法院，高级人民法院认为作为股东的鞍山市政府在 10 年前投资的土地使用价值已经内化为公司所享有和使用，并且该部分价值早已凝结为公司财产，市政府事实上无法抽回，为此收回土地使用权，并不是抽逃注册资金。虽然最高人民法院同意辽宁省高级人民法院的判决，但是两级法院对同一案件所得出的不同结论，彰显出一般抽象遭遇具体案件时，公司法仅提供"公司成立后，股东不得抽逃出资"这一标准合同，其在具体适用时还需要进一步解释，为此，《最高人民法院关于适用〈中华人民共和国公司法〉若干问题的规定（三）》第 12 条对《公司法》第 36 条进行了细化解释，增加《公司

---

① 荣振华：《〈公司法〉立法与司法解释互应影响之研究》，博士学位论文，西南政法大学，2014 年。

法》抽逃出资制度的确定性和可预期性构成该制度的外生结构解释。为此，即使从合同视角审视公司法的本质，公司法司法解释也是公司法外生结构不可或缺的一部分，诚如美国学者伯利所言，公司章程必然是不完备的合同，没有司法的支持、补充及解释，其只能是一具空壳。[①] 而司法对公司合同的补充不仅仅限于公司章程，相对于公司法具体条文而言，法院在监督和解释公司长期合同中发挥着积极的、不可或缺的重要作用。

其二，公司成立之后，根据第28条、第30条和第93条，股东出资义务所对应的权利主体已经转化为公司，此时公司不仅是请求认缴股东履行出资义务加速到期的适格原告，也是请求其他股东或其他发起人承担连带责任的适格原告。其诉讼请求的基础是公司章程，此时的大前提应该是"公司法"，诉讼请求的类型应当在于公司法意义的请求之诉、形成之诉和确认无效之诉等。此时的每一项诉讼请求都可能既需要考虑权利法上的依据，还需要考虑组织法上的"大前提"问题。以原告为公司的"股东出资义务加速到期"的诉讼请求而言，不仅是考虑股东出资义务的问题，还需要考虑公司决议、公司意思表示、股东代表诉讼、增资减资、关联交易、解散与清算，甚至破产等一系列规范配置及其效力与这一诉讼请求的联系。因此"股东出资义务加速到期"的诉讼请求需要在公司法体系下进行再类型化，如果不能衔接其他公司法规范赋予的独立权利，[②] 那么该项诉讼请求将可能不被支持。[③]

其三，公司成立之后，也可能导致原告的再类型化和相应诉讼请求的再类型化。《〈公司法〉司法解释（三）》第13条在"公司""其他股东"的基础上法律续造了"公司债权人"这一新的原告类型，其可以获得支持的诉讼请求是"补充赔偿责任"，但是这里作为原告的"公司债权人"实有再类型化的必要，即需要进一步区分个体公司债权人和全体公司债权人，自愿的公司债权人和非自愿的公司债权人等。这就意味着相

---

① Adolf A. Berle, "Corporate Powers as Powers in Trust", *Harvard Law Review*, Vol. 44, 1931, p. 1049.
② 即支持股东出资义务加速到期的诉讼请求不应与其他公司法规范相冲突。
③ 也是在这个意义上，民法意义的违约赔偿请求和侵犯债权请求能够帮助理解和论证加速到期的诉讼请求，但是大前提不能以民法替代公司法。

应诉讼请求的再类型化,那么相应的大前提也有所差异:个体清偿和全体清偿,可能导致"加速到期"的大前提在公司法与破产法之间的选择;意定之债可能导致适用公司法体系内的"加速到期",而公司侵权之债则可能导致适用"公司法+侵权法"的"加速到期",甚至是有限责任排除适用,公司的股东和经理层都有可能承担相应的法律责任。①

二 被告反请求的权利及其依据

其一,反请求应当基于对抗前述具体类型"股东出资义务加速到期"诉讼请求的法律关系而提出,于此种情形下,反请求实质上构成了新的"诉讼请求"。对于这一新的诉讼请求,不能仅仅援引程序性规范进行诉讼处理,而应充分考虑实体性的规范决定是否支持该反请求。如果被告仅仅是拒绝"加速到期",那么属于抗辩而不是反请求。如果不是基于同一法律关系,那么也不是反请求,而应另行起诉另案处理。

其二,该反请求的大前提是否是公司法规范?原告"股东出资义务加速到期"的诉讼请求,需要在公司法体系下衔接其他公司法规范赋予的独立权利,同理,被告的反请求也涉及衔接公司法的其他规范。这也就意味着需要考量,该反请求是否具有公司法上的独立权利,只有具备这样的权利才适宜在同一诉讼程序中进行处理,反之则不宜。《公司法》修改后,股东出资的法定期限被取消,股东出资时间作为公司章程内容的法律依据已经不存在,取而代之的是股东可以随意约定出资期限。因此,在实践中,有些不诚信的股东恶意利用这一规则,在设立公司时,公司章程中约定过长的认缴期限,比如一百年甚至更长的时间,这样的认缴期限带来的直接问题是,债权人对瑕疵出资股东的请求权就失去了理论基础,因为《〈公司法〉司法解释(三)》第13条第2款规定的债权人请求股东承担责任的理论依据是代位权理论,根据代位权的构成要件,债权人行使代位权的条件是次债务人对债务人的债务到期,若股东的认缴期限尚未到期,那么直接援用该条规定要求股东承担责任就有待商榷及产生诉讼障碍。因此,股东认缴期限能否加速到期在实务界及理论界

---

① 朱慈蕴:《公司法人格否认法理与公司的社会责任》,《法学研究》1998年第5期。

引起了不小的争论。在司法实践中，法院对此裁判标准并不统一。在中国裁判文书网以"股东补充清偿责任"为关键词搜索的关于股东在未届认缴期限时应否对公司不能清偿债务的十个判例中，有八个案例驳回了债权人的诉讼请求，两个予以支持。驳回的法院均认为公司章程中关于股东出资履行期限属于法定公示内容，债权人在交易前应已知晓，在股东出资期限未到来之前要求股东承担补充清偿责任没有事实和法律依据；支持的法院则认为《公司法》第3条第2款并未以是否已届清偿期为要件，公司及股东之间约定的出资期限属于内部约定，该期限不能对债权人产生约束力，并对《〈公司法〉司法解释（三）》第13条第2款作扩大解释，只要股东未履行该出资义务就应当承担补充清偿责任。理论界中对于股东出资期限能否加速到期的理解亦有"肯定说"及"否定说"两种。

三　被告抗辩的理由及其依据

其一，抗辩不同于反请求，其要义在于是否足以否认对方关于"加速到期"的诉讼请求，主要考虑是否具有法律上的依据。由于《公司法》本身即是债法制度组织化和社会化的产物，此时的"大前提"既可能包括作为一般法的民法规范，也可能包括作为特别法的公司法规范。

其二，于抗辩权行使的实体内容，需要考虑是基于股东出资义务——主债务相对人的抗辩，还是期限利益——相对人从义务的抗辩；于抗辩权行使的对象，需要考量原告是否为主债务的债权人，是否负担等待的从义务；对抗辩权行使期限的考量，也是确定适用大前提的内容。

其三，关于主张诉讼时效或不可抗力的抗辩。"加速到期"是否适用诉讼时效，不仅需要考虑适用民法的时间节点，还需考虑公司组织内决议、意思表示、增减资、解散与清算等时限对债权人权利受损的影响。能否主张"不可抗力"进行抗辩，则需综合考虑该股东的主观过错程度。

四　实体性规范和程序性规范的修法方向

其一，明确公司资产仅用于履行公司对其债权人的义务，并设置相应的"欺诈性转让禁止规则"。例如《德国有限责任公司法》（2017）第

13 条第 2 款明确规定，公司资产仅用于履行公司对其债权人的义务。[1] 美国公司法实践中要求，公司的流动性资产应当满足其债务水平，将公司资产破产测试规则与美国《统一欺诈转让法》（Uniform Fraudulent Transfer Act）衔接，认为，债务人任何不具有合理对价的交易导致不能向债权人偿付到期债务，将被视为欺诈。[2]

其二，引入认缴股东宽限期制度。例如《德国有限责任公司法》（2017）在 5 年缴纳期限的背景下，在第 21 条规定了认缴股东在指定的宽限期内付款，还设置了该宽限期不得少于 1 个月。同时该法还确立了真实完整的原始资本缴付规则及其法律责任，资本维持原则及其法律责任，增资和减资规则及其法律责任等，以实现该法第 13 条的规范目的。在尽可能细化规则可实施的前提下，该法还尤为强调违反每一项义务所可能承担的不利法律后果。

其三，引入公司董事任职资格剥夺制度。公司不具有还款能力或者濒临资不抵债，股东即使享有延迟履行出资的权利，但该权利不足以对抗公司资本维持原则课以股东的义务。中国未来《公司法》修订可以参考英国 1986 年《公司董事任职资格剥夺法》，授权法院判决剥夺缺乏还款能力公司的股东任职董事的资格，由于该项判决要求股东承担个人责任，股东既不能任职名义董事，也不能任职对公司施加实际影响力的事实董事或影子董事。

其四，引入"股东债权请求权延迟制度"[3]，即在公司进入清算、破产或重整程序后，股东对公司享有的债权劣位于一般债权人受偿。如果股东与公司之间的交易可同时适用关联交易规则或欺诈性转让规则，则优先适用关联交易规则或欺诈性转让规则。如果公司资可抵债，则股东

---

[1] Act on Limited Liability Companies, as consolidated and published in the Federal Law Gazette Ⅲ, Index No. 4123 - 1, as last amended by Article 10 of the Act of 17 July 2017（Federal Law Gazette I p. 2446），https：//www. gesetze - im - internet. de/englisch_ gmbhg/englisch_ gmbhg. html#p0160，最后访问时间：2021 年 7 月 18 日。

[2] Alan R. Palmiter, Corporations, Eighth Edition, Wolters Kluwer in New York, 2015, pp：649 -650.

[3] 在英美公司法中是源于衡平法院的"控股股东债权请求权延迟制度"，也被称为衡平居次原则（Equitable Subordination Rule）或深石原则。

对公司享有的债权与其他一般债权并无差异，但是如果公司已进入清算、破产或重整程序，则股东对公司的债权已经转变为公司剩余资产索取权，应当对公司的剩余资产承担风险。破产和清算环节中的"最佳利益"原则也是这个逻辑，以强化资不抵债公司对债权人承担的义务，在债权人收到债务人清算后的最低偿还额之前，破产重整的债务人不能强迫债权人接受重整方案，同时在债务人清算过程中，股东收到的任何资产收益必须全部优先用于偿还债务。

其五，在独立加速到期之诉中确定股东责任。债权人采用单独提起诉讼的方式维权能够有效弥补另外两种方式的不足。首先，公司和股东作为共同被告方式存在的问题是无法在审判程序中判断公司是否具有偿债能力，进而无法确定股东的责任。债权人采用单独对股东提起诉讼的方式，需要通过判决确定公司与债权人的关系，且方便执行的财产执行不能方可起诉股东，顺序上区分开来，完美地解决了共同被告方式存在的问题。追加股东为被执行人方式主要的不足是，未经实体审判程序直接确定股东的责任违反审执分离原则。债权人单独起诉股东，请求股东加速出资，法院仅审理股东加速出资问题，审执分离，解决了上述问题。如果中国明确规定债权人请求股东承担责任的法定程序是单独提起加速到期之诉，债权人可以适当预知法院判决结果，就不会通过共同被告方式行使请求权，将降低股东被诉的可能性。此外，如果采用此方式，债权人提起加速到期之诉之前，已经过基础性债权债务关系的审理程序和执行程序，实际上起到了筛选的作用，又一次降低了股东被诉的可能性，减轻了股东的负担。故，采用单独提起加速到期之诉的方式能够维护股东的利益，有效平衡股东和债权人之间的利益。

其六，完善催缴出资的制度。修改后的《公司法》遵循着商业自由的价值理念，认为股东的出资影响着公司的经营状况和利润分配的比例，所以对股东出资事宜属于自治事项予以认可，股东对出资方式、出资数额、出资期限拥有自由决定的权利。而对债权人而言，股东承担出资法律责任的前提是"认缴出资"而非"实缴出资"。因此，只要股东认缴了出资，何时缴纳无关紧要，只要公司能够清偿债务即可。① 然而股东在拥有自由决定出资期限权利的同时，也增加了股东视经营状况而选择性出资的道德风险，当公司经营状况令人满意时积极按期出资，当公司经营不佳甚至背负债务时股东按期出资的积极性下降，并且想尽办法来逃避出资。此时不仅危害公司的经营也会导致公司本应拥有的资产较少，公司债权人的利益处于受损的边缘。现实中多个国家对股东延期出资的风险予以制度性防范。日本《公司法》就有类似规定，比如董事会有义务第一时间调查股东是否履行完出资义务。

2013年《公司法》修改后，股东设立公司时会出于经营的目的从而设定较长出资期限，而催缴出资适用的前提应是股东已到出资期限仍未出资，所以一定程度上减少了催缴出资的适用范围。原因在于《公司法司法解释（三）》发布时，股东仍有2—5年的出资期限规定，继而在股东出资期限届满2年或5年时仍未出资才可以适用催缴出资的规定。所以目前股东出资期限较长的现状较为普遍，针对这样的现实变化，应该尽快对催缴出资的适用条件进行重新规定，只有这样才能使催缴出资的规定落到实处且发挥其应有的作用。另一方面由于《公司法司法解释（三）》的规定过于笼统，缺少具体的规则，导致了其无法起到应有的效果，所以必须增加可以应用的规则。值得借鉴的是美国《特拉华州普通公司法》系列相关规定。② 考虑到董事会负责公司的经营且较熟悉股东的出资期限，由董事会担任催缴出资的主体，日常执行由董事或执行董事负责；被催缴的对象是未按照章程规定如期出资的股东；催缴的程序是由董事向未及时出资的股东发出书面的催缴出资通知，通知上写明出资的时间以及不出资的法律后果；当公司股东依然未明确表示出资时，公

---

① 刘燕：《公司法资本制度改革的逻辑与路径——基于商业实践视角的观察》，《法学研究》2014年第5期。

② 参见《特拉华州普通公司法》第164条规定：股份缴纳股款期限届满时，经过董事会适当形式的要求之下，股东仍然未能支付某期股款或者催缴股款的，董事会可以普通法诉讼之方式从股东手中取得未支付的期数的股款、催缴缴纳股款，或者其他任何未付金额。否则董事会应当公开拍卖所欠款股东适当的数量股份，以能够支付股东所欠数额以及利息和所有附带支出为标准，股份被股东会公开售出后，董事会应当立即将股份转让给买方，且买方有权取得股份证书。《特拉华州普通公司法》，徐文彬等译，中国法制出版社2010年版，第62页。

司可以通过诉讼的途径解决这一问题；立法应明确董事会拥有催缴出资的权利和董事会怠于履行催缴出资的法律责任。此外，也可借鉴德国和法国的相关制度，规定对延迟出资的股东实施处罚。①

第二节 识别"小前提"的论证负担规则

法律续造在这里的难点在于，股东负有出资义务并不必然意味着该义务应当"加速到期"。需要解决的关节点在于论证股东违反了何种先在的法定义务而产生了"加速到期"的责任，需要将证据规则认定的"股东出资义务加速到期"案件事实，转化为能够适用法律大前提所需的"股东出资义务应当加速到期"的"小前提"，② 这一论证进程本身需要规则，③ 法官宜主持论证而非参与论证。

一 认缴股东需要与实缴股东做不同对待的论证

中国现行《公司法》第 3 条明确了公司法人人格和有限责任制度，整个公司法体系皆是以此为"锚点"，股东享有的权利和应当承担的义务不应逾越这一基本预设。现行《公司法》不仅未确立认缴股东享有相对于实缴股东的不同对待，还明确了认缴股东与实缴股东的连带责任。因此主张认缴股东与实缴股东不同对待，应当提出公司法体系内充分且正当理由的论证。公司独立人格为法律所赋予，并构建相关制度使公司这一主体能够在市场中得以运营，进而使公司法实现增进公司股东、职工、供应商和消费者等主体的社会整体福利之功能。也就是公司法功能目标不仅仅是实现股东利益最大化，还要兼顾其他利益相关主体的之权益，多元化功能目标的实现，需要公司法设计多种赋权制度促使各种目标的实现，如股东会职权、董事会职权以及监事会职权等，尤其是股东会职

---

① 卢宁：《公司资本缴纳制度评析——兼议认缴制下股东出资义务加速到期的困境与出路》，《中国政法大学学报》2017 年第 6 期。
② 王利明：《法学方法论》，中国人民大学出版社 2012 年版，第 178 页。
③ ［德］罗伯特·阿列克西：《法律论证理论》，舒国滢译，商务印书馆 2020 年版，第 249 页。

权和董事会职权，公司法列举相关职权的同时，还赋予公司章程一定的自治空间，即：公司章程规定的其他职权。这一授权性规范很可能引发歧义：哪些职权可以通过公司章程规定成为股东会或董事会的职权？法律与章程都没有规定的事项究竟是董事会还是股东会的职权？① 这些问题在现行公司法中无法得到直观解答，而司法实践中遭遇此类案件不能因现行公司法没有直观注解就不予受理。如南京安盛财务顾问有限公司诉祝颗东股会决议罚款纠纷案，由于该赋权宽泛，没有明确规定罚款的标准和幅度，股东会在没有明确标准和幅度的情况下处罚股东，属法定依据不足，相应决议无效。通过此案法院的解释，为我们对股东会职权的理解搭建了更具说服力的解释框架。可见，司法解释在一定程度上延展了公司法赋权功能。

二　"股东出资义务加速到期"不属于"注册资本认缴制"规范的论证

诚然现行立法并未对注册资本认缴制做出"加速到期"的规定，但是其立法目的而言并非意味着债务人可以任意拖欠应当履行的债务。在完全认缴资本制的路径下，股东认缴出资的自主权利获得了巨大释放，这是 2014 年《公司法》所体现出的最大调整，但也是对公司资本制度比较孤立的改革。典型之处便是与股东出资权利对应的股东出资义务与责任制度，依然沿用 2006 年《公司法》及相应司法解释下的出资责任制度体系来约束股东出资行为。然而，这种相对孤立的改革，在商事实践当中，不仅让传统上司空见惯的股东不履行或违反出资义务现象，发展成为对现行公司资本法律制度运行之累赘的担忧；而且客观上造成了现行公司法律在面对股东出资新形态纠纷或策略性投机行为时的望尘莫及。② 走向完全认缴资本制路径的现行公司资本法律制度，强调投资者"宽进"与出资自由，但也更注重对投资者出资行为的"严管"及对资本真实性的"事中、事后监管"。所以，在当前整体上还比较脆弱的商业信用体系

---

① 徐浩：《股东会、董事会职权的兜底条款质疑》，《北方法学》2010 年第 6 期。
② 王文宇：《简政繁权——评中国大陆注册资本认缴制》，《财经法学》2015 年第 1 期。

下，仅凭投资人的自觉行为，以确保股东依法守约地履行出资义务及资本真实性仍是远远不够的，健全、合理、协调的股东出资责任制度，①势必要在保障新公司资本法律制度有效运行方面发挥举足轻重甚至是核心的作用。注册资本认缴制是在《公司法》第3条第1款"公司以其全部财产对公司的债务承担责任"项下，对法定资本制的放松，并非意味着对该条第1款的否定。因此，主张"股东出资义务加速到期"不属于"注册资本认缴制"规范，应当提出公司法体系内充分且正当理由的论证。

三 债权人知晓公司章程而应风险自担的论证

这里隐藏的问题在于阿列克西已经指出的论证负担规则上，即原告已经提出的论述，只有出现反证时才负有进一步论述的责任。② 知晓公司章程而应当风险自担，并不构成反证，既不能证明债权人不得行使请求权具有正当性，也不能证明债务人延迟履行债务具有正当性。更为严重的问题在于，"知晓公司章程而应风险自担"并非一个针对原告诉讼请求的具有法律依据的抗辩，导致"风险自担"问题实际上转化为论证"价值判断"或者"大前提"，而不属于法律续造的"小前提"。这一命题转换的主张者，应当提出公司法体系内充分且正当理由的论证。

四 "股东出资义务加速到期"应当适用其他法律或执行程序的论证

这里的问题在于，此种观点者既不能充分论证支持，也不能充分论证否定，而是提出了与"股东出资义务加速到期"这一法律关系无关的主张或陈述。③ 主张此种观点应当提出公司法体系内充分且正当理由的论证，而排除公司法的适用，才能排除证据规则认定的案件事实不属于该

---

① 郭富青：《我国公司资本制度的重构及风险防范》，《财经法学》2015年第5期。
② ［德］罗伯特·阿列克西：《法律论证理论》，舒国滢译，商务印书馆2020年版，第251页。
③ ［德］罗伯特·阿列克西：《法律论证理论》，舒国滢译，商务印书馆2020年版，第251页。

问题法律续造的"小前提"。

(一) 破产或者清算时的提前到期

当公司现阶段的经营已经无法产生利益,对股东和债权人来说毫无意义,此时公司面临着破产或者清算,那么根据中国《公司法》,采取资本认缴制之前的公司资本,可以分期缴纳,之后的资本具有一定的认缴期限。如果公司破产,要尽快消灭公司与股东、与债权人之间的债权债务关系,如果保留认缴期,那么此方面的处理难度会进一步加大,无法在短时间内处理债务债权关系,显然违背了法规的意图。在其他清算程序中也是如此。出资成为公司股东之后,那么债权人就可以向股东主张自己的权益,而且不受期限限制。股东履行出资义务,目的就是为了增强公司的偿债能力,帮助公司能够在短时间内清偿所有债务,让公司重新获得发展动力,能够实现可持续经营,在这种情况下,能够保全债权人的债权,股东也能够灵活的安排投资资金,并且公司能够获得新的发展力量,重新进行正常的生产经营,并且从中营利。如果股东加速到期所作清偿,属于公司破产前 6 个月内所进行的清查,那么公司债权人通过该程序能够保障自身的债权。如果公司并没有沦入破产或者自行清算的境地,但是此时因为债务压力过大,无法继续经营,也缺乏偿债能力,此时债权人是否有权申请股东承担此方面的债权责任,尚需要进一步探讨。例如,在曹鹏与高欢欢、马斌等承包合同纠纷中,① 被告澳中公司于诉讼之前已经停止营业,法院以《最高人民法院关于适用〈中华人民共和国公司法〉若干问题的规定(三)》(以下简称:《公司法司法解释(三)》)第 13 条第 2 款、第 18 条为依据认定公司债权人对于澳中公司股东及股权受让人有补充清偿请求权。在此种情况下,应不适用加速到期制度,而仅能通过破产或者公司自行清算,使公司债权人平等受偿。综上,破产或者清算程序中的提前到期仅适用于特别情形,而大多情形下公司并未达到濒临破产的程度,也不愿意自行清算,在此情形下,加速到期才是公司债权人更好的救济手段。

---

① 参见江苏省南京市中级人民法院(2016)苏 01 民终 8972 号民事判决书。

(二) 债权人撤销权

除了上述公司法领域的替代路径，也有学者试图从民法相应制度中寻求解决方案，例如选择债权人撤销权制度。[①] 如果股东的认缴出资约定发生在债权形成之后，且出资期限过长（如一百年的出资期限），则有观点认为可以扩大解释《最高人民法院关于适用〈中华人民共和国合同法〉若干问题的解释（二）》第18条关于债权人撤销权的规定，认为过长的出资期限属于恶意延长到期债权，而将其纳入债权人行使撤销权的情形之中，该出资约定可撤销，按照原来期限出资。[②] 然而，中国《公司法》和其他相关法律并没有禁止股东设置时间跨度较大的出资期限，若股东先前已经缴纳部分出资，只是其他出资在之后较长的时间内视公司发展状况而继续缴纳，并没有存在恶意，而且，出资期限大多在公司设立之初就已经约定或者记载在章程之中，公司债权则在此之后才产生，且在债权到期之后出资尚未到期，亦不存在"放弃到期债权"之说，同样，公司亦不存在"怠于行使到期债权"情形。因此，债权人撤销权在此无适用之余地。

综上所述，针对股东出资义务加速到期，学术界提出了各种替代方案，[③] 有的方案会破坏公司的正常经营，有的方案会违背法律初衷，还有的方案适用了债权人撤销权，该权利在公司法制度之外，使用该权利同样和认缴制改革理念相背离，且没有标准对此进行判断和衡量，缺乏合理性。上述方案在实践中处处受到限制，根本无法解决股东出资业务加速到期方面的问题。对于债权人来说，希望能够在期限之内获得自身的债权，或者希望股东主动提前出资保障自身的利益。然而债权人需要长

[①] 罗培新：《论资本制度变革背景下股东出资法律制度之完善》，《法学评论》2016年第4期。

[②] 参见李建伟《认缴制下股东出资责任加速到期研究》，《人民司法·应用》2015年第9期；黄辉《公司资本制度改革的正当性：基于债权人保护功能的法经济学分析》，《中国法学》2015年第6期；刘燕《公司资本制度改革的逻辑与路径——基于商业实践视角的观察》，《法学研究》2014年第5期；周珺《论公司债权人对未履行出资义务股东的直接请求权》，《政治与法律》2016年第5期；甘培忠、徐可《认缴制下的资本违法责任及其困境——以财产混同为视角》，《北京大学学报》（哲学社会科学版）2015年第6期。

[③] 刘铭卿：《股东出资义务加速到期研究》，《政治与法律》2019年第4期。

时间的等待，其中有很多不确定的因素，时间越来越长，收回债权的希望就越渺茫。所以，应该对认缴制度改革之下股东和债权人两者的利益进行分析，判断此方面的法律保护是否存在冲突等。

五 基于法律关系的举证责任分配

根据中国《刑事诉讼法》的规定，案件审理过程中当事人负有举证责任。审理案件过程中，债权人对其主张的事实承担举证责任。加速到期问题中，需要证明公司不能清偿到期债务、出资期限尚未到期、股东出资义务未履行这三项事实，应合理分配举证责任。中国法律规定，举证责任分配的一般原则是"谁主张谁举证"。根据该原则，债权人应当证明公司不能清偿到期债务。债权人证明公司不具有偿债能力时，可请求执行法院提供相关证明资料，证明公司方便执行的财产执行不能，执行法院应为债权人提供相关证明材料。根据民事举证原则，债权人还需要证明股东出资期限尚未届至的事实，债权人可通过企业信用信息公示系统上公示的信息证明，进而维护自身权益。享有期限利益的股东，应当就"不加速到期"其出资负担举证责任，而不是由法政策论证其可以不加速到期，或者享有"超越制定法"的期限利益。公司不具有偿债能力，其原因在于股东实际出资不到位的，股东应当承担解释说明责任（accountability），负有公司应该具有偿债能力的举证责任。债权人仅就其债权合法生效承担举证责任，而不宜负有举证公司内部股东怠于履行出资义务或其他义务之举证责任。此外，债权人应当证明股东未履行出资义务。存在这样的一种观点，认为债权人只需提出"合理怀疑"即可，股东自行证明其已缴纳出资，但"合理怀疑"的标准难以判断，此种举证责任分配方式并不合适。笔者认为股东是否履行出资义务的证明应由债权人负责，信用信息公示系统要求公司公示各股东实缴资本额，公司应当对公示系统中信息的真实性、准确性负责。债权人可以通过系统证明股东尚未出资完毕。如果股东主张公示系统上公示的信息与实际情况并不一致，根据一般举证原则，股东对其主张负有证明责任。法院审理过程中应当理性判断股东是否履行出资义务，不能仅凭出资证明书认定股东已履行出资义务，还需结合其他手段判断。

第三节　顾及法律交往需要的连接 "规范"与"事实"

现有的民法规则着眼于将公司纳入"民事主体"的范畴，然而对交易秩序缺乏足够的关注，商法一般规则的缺失使得公司法事实上需要起到连接民法普通规则与商法特别规则的总则功能。连接在大多数场合下被称为涵摄（Subsumtion），然而连接与涵摄，也存在着一定程度的差异。① 在公司法问题的法律续造之中，往往面临多个可能适用的法律规则，需要法官顾及公司法与民法等其他法律的交往，如果仍然以公司法规范为大前提，那么需要进一步判断最密切联系的公司法规则，在这个意义上使用"连接"一词相对妥帖。

一　不完整法条解释的方法与规则

回溯公司法在各国的演进历史，可以发现其法条具有较为明显的开放性特征。② 不仅是关于"股东出资义务"的规范是不完整法条，其他公司法法条也或多或少的不完整；不仅中国公司法立法如此，美英、欧陆和日本也或多或少存在此种现象。然而这些公司法的不完整法条仍然是法条，具有法律的效力，只是不完整法条需要与其他法条相结合，才能获得法律适用的效果。

其一，基于原告及其诉讼请求的具体类型，不宜直接运用纯民法规范对涉及公司法规范的纠纷进行判断，而应进行民法意义和公司法意义的差异分析，注重说理"注册资本认缴制"所涉及的制定法计划目的，即营业风险与社会容忍之间的平衡，并在此基础上衔接公司法和其他法律具体规范的适用。

其二，应当注重对交易安全、交易效率和交易秩序的释法说理，商法就是追求交易效率和交易安全的法律，换言之，商法的价值是效率和

---

① 王利明：《法学方法论》，中国人民大学出版社2012年版，第218页。
② 邓峰：《普通公司法》，中国人民大学出版社2009年版，第41页。

安全①。按照经济学的观点看，交易可以创造财富②。交易使得人们的劳动变得有价值，劳动产品在交易中实现了从产品到财富的转变。交易越便捷，财富也就创造的越来越多，整个社会福利也会随之增加。相反，交易效率低下，往往意味着交易成本高，人们的交易欲望低，从而抑制了交易，也抑制了财富的创造。③ 效率与安全常常是一致的。"任何交易都不过是无数交易者所组成的买卖长链中的一环。无论在哪儿出现一次障碍，整个链条都会发生震荡。"④ 交易需要的效率是有安全保证的效率。没有安全保证的效率是不可持久的。2008年美国的金融危机充分证明了这一点。安全有了保障，效率才是健康的效率。效率有时与安全是相反的，效率越高往往风险越大，此时必须管控风险，注重效率与安全的平衡。商法中的规则往往既体现效率又体现安全。如商业登记就既有安全的考虑，也有效率的考虑。⑤ 对效率和安全的追求可能会限制自由，自由有时可以促进效率。自由是创造的源泉，阻遏了创造，效率将变得没有意义。然而，过于自由，有时会抑制了效率。效率需要整齐划一。商法可以把自由留给民法，自己则追求效率和安全，从而完成对原始自由的超越，实现更高层次的自由。或许这就像德国学者德恩所说的那样："商法是一切法律中最为方式自由的，同时又是最为方式严格的法律。"⑥ 商法的效率与安全最终是为了私人财产和权利能够更自由地流动。不完整法条解释适用的结论不应违反公认的交易惯例。对股东出资义务加速到

---

① 公平、秩序、自由并非商法的价值。公平是所有的法律的价值，不为商法所独有；秩序则主要体现为公法的价值；自由则为意思自治的内容，是司法的根本原则。

② [美]保罗·海恩、彼得·勃特克、大卫·普雷契特科：《经济学的思维方式》，马昕、陈宇译，商务印书馆2008年版，第21页。

③ 张保红：《魂兮归来——论商法价值的变迁和重塑》，第三届两岸民商法前沿论坛会议论文，2013年11月。

④ [德]古斯塔夫·拉德布鲁赫：《法学导论》，米健等译，中国大百科全书出版社1997年版，第74页。

⑤ 日本商法充分体现了这一点。《日本商法典》"设置了为确保交易确实、顺畅进行的规定。由登记制度等公示制度或者表见责任来确保交易的安全性。如510条及511条的规定，为使交易顺利进行，相比普通人，商人负有更多的责任和更高的信任度"。[日]近藤光男：《日本商法总则·商行为法》，梁爽译，法律出版社2016年版，第6页。

⑥ 张国键：《商事法论》，台北：三民书局1980年版，第24页。

期案件事实的定性，需要综合考量商事主体组织的意思表示、权利能力和行为能力，以及解决案件事实带来风险忧虑的其他公司法规范安排，如增资减资、关联交易、股利分配等的衔接适用。

其三，公司法众多法条虽然没有包含相应的法律后果，但是并不意味着不产生相应的法律责任。股东违反出资义务所应承担的民事责任是受公司法所调整的一种较为特殊的民事责任制度，也是为保障公司和其他股东、债权人利益所设计的一种有效救济手段。我国公司立法虽然从实体上和程序上对股东的出资义务进行了规制，但分析表明立法规制偏重于市场准入环节的控制，而事后规制明显过弱，尤其是对公司股东的民事责任规定得极不具体。在这一方面，日本关于资本充实责任的规定最为详尽和完备。日本《商法》规定：资本充实责任不仅适用于公司设立阶段，也适用于公司增资或新发行之情形。在公司设立阶段，公司的发起人和公司成立当时的董事对公司资本之充实负有责任（日本《商法》第192条），因此，在资本充实责任的承担主体和适用场合方面，比其他国家的规定全面。日本《商法》对发起人和董事的资本充实责任规定为四种类型，即认购担保责任、缴纳与交付担保责任、价格填补责任及损害赔偿责任。这也是其他国家的立法所难以看到的。另外，日本对代行出资者的选择权作出了规定，对维护代行出资者的利益具有重要意义。[①]我国《公司法》对有限责任公司股东出资责任方面的法条涉及并不多。原有的《有限责任公司规范意见》（1992）原本比较合理的规定却未被公司法采用，[②] 从而使本来就少的几项规定变得更为简略，严重弱化了股东的出资责任，从而难以建立起股东出资责任的法律制度体系对违反股东出资义务不利法律后果的解释适用。公司设立是一个复杂的过程，与有关出资缴付问题相联系给债权人造成损害的，有由股东的出资义务不履行所引起的，有由验资机构的虚假验资所引起的，还有可能是登记机关未履行登记职责审查不严而导致错误登记所致。在多种复杂因素相互缠

---

① 冯果：《现代公司资本制度比较研究》，武汉大学出版社2000年版，第96页。
② 《有限责任公司规范意见》第70条规定："股东未按规定缴纳出资的，公司有权向股东追缴。经公司追缴股东仍不履行缴纳义务的，公司可以依诉讼程序，请求人民法院追究股东的违约责任。"

合情形下，应认真甄别主要原因，应区分公司设立过程中不同行为人的不同责任问题。如果是注册资本审验单位未按照当时审验规定实施注册资本审验业务，从而给出资虚假者提供了保护伞，过错责任在审验单位；如果经审验符合法定的出资要求在公司成立后股东却未按照有关规定办理财产转移登记手续，其过错责任不在于审验机构而在于出资者和公司自身，不应由审验机构来承担相应的民事责任；如果注册资本瑕疵是由于登记机关的错误登记所致，其责任理应由登记机关来承担。在考虑相应法律责任时，不仅要考虑该责任的法定性，还需考虑综合性、严格性、效率性和公共性。① 综合性即民事责任、行政责任和刑事责任的综合。严格性不仅意味着无须考虑该股东的主观动机，也不能要求原告举证债务人有无过错。效率性既需要考虑该股东承担加速出资是否更具有社会成本的节约，还需要考虑运用破产等其他法律规范是否节约社会成本。② 公共性，往往与股东和公司组织的社会责任相联系，对股东期限利益的解释应当具有一定的谦抑性。

二 填补法律漏洞方法适用的规则

法律漏洞的识别事实上是对法律规范评价的过程，识别之后依据一定方法予以填补的行为，也是一个评价的过程。③ 在此过程中，法官在案件事实与法律规范之间穿梭时发现法律的行为往往会有被误会为造法的嫌疑，由此而延伸的担忧是判断法官是否有恣意妄为的行为？关于漏洞的认定及其填补属于法官的个人意志范畴还是综合评价的结果？法官续造的行为如果没有一定的约束是否会危及法律的安定性原则？德国魏德士在其《法理学》中提出"通过对不同的漏洞种类加以区分，可以将模糊不清的漏洞概念规定得更加精确，在实践中更易于适用"。④ 以类型化的视角对法律漏洞进行识别，可以此分析缺陷产生的机制，并可以对症

---

① 史际春、邓峰：《经济法总论》（第二版），法律出版社 2008 年版，第 222 页。
② 蒋大兴：《论股东出资义务之"加速到期"——认可"非破产加速"之功能价值》，《社会科学》2019 年第 2 期。
③ 武翠丹：《公司法司法续造》，博士学位论文，西南政法大学，2016 年。
④ [德] 伯恩·魏德士：《法理学》，吴越、丁晓春译，法律出版社 2003 年版，第 365 页。

下药，从而为法律漏洞的填补提供更为清晰的进路。填补法律漏洞应当是在立法目的和精神指导下的法律适用，如果缺乏必要的规则和程序，那么有可能导致法律的安定性和统一性受到影响。

其一，一般类型的"股东出资义务加速到期"诉讼请求，可以在现有公司法体系内找到规范依据，那么法律续造应当尽可能在该体系内寻找规范和解释规范来适用，而不宜采用习惯法、比较法等方式来创设新的规则，因此类推适用、目的性扩张和目的性限缩应当优先于法律原则的方法填补法律漏洞。① 但是一些特殊类型的"股东出资义务加速到期"仍然可能需要法官的创造性补充，这里需要法律续造尽到更充分的论证义务。

其二，类推适用应当在两种情形下考量。分为"明显漏洞"和"隐藏漏洞"。"明显漏洞是指针对特定的案件事实，法律欠缺依据其目的本应该规定的适用规则，并且这种欠缺是显而易见的。"② 通常学者提供类推的方法，填补明显漏洞。如利益衡量、目的性扩张等。类推适用系指：某法律规则含有某构成要件 A 或者说具有多数彼此相类的构成要件，且该规则可以转而适用于该规则并没有规定的与构成要件相类的 B 要件。支持"股东出资义务加速到期"已如前文所述，应当在公司法体系内实现规范之间实现协同，类推适用的意义并不明显，但是于不支持"股东出资义务加速到期"的情形，类推适用应恪守的规则需要进行说明：通常应当限于公司法内部的类推，而不宜在公司法、破产法或者民法典之间相互类推，更不宜跨越法律部门随意类推；同时类推必须在法律关系类似的前提下展开，③ 且两种法律关系不存在包含、递进或其他关系，即不宜从"出资义务"的法律关系类推到"破产财产分配"的法律关系；

---

① ［德］赖因哈德·齐默尔曼：《德国法学方法论》，毕经纬译，《比较法研究》2021 年第 2 期。
② ［德］卡尔·拉伦茨：《法学方法论》，陈爱娥译，商务印书馆 2004 年版，第 254 页。
③ 李建伟：《认缴制下股东出资责任加速到期研究》，《人民司法》2015 年第 9 期。

等等。① 这种规则转用的基础在于，从两者相关的法律关系的评价而言，两者的构成要件相类似，则评价标准相同，同时也满足同等事物同等对待的正义要求。而所谓的相类似的案件事实，是指在若干观点上面具有某些相似性，其他方面则不同。注意如果两类案件事实全面相同，并不属于此处而言的类似，那么何为类似？即为两者既不完全相同又不完全不同，对于评价标准的认定上保持一致。不过需要注意的是，不同之处不能排除对该项法律规则的评价。拉德布鲁赫认为，相同性不是现实存在的，事物和人都有所不同，正如每个鸡蛋都形状各异。相同性总是基于某个特定的角度从现有的差异性中抽象出来的。②

其三，目的扩张和目的限缩可能具有一定的相互对抗性。"隐藏"漏洞是虽有规则，只是适用与法律目的不符，但"该规则——在评价上未虑及此类事件的特质，因此，依其意义及目的而言——对此类事件并不适宜"，隐藏漏洞填补的关键点在于适用范围限缩，而且在适用于每一具体个案时还必须不违背人们普遍的道德情感，即以通常的道德伦理准则为准据。法律上的漏洞，如一般的法律原则，扩张的目的，反对的解释和比较，以填补等。"目的论"的扩张为了更好地实施法律法规的意图，根据法律法规文本的意义不应该涉及的案件类型，但都包括在法治的范围。③ 支持"股东出资义务加速到期"的目的扩张，可能认为股东出资义务包含有确保公司偿债能力和保护债权人安全之立法目的。不支持的目的限缩，可能认为股东出资义务没有包括应当"加速到期"的立法目的。两种方法应当共同遵循的规则在于：都必须依据立法目的，不能以自己的主观理解代替立法目的；目的限缩不能适用于"股东出资义务加速到期"未做规定这一"开放型"漏洞，而只能适用于隐藏漏洞；目的扩张不能改变"股东出资义务"法律条文的核心文义，也不能没有法

---

① 容易与类推解释概念混淆。关于两者之关系，至今学界未有定论。有学者认为，类推解释与类推适用是不同的概念，类推适用是本着"相类似案件，应为相同处理"的法理，依照逻辑三段论法推演而成；而类推解释乃在文意范围内作解释，仅于解释法条用语之文意时，用体系解释方法，类推其他法条用语的含义加以解释。

② [德] 伯恩·魏德士：《法理学》，吴越、丁巧春译，法律出版社 2003 年版，第 384 页。

③ 钱玉林：《股东出资加速到期的理论证成》，《法学研究》2020 年第 6 期。

律依据地加重负担加速出资义务股东的给付金额。① 针对隐藏漏洞,在满足法律计划圆满性的情况下属于应规定而未规定的范畴,则对隐藏漏洞进行填补时在方法论上应着重考虑"股东出资义务加速到期"制度立法目的及其基本价值。探究股东出资义务加速到期的立法背景,我国应市场经济的发展需求为了强化对公司股东的责任追究机制而引入股东出资义务加速到期,在本质上股东出资义务加速到期诉讼属于责任追究之诉。

三 自由裁量权的限制性规则

任何法律文本都难免存在不同程度的空缺结构,需要法官行使自由裁量,才能最终完成司法的裁判。然而法官的自由裁量权不仅受到司法体制、司法制度、政治传统的影响,在商事纠纷中往往还受到法官个人对商业社会的理解、对商业秩序的理解以及对公司经营的理解等个体认知经验的影响。权力必须接受制约,在现代司法中,绝对的自由裁量权往往会带来绝对的司法腐败与不公,因此一直不被各国认可。法官的自由裁量权并不是一种漫无边际的权力,也并非在任何情形下均无条件的发生,而只是一种相对自由权。这种相对的自由裁量权更多地表现为在对严格的规则进行漏洞补救以及含义明确的补充性规定。如果对法官的自由裁量权不加限制可能使其随意扩张,导致权力的滥用,必会产生司法专横,损害司法公正。所以对自由裁量权进行必要的限制,既是法律安定的需求,也是保障法官正当行使裁判权的必要。

(一) 大力提高法官队伍的各项素质

法官在审判的过程中拥有自由裁量权,如何正确行使该权利,对每一个法官都是一种考验,法官队伍素质的高低,决定着该权利行使的正确与否,同时也影响着自由裁量权的幅度和范围。纵观世界各国,职业法官队伍素质在不断提升,而法律赋予法官此方面权力的范围也在不断扩大,唯有不断地提升法官队伍的整体素质,才能更好地应用自由裁量权。

其一,应当与法律的文义和立法目的保持一致。公司法等商事法律

---

① 梁上上:《未出资股东对公司债权人的补充赔偿责任》,《中外法学》2015 年第 3 期。

在其历史演进中已经形成了风险与责任的平衡机制，法官不宜以自己的认知经验替代已有的商事法律体系，对法律学说的关注应当以主流学说为准，采纳少数学术观点的应当进行充分且必要的论证。

其二，法官不宜代替当事人选择诉讼请求、反请求或抗辩的类型。公司法往往涉及极为复杂和多元的利益格局，一个貌似不重要的类型变动往往影响全局，法官不宜代替商事主体做出选择，而应由商事主体自担诉讼风险。

其三，商法是追求"社会合作"的法律，商事审判程序也应体现出柔性的商谈机制，① 法官宜尽量避免生硬的审理语言，鼓励引导争议各方达成解决问题的可行方案，以调解方式结案。以裁判结案的，也应尽量充实裁判文书的说理，无论支不支持股东出资义务的加速到期，都应尽量详细的阐述案件事实的认定、法律适用的理由、裁判结论的依据。

（二）不断改进立法工作，合理限制法官自由裁量权的范围

正确行使自由裁量权，既取决于法官的自身素质，也取决于法律规范的合理性。

其一，针对自由裁量权，对其限度和范围进行合理设定。一般情况下会根据法律效力等级设定，比如等级高的法律，限度应低、范围应宽，或者说专业性比较强的法律应从严，结构模式也应从严，而一般性法律和行为模式则宜宽。也可以通过层层划分方式进行确定，比如针对某一立法的自由裁量范围，可以划分为若干个幅度，每一幅度还可以进一步细分，结合细分结果设定范围。

其二，提高立法质量。针对商事法律，立法机关要实现立法技术创新，及时的淘汰不合时宜的法规，把新现象，新问题纳入到法规中，完善商事方面的法律体系，减少法律漏洞，杜绝法律矛盾和冲突。在法律宣传和推广的过程中，要特别地增加立法理由方面的内容，使执法者能够充分了解到立法的理由，进而更好地了解立法意图与精神，更准确地使用自由裁量权。

其三，加强和完善司法解释工作。可以结合审判需求，最高人民法

---

① 蒋大兴：《审判何须对抗——商事审判"柔性"的一面》，《中国法学》2007年第4期。

院针对现有法规的不足，出台内容更加详细的司法解释，司法解释能够保证法律法规得到有效应用，实现司法的同意，同时能够对法官审判工作起到有效的指导作用。各级地方法院也可以根据司法实践中的具体要求，出台一些准规范性的司法性文件，比如通过会议纪要等方式出台相关文件，虽然没有法律效力，但是能够对当地法官和其他地方法官起到一定的借鉴作用。因为我国幅员辽阔，各地法官的背景各不相同，素质也参差不齐，如果能够学习更多的会议纪要等文件，有助于法官更深刻地了解法律精神，提高自身的专业技能，更好地胜任审判工作。所以出台司法解释或者总结会议纪要，在提升法官综合素质等方面具有一定作用。

（三）健全程序规范，制约法官自由裁量权的行为过程

合理使用自由裁量权，不仅需要法官自身的努力，还需要有完善的程序规范，制定完善的制度，才能让该权力有效运行。

其一，落实合议制度。在审判工作中，该制度充分体现了民主集中制原则。在法官行使自由裁量权的过程中，可以借助于该制度，由各位法官和其他相关人员集体合议、少数服从多数，能够得出更加客观的结果，避免法官滥用自由裁量权，也能够规避审判过程中的主观色彩。针对重大、疑难案件，还要发挥审判委员会的作用，集体讨论，共同对此类案件进行判决，发挥集体智慧，才能提高审判质量，同时能够避免一言堂。

其二，针对举证责任，要建立特别规则程序，填补法律方面的漏洞。自由裁量权体现在分配举证责任、填补法律漏洞等方面，对于前者来说，如果不能合理分配，那么会直接影响到诉讼结果，甚至导致结果发生逆转，应该在程序上对此进行严格限制，比如可以由高级法院来负责举证责任分配等。如果案件具有代表性，那么可以通过法院公告的方式分配。对于后者来说，法官填补法律漏洞，具有立法意义，会直接影响到法律后果，所以应该对此方面的权力进行限制。

其三，行使自由裁量权的理由应当公开。根据当前的法规和立法精神，法官在行使该权力时，应该及时的公开理由，让当事人和社会公众了解，能够对该权力的运作进行全面监督。自由裁量权不同，公开形式

也各不相同：针对适用程序问题，可以通过口头释明的方法诠释公开其理由；针对填补法律漏洞、分配举证责任，关系到当事人的切身利益，应该从法学理论、社会依据、比较法等方面全面诠释法官的思维过程；针对不确定的法律概念等，可以通过判决书的渠道，公开此方面的理由。

其四，行使自由裁量权要确保法制统一。法治统一是一个国家治国理政的基础，法出多门会让人们感到无所适从，甚至会引发社会诚信危机。只有法制统一，才能够树立法的威信和权威，提高民众对法的认可，才能让法具有一定的法律效力。事实上，行使自由裁量权，会破坏法制统一，特别是在平等权方面，很容易遭到此种权利的破坏和攻击，法的不平等，会直接导致裁决结果的不公正。英美法系国家认为，行使自由裁量权的前提条件就是要受到先前判例约束。对自由裁量权进行约束的渠道共有两种，一是法官不断提高自我修养，增强自我约束能力，凭借着自律对该权力进行规范；二是渠道为完善相应的使用规则，用规则对其进行规范和约束。

其五，扩大司法审查范围。可以把自由裁量行为纳入其中，执法者在使用自由裁量权的过程中，就必定会面临司法审查，通过此方面的专业审查，能够保障自由裁量权合理合法，不会滥用；能够保证相对人的合法权益，避免带来权力的滥用。

（四）提高全民法治意识

自由裁量权在行使过程中如果得不到有效规范，那么很容易出现滥用现象，一旦滥用，不仅侵犯了相对人的合法权益，而且会直接践踏法律的尊严，削弱法律权威。该权利是法律赋予的，虽然该权力滥用会侵害公民的合法权益，但大多数公民却没有对此产生质疑，因为公民的法治意识淡薄，不知道用法律武器来维护自身的权益。所以还要加大法制宣传教育，让公民了解法律，形成法治意识，能够灵活地使用法律武器，提高依法保护自己的能力，同时也能够对自由裁量权进行监督。

第三编

商事法具体制度及其法理基础

第七章

商事主体的概念及其法律建构

第一节 商事主体的概念与特征

一 商事主体的概念

商事主体,也称商事法律关系主体、商主体,是指依照商法的规定具有商事权利能力和商事行为能力,能够以自己的名义独立从事商事行为,在商事法律关系中享有权利和承担义务的个人和组织。

（一）商事主体与民事主体的比较

商人在商法体系中处于极其重要的地位,并成为商法区别于民法的重要标志。因此,与民法在立法与学说上都极少界定民事主体（人）不同,各国商法典一般都会对商人（商主体）概念作出明确界定。譬如,《法国商法典》第 1 条规定:"从事商活动并以其作为经常性职业者,为商人。"[1]《德国商法典》第 1 条第 1 款规定:"在本法典意义上,商人是指商事经营者。"[2]《日本商法典》第 4 条规定:"本法所称商人,指以自己名义,以实施商行为为业者。"[3]《韩国商法》第 4 条规定:"商人,是指以自己的名义从事商行为的人。"[4] 依上述法典规定可见,在法国、德国、日本、韩国等国的商法典中,关于商主体（商人）概念的规定,其

---

[1] 《法国商法典》,金邦国译,中国法制出版社 2000 年版,第 1 页。
[2] 《德国商法典》,范健等译,《中德经济法研究所年刊》（第 6 卷）,南京大学出版社 1995 年版。
[3] 《日本商法典》,王书江、殷建平译,中国法制出版社 2000 年版,第 3 页。
[4] 《韩国商法》,吴日焕译,中国政法大学出版社 1999 年版,第 3 页。

差异并不是很大，但关于商主体具体内容的规定却存在较大差异。作为市场交易主体，随着市场经济的发展，商主体的内涵必然会相应发生变化，以适应经济生活的客观要求。商法作为一国商事习惯的产物，本身还具有极浓的民族色彩。因此，各国商主体立法差异较大。

商主体具有以下法律特征：（1）其形成需要经过国家特别授权程序，比如企业到工商机关登记注册之后，才能成为商主体，所以此类主体的行为能力以及享有的权利，都不同于一般法律主体，具有自身的特殊之处；（2）商主体和经营活动联系比较紧密，登记注册的目的就是为了合法地开展经营活动，并从中营利；（3）在商事法律关系中，不仅拥有法律赋予的权利，同时也要履行相应的法定义务。

商主体自身具有一定的特殊性，形成的商事能力也是如此，商事能力和民事能力两者的显著区别体现在：（1）对前者来说，根据商法获得了特殊的资格和地位，因此能够合法地从事商业活动，在活动中享有法律规定的权利，同时也要履行相应的义务；对于后者来说，无须法律授权就可以成为一般民事主体，但是不能从事商业活动，也不能够享有商法所规定的特权。只有获得法律授权成为商主体之后，才拥有上述特权。（2）对自然人或法人来说，首先具有民事能力，然后在此基础上经过授权才能具有商事能力，前者是后者的前提条件，具备了前者不一定具备后者，而具备后者必定具备前者。由此可见，后者应该属于民事能力的范畴，只不过是一种特殊形式。（3）商事能力并非与生俱来，只有在法律授权之下才能拥有，同时这种能力具有一定的存续期间、使用范围。一般民事能力是自然人或者法人等无须法律授权、达到一定条件之后就具备的，通常没有期限。因为前者具有特殊性，所以国家出台了很多法律对此进行规制，比如未成年人和外国人等，要想获得此方面的能力，会受到多个法律条款的限制。

（二）商主体之标准考察

法国商主体的界定，通常是从商行为的范围内利用商法典进行，其商法典第632条对此进行了规定，即商行为不仅包括各种交易行为，还包括各种中介行为，从事上述行为的通常被称为商人。德国商法也对此进行了规定，从事经营活动的行为属于商行为。纵观世界各国的商业活动，大多数情况下，获得商人资格的门槛非常低，不同国家获得此方面资格的方式和程序不同，法律依据存在着一定差异。日本也对商人进行了规定，指的是参与原始产业以外的各项事业，比如经营运输等。对于公益法人来说，通过经营活动获得利益，然后把这份利益用于经营的事业，从某种程度上说也属于商人范畴。澳门法规中确定了商业企业属于法定意义上的商主体。根据上述分析可以看出，针对商主体、商行为，是形成各国商法规范的基础，但对前者的规定各不相同，如果对各国有关商主体的法律规定进行全面梳理与总结，明确其资格要求、法律人格等方面的因素，即便是找到其中的共同之处，也很难总结出规律，无法对我国此方面的立法提供借鉴。

商法是对商业行为进行规范的法律体系，具有两个方面的特征，一是国际性，二是特殊性。商法具有商品交易的普遍特征，世界各国普遍适用，但各国商事习惯不同，在普遍特征基础上又有自身的特殊之处，并且差异比较大。各国在商法规定时，目的就是解决本国市场交易过程中所出现的各种问题，满足本国经济发展的需求。尽管有许多学者认为民商分立国家商法"难以适应经济生活发展的需要"，力荐其改行民商合一的"先进立法例"，以遵循"时代潮流"；但实践证明，除意大利等极少数国家将商法典的内容纳入新的民法典中之外，这些国家在经过一些必要的修订后，商法典仍然在其经济生活中发挥着重要作用，并无废止之意。

商主体的内涵并非一成不变，也会随着市场经济的发展而不断发展，内涵更加丰富，以便更好地适应经济生活发展的需求。商法深受一个国家和民族商事习惯的影响，针对商主体的法律规定也各不相同，带有非常浓郁的民族色彩。我国市场经济体制实施的时间比较短，当前还处于不断发展之中，很多市场制度是由法律所直接创设的，并非是在经济生活实践中日积月累所形成的，所以，商法很多条款没有来源于经济生活，也没有体现商事习惯，所以部分制度存在不科学、缺乏生命力等特征。因此，我们应该结合当前的经济活动实践，总结各国规律，完善和丰富中国的商主体制度。

二 商事主体的特征

(一) 商事主体的法律拟制性

商事主体最显著的特点是法定性，设置的目的就是为了推动商事活动的有效运行，实现商事主体的存续和发展，所以立法对此进行规定比较严格，商主体法定特点集中体现在以下几点。

1. 商事主体公示法定

商事主体有任何变动都必须向登记机关提出申请，然后按照法定程序进行，在登记机关登记之后，可视为法定公示，目的是公开变动的内容，让交易第三人获得此方面的信息，比如商事主体的变更和注销等。无论是资格的取得还是消灭，都必须到登记机关登记确认，商事登记事实上就是利用国家行政权力对商事活动进行某种程度的干预，也是一种法律行为，目的就是确保商业信誉，让相关人、社会等了解商事主体和其经营行为，从而做出明智的交易决策，保障交易过程的公平。通过商事登记，不仅能够保护交易相对人的合法权益，而且还有利于国家相关职能部门对商事活动的监督，能够维护公众的利益，能够形成稳定的商事秩序。

2. 商事主体类型法定

法律授权下才形成了商主体，所以商主体形态已经法定，他人不能另行设定，比如中国的个体工商户，其形态有法规明确，不符合法规内容的就不属于商主体，比如我国法规中不承认无限公司的商主体形态，但其他国家法规中承认其形态。

3. 商事主体内容法定

法律同样用明确的条款规定了商主体的财产关系，明确了其机构组织方式，法律之外的关系和组织方式均无效。商事主体类型不同，法律对其内容的规定也各不相同，商主体内容只有符合法律规定，才能成立和存续。

针对民事主体认定，民法规定各不相同，比如，针对自然人，没有此方面的法律规定，也没有限定制度，那么自然人都属于民事主体的范畴。针对机关法人，民法中要求此类组织要获得法律授权，但并没有规定需要登记。如果法人和非法人组织需要依法具备权利义务行为，此时需要按照民事主体制度登记确认，比如公司等，不过登记确认之后，从性质上就属于商事主体。

(二) 商事主体的行为营利性

商即商业、商业活动，目的是营利，涉及的范围非常广。法律是从营利性的视角对此进行概念界定。商事主体利用商行为，借助于资本，来实现营利的目标。资本只有通过商行为才能有效流动，实现增值，从而创造出更多的剩余价值，达到营利的目的。资本流动过程中并非一定会实现增值，有可能也会出现贬值，因为流动过程还要受各种因素影响，面临着来自各方的风险，受到资本特性的影响，商人只有持有资本，才能开展商行为，才有可能实现营利，自然人、合伙公司等，都属于商主体，合伙公司是由多个自然人共同组成，力量更加庞大，能够筹措更多的资本，能够更好地开展商行为。商主体并非一成不变，在发展过程中会不断地调整，有时增资扩大，实力进一步增强，有时也会减资缩小规模，这种商事变更会随时随地地进行。

对民事主体来说，民法调整的是其中的人身关系、财产关系，比如物权、继承权等，而这些关系的目的不是营利，也不是价值增值，而商法所调整的商事主体关系，目的就是营利。比如继承权，某人获得了此方面的权利，继承了房屋用于居住，而行使此方面权利并非为了营利。

(三) 商事能力的特殊性

商事能力，也被称为商事主体资格，拥有此方面资格的主体能够进行经营活动，并且能够依法拥有权利和义务，商事主体只有拥有此方面的资格，才能从事商事活动，才能从中营利，同时承担相应的义务。所以在商法上，商事主体不仅具有特殊资格，还拥有特殊地位。

商事主体相对于民事主体来说，是后者的一种特殊表现形式，商事能力也是如此，是建立在民事能力的基础之上所形成的一种特殊能力，根据法律对商事主体和商事能力的规定，说明了针对行为人从事营利性活动，法律并非完全认同，而是通过资格限制的方式对此进行规制，只有从事合法经营、合法营利，才能得到发挥的认同。具有商事能力者，同时也具备了民事行为能力，具备后者，并不一定具备前者，比如，自然人中只有一部分从事商事活动，成为商事主体，还有一部分人具备了民事能力，但没有得到法律授权，不具备商事能力。商事能力有以下几点特征。

1. 权利能力和行为能力的统一

在法律授权之下，商事主体获得了这方面的能力，可以依法从事商事活动，依法承担相应的权利义务。从商事能力的内涵上来看，不仅包括权利能力，还包括行为能力，两者相辅相成，高度统一，缺一不可。

2. 商事能力内容具有差异性

在法律授权下，商事主体拥有了商事能力，并且受到营利目的的影响和制约，只有在法定合同的范围内才能从事经营活动，或者是经营活动不能超越授权范围。商事主体类型不同，营利目的、授权范围也各不相同，受到的法律限制也存在着显著差别，所以商事能力内容深受营利目的的影响，不同商事主体此方面的内容各不相同。

3. 商事能力以商业登记而确立

根据中国当前商法的相关规定，商事主体在从事经营活动之前，必须到工商部门办理登记手续，只有登记注册之后才拥有此方面的资格，才取得了商事能力。如果商事主体的营利性质发生了变化，也要及时到工商部门办理变更手续。和民事能力不同，商事能力会随着经营范围、性质、营利目标的变化而变化。

4. 针对商事能力特别限制的具体体现

其一，对未成年人商事能力的限制，从立法精神上来看，目的就是保障交易安全、保护此类人群身心健康成长、维护此类人和第三人的合法利益。其二，对公务员商事能力的限制，目的是实现市场的公平竞争，消除腐败形成的土壤。其三，对外国人商事能力的限制。针对此类人没有实施完全国民待遇，目的就是充分保障国家主权，确保国家经济安全。

第二节　商事主体的种类

依照商主体的组织结构形态或特征，商主体可分为商个人、商法人、商合伙。这也是我国商事立法对商事主体类型的划分。

一 商个人

商个人，又称商个体、商自然人。它是指依法取得商事主体资格，独立从事商行为，享受权利并承担义务的个体。传统商法较为强调商个人作为自然人的存在状态，但在现代商法中，学者们已经开始更多地从意志产生方式、责任承担方式等方面将商个人与商法人及商合伙区别开来，使商个人从原来的单个自然人的范畴扩展到户、个人独资企业等在内的概念。同时，也使商个人成为一个兼具传统特征的自然人状态与富有现代特征的单个出资组织体状态相结合的概念。

（一）法律特征

1. 投资主体的单一性

按现代商法观念，商个人显著特征之一在于其由一个具有完全民事行为能力的自然人单独投资，且法人或非法人的其他主体乃至国家都不能成为商个人的投资者。

2. 身份的双重性

商个人应当具有商人和自然人的双重身份。自然人作为消费者参与商品交换关系，是以自然人的身份出现的，只需具备民事权利能力和行为能力。而其作为生产经营者直接参与商品生产与商品交换是以商个人的身份出现的，应当具备商事权利能力和商事行为能力。

3. 资格的法定性

商个人也是拟制的法律主体，因此其从事商事活动必须符合法定程序，一般须履行登记，获得法律人格，只有取得商事主体资格后才可实施商行为。

4. 责任的无限性

商个人的财产与作为投资者的自然人或家庭户的财产密切相关，在外观上很难区分。所以，商个人投资者须以个人的财产对其投资的商个人（包括个体工商户、农村承包经营户与个人独资企业）的债务承担无限责任。

5. 行为的营利性

商个人从事的是以营利为目的的商事经营活动，这是商个人与自然人最明显的区分标准。从事商事经营活动的行为由商法调整。

（二）具体类型

1. 个体工商户

个体工商户也属于法律规定的商事主体之一，其特点有：（1）此类投资主体是单个的自然人，或者是单个家庭，互相登记以户为注册单位，任何类型的投资在登记注册方面都称为户，家庭个体工商户经营者为家庭成员，或者说是同一户主下的家庭成员，不同于个体合伙。（2）此类商事主体不同于个人独资企业，既是投资者和经营者，又是劳动者，商事主体往往身兼几职，有多个角色定位。（3）在债务承担方面，此类商事主体要承担无限责任，如果出资方是公民个人，那么此方面的无限责任由个人承担，如果出资方是公民个人，并且获得的收益用于所有的家庭成员，那么，无限责任应该由家庭成员共同承担；如果出资方是家庭，那么由家庭承担此方面的责任。具体表现为：第一，个体工商户为"户"，即为非企业组织性商个人，而个人独资企业为企业组织性商个人，是商事组织体。第二，个体工商户可以起字号，也可以不起字号，而个人独资企业必须有企业名称。第三，从业人员或雇工的数量要求不同。个体工商户可以不雇工，也可以雇工，但雇工人数不得超过 7 名，而个人独资企业则必须雇工，且雇工要求 8 人以上。第四，经营管理形式不同。个体工商户的经营活动只能由自然人个人或家庭自己进行；而个人独资企业则可以聘用他人进行管理，自己享受资本收益。第五，生产经营场所的要求不同。个体工商户可以无固定场所，只是一种生产经营单位，而个人独资企业是经营实体，必须有生产经营场所。

2. 农村承包经营户

农村承包经营户是指农村集体经济组织的成员，在法律允许的范围内，按照农村承包合同的规定，独立从事经营活动的商事主体。农村承包经营户的法律特征与个体工商户在商事能力、商事权利与义务责任承担上类似，但也存在一定的差异，主要表现在：（1）农村承包经营户只能是农村集体经济组织的成员；（2）只能按照与集体经济组织订立的承包合同从事商事经营活动；（3）农村承包经营户不要求必须起字号，也不以工商登记为必要。

二 商法人

商法人，在我国又可称为企业法人，是指按照法定构成要件和程序设立的，具有法人资格，依法参与商事法律关系，独立享有权利和承担义务的组织。商法人以普通公司为标准，全民所有制企业、集体企业、外商投资企业和合作社为特殊类型。

（一）法律特征

1. 商法人的基本特征

商法人作为法人的一种形态，具有法人的基本特征，包含四个方面：（1）商法人具有独立人格。商法人是通过法定的程序设立，履行工商法人登记而取得主体资格，获得从事商事经营活动的权利能力和行为能力，其能够以自己的名义从事商事经营活动和生产活动，具有不同于其法人成员的法律人格。（2）商法人具有独立的财产和财产权。商法人的财产来源于其成员的投资，但又与其成员个人的财产完全分离开来。商法人可以在经营范围内独立地占有、使用和处分其所有的财产。（3）商法人具有独立的意志。商法人是一个法律拟制主体，必须设有健全的组织机构，按照自己的意愿，通过自己的选择来活动，以实现自己意志。例如，中国《公司法》对公司的组织机构作了规定，包括公司的权利机关、执行机关及监督机关。商法人对外进行商事活动，是按照组织体的共同意志，而不是某个成员意志或某几个成员的意志。（4）商法人有独立的责任能力。商法人以其全部财产对债务承担独立、无限清偿责任。

2. 经营管理的组织性

商法人内部有统一规范的组织机构和机关，每一个商法人（包括一人有限责任公司）的内部都设有公司的权力机关（股东大会或股东）、执行机关（董事会或董事）、监察机关（监事会或监事），这些机构各行其职，各尽其责，在公司法人治理结构中协调合作，维持着较为有效的"权力平衡"。

3. 营利性

这是现代商法人的核心特征，也是设立商法人的根本目的。商法人的营利性是指商主体必须在法律授权范围内从事以营利为目的的经营活动。商法人以实现资本增值为目标，因此商法人的组织机构的设置都以保证资本安全、高效的运营为出发点。营利性使商法人与其他法人性实体很好的区别开来。商法人对应的法人概念是公益法人，所谓公益法人，是指以社会公共利益为目的而成立的法人。如学校、医院等。它们的根本区别在于设立目的不同，商法人设立的目的是营利，而公益法人设立的目的是社会公益。根据中国《民法典》第一编总则第三章关于法人的规定，法人分为营利法人、非营利法人及特别法人。其中，营利法人以取得利润并分配给股东等出资人为目的，独立从事商品生产经营活动，属于商法人；非营利法人以公益目的或者其他非营利目的，包括事业单位、社会团体、基金会、社会服务机构等，特别法人包括机关法人、农村集体经济组织法人、城镇农村的合作经济组织法人、基层群众性组织法人，往往不以营利为目的。

（二）特殊类型

1. 全民所有制企业

它是指根据中国《民法》《企业法》《公司法》的规定，由国家投资设立的、从事生产经营活动的，具有独立的权利能力和行为能力，并获得法人资格的企业或公司。国有商法人是中国现行经济生活的主体，在国民经济中发挥着主导作用。根据中国国有企业法的规定，它可以是国有企业；根据公司法的规定，它可以是国有独资公司和国有控股公司。

2. 集体企业

它是指根据中国《民法》《集体企业法》和其他相关法律、法规的规定，由自然人或集体单位组合而成的、从事生产和经营活动的、具有独立权利能力和行为能力、能够独立承担法律责任并获得法人资格的集体商事组织。根据中国《集体企业法》《公司法》和部分地区颁布的股份合作企业暂行条例的规定，集体商法人在组织形式上，可以是工厂、合作社、合作商店、有限责任公司、股份合作企业等。它普遍存在于中国城乡从事生产、服务、销售等各种商事经营活动中，在中国现行经济生活中占有重要比重。

3. 外商投资企业

它是指由外商投资经营并取得法人资格的，投资者以出资为限，商法人以其全部财产对外承担责任的商事组织。根据我国外商投资企业法的规定，它可以是中外合资经营企业、中外合作经营企业和外资企业。

4. 合作社

合作社是劳动群众自愿联合起来进行合作生产、合作经营所建立的一种合作组织形式。所谓合作经济组织，首先强调的是"合作"，然后是"经济组织"，这是两个基本要素。

三 商合伙

商合伙，是指为实现共同营利之目的，由两个或两个以上的合伙人按照合伙协议的约定共同出资、共同经营、共享收益、共担风险，以自己名义独立从事商事经营，并由全体合伙人对合伙经营所产生的债务承担无限连带责任的商事组织。

（一）法律特征

第一，商合伙是由两个或两个以上具有民事行为能力的合伙人组成。合伙人可以是自然人，也可以是法人或其他经济组织。

第二，商合伙的设立基础是合伙契约。各合伙人通过合伙协议确定合伙的经营方式等重大事项，并按照合伙协议的约定确定相互间的权利义务。与其他契约不同的是，合伙协议的目的不是在合伙人之间转让财产或提供劳务，而是建立一种长期合作关系。

第三，商合伙具有显著的"人合性"特征。商合伙虽为一定资本的联合而呈现出一定的"资合性"，但更偏重于合伙人之间基于人身信任关系而呈现出突出的"人合性"。这表现在商合伙人之间存在受托信托关系，合伙人是合伙体的所有者，都有权对内经营管理合伙事务，对外代表合伙进行交易。因此，每个合伙人既是合伙体的代表人，也是其他合伙人的代理人。

第四，商合伙不具有法人资格。商合伙作为商主体，具有以自己名义独立从事商事经营行为的商事能力，但不具有完全独立的财产责任能力。

第五，合伙人对合伙体的债务承担无限连带责任。在商合伙的资产不足以清偿合伙债务时，债权人有权要求任何一个合伙人予以全部清偿。

这是由商合伙的"非法人性"和"人合性"决定的，因此，通常来说商合伙的经营风险较商法人更大。

(二) 合伙企业

合伙企业是指合伙人依照合伙企业法的规定，订立合伙协议，共同出资、共同经营、共享收益、共担风险，并对合伙企业债务承担无限连带责任的商事组织。合伙企业与个人合伙的共同点是合伙人都只能是自然人，而不能是法人或其他组织。区别在于：(1) 合伙企业必须有自己的商事名称，个人合伙则无此限制。(2) 合伙企业经营规模比个人合伙要大，它具有企业的特征，而个人合伙只能以个体工商户的名义领取营业执照。(3) 在诉讼上，合伙企业以企业名称作为诉讼当事人，以合伙负责人为诉讼代表人。个人合伙，无论有无商事名称，均以合伙人为共同诉讼人。

第三节 商事主体的商事能力

一 商事能力的概念

商事能力是一种附加于民事能力之上的能力，即具备商事能力者应以具备民事能力为前提，但具备民事能力并不必然具备商事能力，从这个意义上说，商事能力是一种特殊的民事能力。[①] 商事能力是指商主体依法承受商事权利和商事义务的资格和能力，包括商事权利能力和商事行为能力。[②] 商事能力区别于一般民事能力的三个特征如下。

(一) 商事能力与民事能力的制度价值存在较大差别

商人出现于中世纪，当时，神权和教会垄断了社会，对社会实施全面统治，商人迫切需要一定的权利，才能保证商业活动的有效开展，在

[①] 参见范健、王建文《商法论》，高等教育出版社 2003 年版，第 282 页；董安生、王文钦、王艳萍《中国商法总论》，吉林人民出版社 1994 年版，第 94 页；施天涛《商法学》，法律出版社 2003 年版，第 56 页。

[②] 参见赵万一主编《商法学》，中国法制出版社 2002 年版，第 45 页；赵中孚主编《商法总论》(第四版)，中国人民大学出版社 2009 年版，第 119 页；叶林、黎建飞主编《商法学原理与案例教程》，中国人民大学出版社 2006 年版，第 58 页。

此背景下出现了商人法。随着社会的不断发展，人们普遍追求自由平等的理念，所以社会阶层之间的界限已经模糊，不复存在，也没有了商人这一阶层，但是在实践中，商人依然存在，并实现了有效发展，依照法规拥有权利和义务，并且权利和义务具有特殊之处，不同于民事主体。如果在此方面立法时，把商人等同于一般民事主体，或者在权利和义务规定时两者等同视之，那么会出现很多问题。在此背景下，很多国家推出了商法。商法明确了商事主体的特殊性，也明确了其特殊的权利和义务。在法律地位上，商事主体和民事主体之间不存在平等性，各有各的地位。设置商事能力制度具有重要意义，因为当前商事交往非常频繁，成为社会经济发展的驱动力量，为社会创造了巨大的价值，增加了社会财富，同时在稳定市场秩序、实现社会稳健发展方面作用也非常显著，所以赋予商事主体特殊权利，那么此类主体能够占有更多的资源，可以通过商事活动来创造价值。特别是在重大活动当中，此类主体拥有更多的资源，能够在活动中占优势，能够带动社会经济的快速发展。另外，商事主体虽然享有了更多权利，但是也需履行更多的义务，比如要履行注意和附随等方面的义务。商事主体依照法规拥有更多的特殊权利，占有更多的资源，在经营过程中有一定的优势，所以，要履行更多的义务，比如营造一个良好的、安全的交易环境，保障交易相对方的合法利益。根据上述分析可以看出，商事能力制度同样规定了商事主体权利和义务方面的内容，权力越大，承担的义务就越多，两者相辅相成。民事主体虽然不拥有特殊权利，没有更多的资源，但同时也无须履行更多的义务，所以两者在权利义务方面不存在不平等。正如前文所说，商法赋予了商事主体更多的权利，目的就是为了调动他们的积极性和主动性，更好地进行经营活动，为社会创造出更多的财富，同时也能够保障交易安全。针对民法和商法的关系，学术界此方面的争执由来已久，有的学者认为应该民商分立，有的学者认为应该民商合一，不同的学者分别从不同的角度对此进行了研究，当前法学界和理论界更倾向于民商合一体制。根据当前实施民商分立国家此方面的实践经验，此类国家在解决实际问题上会出现法律适用混乱等方面的弊端，所以很多学者反对民商分立，倾向于民商合一。不过前者并非一无是处，在分析民商法关系时，要综合考虑，不能走极端，否则会影响到两者关系的有效处理。法学界根据当前社会发展的需求，确认了商法的独立地位，同时明确了商法和民法之间的关系，前者属于后者的范畴，属于后者的特别法。确定两者关系之后，就能够确定商事能力的地位，是统领商法的基础。

(二) 民事能力和商事能力在取得上存在差别

自然人的人格，是最初的民事权利能力，随着时代的不断发展，这一概念也在不断地发展和完善，民事权利能力当下形容和概括了自然人、法人和团体的主体地位。自然人出生之后就拥有了此方面的能力，自然人死亡之后此方面能力消灭，其他民事主体存续期间，此方面的能力也一直存在。针对自然人民事行为能力，法学界也对此进行了细分，会根据年龄和精神状况分为不同的类型，包括无民事行为、完全民事行为、限制行为能力人。针对法人和其他民事主体，现有的法规没有对此进一步细分，只要在存续期间，就拥有民事权利能力和行为能力，两者是统一的。所以对于各民事主体来说，只要存续就拥有了此方面的能力，无须达到某些条件，也无须以他人意志为转移，民事主体拥有民事能力之后，也不能够轻易更改或抛弃。

商事能力需要经过国家授权、登记注册、达到某种条件才能取得，取得过程带有公法色彩，只有取得之后，才能在市场上开展授权范围之内的经营活动，所以商事能力有以下特征：第一，必须有营业财产。这种财产在使用的过程中有名称、有目的，并非用于生活消费。第二，有自己的商号，或者说属于商人的品牌、名义等，商人要以自己的名义开展经营活动。第三，需要进行商事登记。主要是在中国工商部门登记注册，登记注册之后取得了此方面的经营资格，才拥有商事能力，才能进行此方面的经营。登记注册也有利于国家职能部门的监管。经过登记注册之后，商事主体才拥有了商业活动资格，才能进行商事行为，才能够通过经营活动获利，达到商事活动的目的。在讨论商事能力制度过程中，不能够用民事方面的制度简单地套用，也不能够把商事能力简单地划为三个类型，因为商事主体有自身的特殊之处，商事行为和商事能力也不同于民事方面，对其范围的划分要结合商事活动的具体情况进行。

(三) 确定行为能力的标准不同

中国对民事主体中的非自然人,即法人或其他组织的民事行为能力是与其民事权利能力同时产生、同时消灭的,民事权利能力与民事行为能力的存续时间相同。而民事主体中的另一部分,自然人是否具有行为能力,主要依据两个标准进行判断:一是该自然人的年龄,《民法典》第20条规定"不满八周岁的未成年人为无民事行为能力人,由其法定代理人代理实施民事法律行为"。二是民事主体的精神状况,《民法典》第21条规定:"不能辨认自己行为的成年人为无民事行为能力人,由其法定代理人代理实施民事法律行为。"按照以上列举的我国法律的明确规定,自然人是否具有民事能力的判断标准是当事人的辨认能力和控制能力,也可以说是意思能力,自然人的意思能力达到了一般理性人的基本标准之后,他才具有法律上的行为能力,可以无须代理人而是自己实施民事行为。也正是因为法人和其他组织等非自然人的民事主体不像自然人一样受生理的制约,法律默认其一旦具有了民事主体资格,就已经当然地具有了进行一般民事行为所需要的意思能力,因此这部分民事主体没有限制行为能力这一区分。

如果在讨论商事主体、商事能力的过程中,简单地套用了民事行为能力方面的相关理论,那么就会出现问题,具体体现在:第一,商事主体中是否存在着没有意思能力的商事主体现象?因为只有达到一定条件、注册登记,在法律授权的情况下才能成为商事主体,才拥有商事能力。其中达到一定条件,包括有确切的字号、经营场所、经营目的、资本,或者有合法的组织机构等。也就是说,只要取得商事能力,拥有了此方面的资格,就具有了意思能力,能够对自己的行为进行准确辨认、有效控制,所以不存在没有意思能力的现象。第二,在能力效果方面,两者是否相同?无论是自然人还是法人,只要存续期间就拥有了民事行为能力,法律赋予民事主体此方面能力,目的就是保护民事主体的财产安全,即便是属于无民事行为或者限制行为能力人,法律同样尊重其民事活动的权利,并从不同的角度保护此类民事主体和相对人的合法利益,所以对民事主体意思能力的判断门槛非常低。针对其权利义务规定,属于基础性规定,但商事活动不同,如果用基础标准来维护此方面活动的安全显然是不够的，比如单个自然人到超市采购物品，只要有一定的辨识能力、意思能力，就可以完成此方面的采购工作，顺利地进行交易，但是对单个商主体来说，单次交易中的交易金额甚至就达到上百万，如果只有简单的辨认能力、意思能力，显然无法对交易风险进行有效认知，难以保障交易安全。所以，商主体只有具备一定的商事能力，能够有更高层次的辨认和意思能力，才能够防范此方面的风险，推动交易的顺利进行。因此用基本的民事行为能力去衡量和判断商事活动，显然是不科学、不合理的。

二　关于商事能力的特别限制

（一）未成年人商事能力的限制

未成年人包括无行为能力人和限制行为能力人。首先，世界各国都对未成年人的商事权利能力进行某些限制，因为客观上的生理原因未成年人根本不可能具有必要的智力能力经营商事企业并承担经营风险。按照《法国商法典》第2条明确规定："未成年人，即使已解除监护的，不得为商人。"中国澳门特别行政区《澳门商法典》第6条规定："无民事行为能力人不得自行经营商业企业，即使仅以其可自由处分之财产经营亦然。"第7条规定："如法定代理人根据民法规定获法院许可为无行为能力人取得商业企业，或继续经营无行为能力人透过继承或赠与取得之商业企业，则无行为能力人是为商业企业主。"可见，由于未成年人的认识能力和判断能力不能达到进行商事活动的要求，法律规定未成年人不但不能以自己的行为在商事活动中行使权力、承担义务，他甚至不能成为商事主体，连进行商事活动的资格也没有。

中国目前尚无关于未成年人商事能力的明确规定，但有关企业立法涉及了自然人设立企业的能力。一般认为企业主应当具备完全行为能力，原则上未成年人不得设立独资企业从事营业活动。

（二）对于公务人员商事能力的限制

各国公务员法大都规定，凡公务人员不得直接或间接经营商业或其他投机事业。我国对党政机关及其干部从事商事经营活动，进行了严格的限制。国家公职人员由于职业原因，代为行使某些国家权力，正是由于这种原因，他们参与营利性的商事活动很可能占有更多的优势或利用职权谋取不正当的利益，因此我国《公务员法》第 59 条规定："公务员必须遵守纪律，不得有下列行为：（十六）违反有关规定从事或者参与营利性活动，在企业或者其他营利性组织中兼任职务。"而我国《法官法》和《检察官法》也根据法官和检察官的职业特点，在《法官法》第 22 条、第 46 条，《检察官法》第 23 条、第 47 条分别规定，法官和检察官不得有从事营利性经营活动，抑或在企业或者其他营利性组织中兼任职务。

（三）外国人商事能力的限制

商业活动涉及不同的商业主体，之间的关系比较复杂，活动比较频繁，范围比较广，影响比较深远，涉及的利益比较多，远远超过了民事活动。如果商事活动得不到有效规范，那么就会造成极其严重的后果，会威胁到国家经济安全，会侵犯到公共利益等，所以很多国家对商事权利能力进行了法律规制，特别是外国人或者外国法人在取得此方面能力时受到法律限制，面临的条件更加苛刻。例如，《德国工业法》虽然在第 1 条中规定，"除非法律另有规定，任何人均可从事工商业活动"，但是这只是一个极为笼统的原则性规定，基本不具有可操作性，在该法的具体条文中又规定了外国法人要想在德国独立从事工商业事务，必须取得德国主管机关的授权（《德国工业法》第 12 条）。当然，也并非所有国家都对外国人取得商事主体资格做出严格于本国人的规定，例如我国在特殊时期，为了吸引国外资金与先进技术进入我国工商业领域，带动本国经济的发展，曾给予外国人被广泛称为"超国民待遇"的特殊优惠，但是这种特殊情况显然是在特定历史条件下才出现的。

按照我国法律规定，外国的自然人、法人以及其他组织，在我国从事商事活动，须经我国有关部门批准，并办理登记手续。具体来说，其商事活动主要采取以下四种形式：其一，按照我国法律设立的具有我国商事主体资格的外商投资企业；其二，外国企业依法设立分支机构从事经营活动；其三，外国企业依法设立常驻代表机构；其四，外国企业经批准直接从事生产经营活动。

第八章

商事登记规则改革与商事外观法律责任

市场主体登记管理制度是推进商事制度改革和优化营商环境的重要制度基础。为切实贯彻中共中央、国务院决策部署，进一步完善市场主体登记制度，解决市场主体登记立法分散，不同市场主体登记规则、标准、程序不统一，效力不明确等问题，将商事制度改革成熟举措法律化，司法部会同市场监管总局总结近年来市场主体登记制度改革成果，深入调研论证，广泛听取有关部门、地方人民政府、市场主体、有关行业协会和社会公众的意见建议，起草了《中华人民共和国市场主体登记管理条例》。2021年4月14日，国务院总理李克强主持召开国务院常务会议，通过《中华人民共和国市场主体登记管理条例（草案）》，为培育壮大市场主体和促进公平竞争提供法治保障。2021年7月27日，《中华人民共和国市场主体登记管理条例》公布，自2022年3月1日起施行。

第一节 商事登记的法理依据与发展趋势

一 商事登记的法律意义

由于商事交易活动常被大量、反复地进行，因此其中会涉及许多存在利害关系的第三人，有必要建立一种制度来调整商人与这些第三人的利害关系。商业登记即是一种通过企业信息公示来调整围绕商人的各有关经济主体间的利益关系的制度。如果从商人的立场出发，商业登记制度是一种有利的制度。无论第三人是否真正得知该登记事实，只要进行了商业登记，都可以以之对抗第三人，且商人通过公示企业信息，也能够提升自己的商业信用，但另一方面，也有因商业登记而导致商业机密外泄的可能。对于交易相对人来说，如果想了解交易方的相关信息，可以通过登记制度了解，只有充分了解，才能对风险进行有效判断、全面控制，才能保障教育活动的安全。如果不了解交易方的信息，交易相对人有可能会出现对抗现象，不愿意进行交易，导致交易失败。所以商人应该到相关职能部门登记注册，让交易相对方获得更多的信息，有利于交易成功。

二 我国市场主体登记管理条例的起草背景

改革开放以来，中国先后出台了《企业法人登记管理条例》《企业名称登记管理规定》《公司登记管理条例》《合伙企业登记管理办法》《企业法人法定代表人登记管理规定》《农民专业合作社登记管理条例》《个体工商户条例》等多部规范市场主体登记管理的行政法规，在推动经济发展、促进创业就业等方面发挥了重要作用。与此同时，现行市场主体登记管理制度也逐渐暴露出一些与新时期市场主体发展不适应、不协调的问题：一是立法比较分散。市场主体具有多样性，分别对此进行立法，分别制定相关的登记管理制度，会导致此方面的管理比较混乱，市场主体缺乏明确的目标和指引，会感到无所适从，比如企业法人、合伙企业等。二是制度规则不统一。针对市场主体的登记注册，市场主体类型不同，制度也各不相同，特别是在登记事项、程序、法定责任、监管方面各自为政，存在着巨大的差异，影响了制度规则体系的有效统一，也不利于市场的有效管理。三是内容相对滞后。市场发展非常迅速，新现象、新问题层出不穷，但制度和法规的内容并没有随之而及时调整，难以满足市场发展的需求。四是新情况、新问题没有得到及时回应。比如市场上所出现的"注销难""冒名登记"等问题，一直以来没有及时地出台相关制度对此进行处理。市场主体如果因为客观原因面临经营困难，此时需要降低成本，大多数市场主体会选择歇业，但是至今在制度层面没有对此进行规定和规范。市场主体登记立法至今没有实现有效统一，内容不完善，影响了市场的有效发展，应该统一和完善这些方面的规定，才能维持良好的市场秩序，实现经济的稳健发展。

三　我国市场主体登记管理条例的基本内容

（一）调整范围

在中国境内以营利为目的从事经营活动的公司、非公司企业法人及其分支机构、个人独资企业、合伙企业及其分支机构、农民专业合作社（联合社）及其分支机构、个体工商户、外国公司分支机构等自然人、法人及非法人组织的登记管理，适用本条例。

（二）登记类别和登记原则

市场主体应当按照本条例办理登记，市场主体登记包括设立登记、变更登记和注销登记。市场主体登记管理遵循依法合规、规范统一、公开透明、便捷高效的原则。

（三）登记机关和工作要求

国务院市场监督管理部门主管全国市场主体登记管理工作。县级以上地方人民政府市场监督管理部门主管辖区的市场主体登记管理工作。国务院市场监督管理部门应当加强信息化建设，制定统一的市场主体登记数据和系统建设规范；县级以上地方人民政府承担市场主体登记工作的部门应当优化市场主体登记办理流程，提高市场主体登记效率，推行当场办结、一次办结、限时办结等制度，实现集中办理、就近办理、网上办理、异地可办，提升市场主体登记便利化程度。

（四）登记、备案事项和具体要求

一是市场主体的一般登记事项包括：名称，主体类型，经营范围，住所或者主要经营场所，注册资本或者出资额，法定代表人、执行事务合伙人或者负责人姓名等；公司、非公司企业法人、个人独资企业、合伙企业、个体工商户等不同组织形态的市场主体，还应当分别登记其他相关事项。二是市场主体的备案事项包括：章程或者合伙协议，经营期限或者合伙期限，认缴出资数额，公司董事、监事、高级管理人员，农民专业合作社（联合社）成员，参加经营的个体工商户家庭成员姓名、市场主体受益所有人相关信息等。三是登记事项涉及的市场主体名称、住所或者主要经营场所、法定代表人、注册资本或者出资额、经营范围等应当符合条例规定的具体要求。

（五）登记规范

一是市场主体实行实名登记。登记申请人应当对提交材料的真实性、合法性和有效性负责。国务院市场监督管理部门根据市场主体类型分别制定登记材料清单和文书格式样本并向社会公开，登记机关能够通过政务信息共享平台获取的相关信息，不得要求申请人重复提供。二是登记机关对申请材料进行形式审查，对申请材料齐全、符合法定形式的予以确认并当场登记；不能当场登记的，应当在3个工作日内予以登记；情形复杂的，经登记机关负责人批准，可以再延长3个工作日。三是设立登记、变更登记、注销登记应当符合本条例规定要求，营业执照签发日期为市场主体的成立日期，营业执照正本和副本具有同等法律效力，电子营业执照与纸质营业执照具有同等法律效力。四是市场主体符合本条例规定条件的，可以按照简易程序办理注销登记。

（六）监督管理

一是市场主体应当按照国家有关规定公示年度报告和登记相关信息。二是市场主体使用营业执照应当遵守相关规定。三是登记机关应当根据市场主体的信用风险状况实施分级分类监管，采取"双随机、一公开"方式进行监督检查。四是明确登记机关查处违法行为可以采取的行政强制措施。五是对提交虚假材料或者采取其他欺诈手段隐瞒重要事实取得市场主体登记的，依法经调查认定存在虚假市场主体登记情形的，登记机关应当撤销其市场主体登记。

此外，条例坚持放管结合的原则，明确了违法行为的法律责任，对严重违法行为，加大了处罚力度。

四 我国商事登记改革的研究动态

中国法学会行政法学研究会副会长、北京大学法学院教授湛中乐从行政法学的视角对商事登记的法律性质展开分析。他指出，在我国，商事登记是一种行政行为，受行政法调整，不属于民事行为。商事登记既有可能是许可性登记，也有可能是确认性登记，还有可能是备案性登记，该问题应当进行分类讨论，不能一概地将商事登记归类为许可、确认或备案。他提出，可以从类型上对商事登记进行分类，承认涉及一般经营项目商事登记为行政确认，取消涉及一般经营项目商事登记的行政处罚规定；承认涉及特许经营项目的商事登记为行政许可，涉及特许经营项目的商事登记与特许经营许可合二为一。同时，他提出，也可以从内容上对商事登记进行分类，在立法上明确哪些事项属于确认、许可或是备案。最后，他强调，商事登记无论在学理上属于行政许可还是行政确认，都属于《行政许可法》的调整范围，《行政许可法》所谓的"许可"是大许可概念，因而，商事登记统一立法必须与《行政许可法》相衔接。①

商法学研究会常务理事、武汉大学法学院院长、教授冯果认为，商事登记总体上属于商事范畴，是重要的商事程序，要摒弃行政许可思维，确立行政确认理念。首先，商事制度改革的关键在于确立商事法治观念。其次，商事性是商事登记的本色，具体而言：商事登记在内容上体现为商事利益，是纯粹的私益；在过程上体现为商事程序；在结果上体现为商事结果；在目的和功能上体现为确认主体资格和信息公开；在机制上体现为尊重当事人自愿和信息公开。再次，商事登记本色的彰显离不开行政理念的更新，商事登记行政行为特性和行政色彩不可忽视；从核准主义到准则主义的商法理念的变革是塑造现代商事登记制度的关键。最后，商事登记应该从行政许可向行政确认方向发展。行政许可最主要的特点是一般禁止、例外允许，行政机关具有裁量权。而在准则主义下，商事主体只要是具备了法定的条件，就不应该不予登记。因此，对于一般的经营主体资格的取得，商事登记应该是一种确认。②

商法学研究会会长、中国政法大学教授赵旭东对商事登记的法律效力从以下四个方面进行了分析和阐释。首先，商事登记效力问题的重要性。他指出，商事登记的法律效力是商事登记中最为重要的问题之一，要明确登记的作用是什么，不登记的后果又是什么，登记的法律效力涉

---

① 湛中乐：《工商登记制度改革的行政法治构图》，《中国工商管理研究》2014 年第 9 期。
② 冯果、柴瑞娟：《我国商事登记制度的反思与重构——兼论我国的商事登记统一立法》，《甘肃社会科学》2005 年第 4 期。

及和解决的是登记制度的必要性和意义问题。其次，我国商事登记效力立法欠缺。他指出，中国的登记立法和规定历来重程序、轻实体，现行法基本没有关于登记效力的规定，只有《公司法》等少数立法有所规定，但又极不全面和系统，同时，登记效力的现实问题广泛存在，股东登记、注册资本登记、法定代表人登记、企业名称登记、住所登记的效力如何都是理论和实务中的重要问题。再次，商事登记的效力分类。他提出，商事登记的效力可以分为生效效力和公示效力，前者可以分为创设效力和其他生效效力，后者可以分为公信效力和对抗效力。公信效力是指第三人得以登记事实对抗登记义务人的效力，对抗效力是指登记义务人得以登记事实对抗第三人的效力。最后，商事登记效力的发生与公示。他强调，要区分公告与企业信息公示，要辨析民法上的公示与商法上的公示，在立法上要明确登记与公示不一致时以何者为准，公示是否具有效力等问题。此外，他强调，还需要注意企业信息公示制度与商事登记制度的衔接问题。[①]

第二节　商事权利外观的成立

一　商事登记的原则

（一）强制登记原则

强制登记原则含义有二：其一，商事主体的设立、变更和终止必须进行登记。非经登记者不具有商事权利能力和行为能力，不得从事任何种类的商事活动。其二，商事登记应就法律规定的商事主体的全部必要事项进行登记，未经登记不发生法律效力。强制登记原则基本要求包括：除法律另有规定的情况外，任何个人和组织要取得商事法律主体资格和经营资格，都必须依法进行登记，该项权利作为强制性义务，任何个人和组织都不得违反，违反的不利后果可能包括民事责任、行政处罚、刑事处罚。

强制登记原则直接影响着商事法律中登记事项的范围，商事法律的

---

① 赵旭东、邹学庚：《商事登记效力体系的反思与重构》，《法学论坛》2021年第4期。

调整对象也随之发生变化,违背强制登记原则擅自开展经营活动的法律责任也变得不同。从国际视野来看,强制登记主义并不是每个国家均认可和实行的原则,例如日本商法典中规定,商事登记相关规定不适用于小商人;英国和澳大利亚的合伙制度采取自愿登记原则,但基于我国社会主义市场经济制度背景下,为了维护法制的稳定性和连续性,建立和维护统一、规范的市场准入秩序,强制登记主义一直是我国商事法律所实行的原则,在《民法典》《公司法》《合伙企业法》《个人独资企业法》中都有所体现,未来也有极大可能会沿袭和保留。采纳该项原则,更有利于市场运行秩序的监管,从而实现本法的任务和目的。

(二) 全面审查原则

全面审查原则就是在登记注册的过程中,主管机关会对申请人所提供的各种资料依法采取形式审查,判断是否达到登记标准,达到标准的才能够登记注册,达不到标准的要驳回。该原则实质上就是要求相关职能部门在商事登记的过程中,要履行合法性审查义务,从其内容上看包括:第一,从法规角度,对申请文件、文件记录事项进行全面审查,这种审查大多数是形式审查,判断材料是否齐全;第二,内容审查,对登记事项和条件进行审查,判断是否符合法定条件。第二项审查是审查的关键。

(三) 登记公开原则

登记公开原则是指应向社会公众公开商事登记的内容。登记公开包括:第一,登记申请公开、真实;第二,登记程序公开;第三,公告;第四,登记事项查阅公开。开放原则的基本要求包括两个方面:首先,公布商事登记依据,包括登记机关、登记条件、登记申请文件、登记程序、登记期限等各项规定。其次,商事登记的实施过程和结果应当公开接受监督,满足各方了解商业主体信用状况的需要。登记公开原则是当今世界行政管理的发展趋势之一。从国际视野来看,在商事登记方面登记公开原则已作为宪法性原则在有关法律中加以规定,各国立法规定的重点在于要求登记过程和登记结果对社会的公开。例如,日本法律规定,登记官接收登记申请书时应当注明收件序号,根据申请人的请求交付收据,并按收件序号进行登记,任何人都可以在交纳手续费后请求阅览登记簿。德国法律规定，任何人得许可查阅商业登记簿以及提交的商业登记的文件，请求给予誊本和有关登记事项的证明。中国法律规定，公开原则已成为中国行政法制的一项基本原则，《行政处罚法》《行政复议法》《行政许可法》中均有明确规定。因此可以认为，在商事登记法中确立公开原则，首先符合国内外行政管理的发展趋势。其次，还可以满足中国建立信用经济的需要。最后，就商事登记本身而言也有其特殊意义。登记公开原则一方面体现了商事登记的公示功能，是公示所必需的；另一方面也有利于登记机关抵制各种非法干预，维护登记行为的合法性和公正性。

二 商事登记的效力

（一）对商事主体的效力

1. 商事登记是商法人获得法律人格的必要条件

商人如果没有经过登记注册，那么就不能够从事此方面的经营，其行为不能称为商行为，也不属于商主体。也就是说自然人只要一出生就拥有民事权利能力和行为能力，但是法人没有这种先天能力，法人相对于自然人来说，是法律制度下拟定出来的人，并非真正的人，因此不能够拥有这种与生俱来的能力。只有依法实施法人登记之后，才拥有此方面的能力。登记是成为法人、拥有相关能力的前提条件，不登记就无法人身份，更无其能力。法人设立的过程从本质上看，是投资人发起创立的，属于一种私法行为。然后投资人提交相关资料的登记机关登记，才成为合法法人，所以形成法人的结果是投资人所造成的，登记机关在其中起到了一个确认、承认的作用。营业登记具有一定的法律效力，并且是从市场准入方面对市场主体进行限制，商主体只有获得市场准入、依法登记注册、获得相应授权，才能开展经营。由此可见，营业登记具有一定的法律强制性。

2. 商事登记不是商事主体资格取得的必要条件

行为人在没有进行登记的情况下却实施了商行为，此时也必须承担相应的权利和义务。从原则上看，行为人只有通过登记程序才能开展经营活动，如果没有经过该程序，虽然没有成为法律意义上的商主体，但也不能够否定其资格与能力，因为登记只不过是对商行为的一种限制。任意登记主义从内涵上看分为两个类型：一是商主体成立之后，然后再根据法规的需要进行登记，这种属于先设立后登记思想。只要行为人办起了商行为手续，并履行了公证，此时就可以自动认同商主体成立，之后，商主体整理相关资料，提交给登记机关，然后登记机关审批合格之后就可以注册登记。在这种意义上，登记一方面具有宣示效力，另一方面具有对抗效力，比利时和荷兰等国就是采取这种先成立后登记原则。二是部分主体从事某些经营活动无须登记。日本和韩国商法典中都对此进行了规定，比如小商人无须登记就可以直接进行经营。我国台湾地区法规中也有此方面的规定，比如小规模经营者。商事登记是各类商事主体成立的必要要件，未经商事登记程序，行为人即使实施了商事经营活动，也不得享有商人的权利，同时也不必履行商人的义务，该行为可被认定为无效行为。即只有依法履行了登记程序才能取得商主体资格和商事能力。未经商事登记者不具有商事权利能力和行为能力，不得从事任何种类的商事活动，否则就要受到法律的制裁。① 如，《意大利民法典》第 2195 条第 1 款规定："实施下列活动的企业者，有向企业登记簿登记义务：一、以财物或劳动生产为目的的产业的活动；二、关于财物流通的媒介活动；三、依陆、水、空的运送活动；四、银行或保险活动；五、以上各号的其他辅助活动。"② 第 2194 条规定了不遵守登记义务的处罚措施。又如《德国商法典》第 29 条中规定，凡是要取得商法典第一条所规定的商人资格，"每位商人都负有义务将他的商号、营业所的地址在营业所所在法院商事登记簿上注册，他必须在法院签署他的商号以作保存"。③ 我国台湾地区"商业登记法"第 3 条也规定，商业及其分支机构，除摊贩，家庭农、林、渔、牧业者，家庭手工业者，合于中央主管机关所定之其他小规模营业标准者外，非经主管机关登记，不得开业。我国《企业法人登记管理条例实施细则》第二条、第四条，《企业法人登记管理条

---

① 范健、王建文：《商法基础理论专题研究》，高等教育出版社 2005 年版，第 313 页。
② 《意大利民法典》，陈国柱译，中国人民大学出版社 2010 年版，第 379 页。
③ 任先行、周林彬：《比较商法导论》，北京大学出版社 2000 年版，237 页。

例》第三条第二款也有类似规定。

(二) 对第三人的效力

1. 必须登记的事项在未履行登记或已履行登记但尚未公告的情况下，对第三人的效力。

(1) 必须登记的事项在未履行登记情况下对第三人的效力。

凡是依照法律规定应该登记的事项而未经登记的，则其事实存在与否，第三人很难知道，如果没有特别的理由，法律上应当推定第三人不知情，因此，在登记之前，不得以未登记事项对抗第三人。但是，如果有确切证据证明第三人知道未登记事项的，从诚实信用原则考虑，应允许该商事主体以此未登记事项对抗第三人。例如《德国商法典》第15条第1款规定："在应登入商业登记簿的事实尚未登记和公告期间，在其事务上应对此种事实进行登记的人，不得以此种事实对抗第三人，但此种事实为第三人所知的，不在此限。"

应登记事项未在商事登记簿中出现，导致登记外观与真实状况分离，此时登记主体就不能以未登记来对抗第三人。由于应登记之事项未登记，第三人很难知悉真实情况，因此法律推定第三人对此不知情，登记主体也就不能以此对抗第三人。《德国商法典》第15条第1款、《意大利民法典》第2193条等不得对抗规则亦基于此产生。此种未登记也包括应变更登记而未变更登记者，中国台湾地区"公司法"第12条即规定：公司设立登记后，有应登记之事项而不登记，或已登记之事项有变更而不为变更之登记者，不得以其事项对抗第三人。此种消极对抗效力导致登记主体需承受未登记之结果，如对某合伙人权限的限制未在商事登记中体现，作为登记主体的合伙企业需承担其超越权限与第三人交易之法律效果。如此规定的缘由是，在商事往来中，第三人本可从商事登记中了解商事主体之状况，当商事登记中都未有可供查询的登记实情时，第三人只能当作真实状况不存在或依据之前的登记状况来判断登记事项。

此处隐含的要件是第三人不知悉真实状况，即第三人是善意的。然而有反对者认为不得对抗第三人具有绝对性，不论第三人知悉与否，即其行为究属善意抑或恶意在所不问，如有学者认为中国台湾地区"公司法"第12条的立法目的在于使得法律关系确定后，借以促使公司尽快办理登记，贯彻公司登记之效力，① 因而不得对抗规则具有绝对性。该观点一方面不符合第三人保护的体系解释，中国台湾地区"公司法"第 27 条第 5 款、第 36 条、第 58 条、第 86 条中的"不得对抗第三人"均要求第三人善意，否则有违诚信；另一方面商事信息载体具有多样性，商事登记仅为其一，下述的积极对抗效力中允许第三人以登记外之事实对抗登记主体的积极对抗效力，此时从利益平衡角度看，也应允许登记主体主张第三人从登记外事实知悉真实情况（即非善意）而对抗第三人。

（2）已登记但未公告事项对第三人的效力。

有的国家采取的是先登记后公告的方式，商主体需要到主管机关登记注册，然后，主管机关要把此方面的信息对外公告。受到一些主客观因素的影响，没有及时进行公告，那么在此期间所产生的纠纷，善意第三人不得对抗，恶意第三人有可以对抗的权利。对此，各国立法基本一致。如《日本商法典》第 12 条规定："应登记的事项，非于登记及公告后，不得以之对抗善意第三人。"中国台湾地区"商业登记法"第 19 条也作了类似于日本法上的规定。以上两点规定之所以对应登记而未登记或以已登记而未公示之事项于善意第三人的效力予以否认，是基于这样的逻辑构造：商事登记之事项尚未被登记或被公告，其事实存在与否、情况怎样，第三人孰难知悉，所以法律上一般不认为第三人为知情人，商事主体也就不得以未登记或未公告之事项，对善意第三人之主张进行抗辩。

消极效力是指"对应登记的事项在作出登记公示之前，不能对抗第三人，除非此事项已为第三人知悉"。② 由于消极效力不承认推定知悉原则，申请人或商事主体要对抗第三人，就必须举证第三人对未登记事项实际已经知情或应当知情。显然，举证责任的设置有利于第三人利益的维护。对于第三人来说，如果要想摆脱登记事项的约束力，或者实时登记事项对抗，就要提供相应的证据，来证明自身不知道登记事项，如果证据确凿，那么无须承担此方面的法律责任。也就是说，积极效力反而

---

① 梁宇贤：《公司法论》，台湾：三民书局 1993 年版，第 63 页。
② 谢非：《德国商业登记法律制度的沿革》，《德国研究》2000 年第 3 期。

不如消极效力，能够更好地对第三人利益实施法律保护。

2. 应登记事项在得到正确登记和公告之后对行为人和第三人的效力

纵观现代商事登记法律制度，能够及时公示商事主体的相关信息，能够让相对人获得更多的信息，有利于保障交易安全，也能够促进交易成功。所以很多国家不断完善有关商事登记的法律法规，明确了强制登记、及时公告等方面的事项。如《德国商法典》第 15 条第 2 款规定："已经对此种事实进行登记和公告的，第三人必须承受事实的效力。"《瑞士债务法》第 939 条第 1 款也规定："援引已登记的事项来反驳第三方，第三方不得宣称他不知道它。"以上两国的规定表明：在商事登记程序完成后，所登记并公示的事项即可产生对第三人的抗辩效力。某一事项已经登记和公告，无须举证就可以推定第三人已经知悉。因为经过了上述程序之后，事项就具备了对抗效力，第三人就应该尽注意义务。不过也有特殊情况，只要第三人能够反证，能够否定推定，那么登记事项则不会发生对抗效力。针对已登记和公告事项，如果第三人能够举证证明自身不知道，或者证明自身没有义务知道，那么事项对第三人不产生约束力。

所以《德国商法典》在第 15 条又规定："对于在公告后 15 日之内实施的法律行为，以此第三人证明其既不明白也不应知此种事实为限，不适用此种规定。"因此，已登记并公告之事项可以对抗第三人，除非第三人证明其确实不知且不应知此事项；应登记而未登记公告或虽登记但未公告之事项，不得对抗第三人，除非此事实为第三人所知；登记与公告事项不相一致的，以登记事项为准；如果因故意或者过失而为虚假登记的，则登记事项不得对抗善意第三人。

按照法定程序进行登记之后，事项就具有了一定的法律效力。根据当前学术界此方面的论述，可以扩大生效效力的范畴，比如把创设效力和弥补效力都纳入其中，对于前者来说，是在商事登记基础上所创设出来的特殊的生效效力，只有具备了上市登记效力，才能创设其他生效效力，前者是后者的源头和基础。对于后者来说，形成于"劣后"之中，是一种特殊效力。

事项登记、公告之后，此时就已经形成了公示效力，如果根据主张效力主体对此进行分类，可以分为两个类型，对善意第三人来说，属于公信效力，以此来对抗登记义务人。对于登记义务人来说，属于对抗效率，可以以此来对抗第三人。登记事项一旦公示，就成为一个法定的登记事实。首先，具有一定的公信效力，能够保护第三人在交易过程中的安全，也就是说，如果登记和客观事实两者之间存在着差异，第三人就可以凭借着登记事项来主张自身的权利。其次，通过对抗效力，能够保护登记义务人的合法权益，只要登记事项一旦公示，登记义务人在交易过程中就需要向第三人表明此方面的事项，需要履行告知义务。

3. 已登记事项在公告发生差错的情况下对第三人的效力

在已登记事项在公告发生差错的情况下，第三人可援用已登记之事项对抗商事主体，如《德国商法典》第 15 条第 3 款、《日本商法典》第 14 条、《韩国商法》第 39 条的规定，从《民法典》第 65 条的文义看，"法人的实际情况与登记的事项不一致的，不得对抗善意相对人"在解释上可包括"应登记未登记"和"已登记但不正确"两种"不一致"，后者即为积极对抗效力。实务中的登记性表见代表、[1] 登记性表见合伙人[2]等都是该种效力的具体体现。

此外，需注意的是登记主体亦可援引已登记事项来对抗第三人。例如，《德国商法典》第 15 条第 2 款中的"已登记事项一般可对抗第三人"，《意大利民法典》第 2193 条第 2 款中的"商事信息登记后，第三人不得以其不知而抗辩"。此可产生商事登记的正确性推定效力，为登记义务人提供保护，亦激励其积极公示并保障登记正确性。实际上，学者认为的免责效力[3]或证明效力[4]均源于商事登记对第三人的积极对抗效力。免责效力是商事主体可依已登记事项来对抗第三人，从而免除其责任；证明效力是商事登记事项具有正确性推定效力，可用于证明商事主体的主张，但这一推定效力，并非能完全免责或不可反驳，其并不会造成真正的举证责任倒置，仅限于作为表面证据适用，因为商事登记仅进行形

---

[1] 安徽省高级人民法院（2015）皖民二终字第 01069 号民事判决书。
[2] 重庆市第二中级人民法院（2013）渝二中法民终字第 00042 号民事判决书。
[3] 赵中孚、邢海宝：《商法总论》，中国人民大学出版社 2003 年版，第 209 页。
[4] 王远明、唐英：《公司登记效力探讨》，《中国法学》2003 第 2 期。

式审查。《广东省商事登记条例》第 4 条第 2 款和实务判决均确认此点。形式审查下，登记内容与真实状态的一致性没有十足的保证，由此登记主体援引登记事项对抗第三人时，就不再是完全的证明效力。同时，也不能忽视与登记不一致的登记之外可信赖外观，即在效果上其他外观可能会使这一对抗效力失效。这在《日本商法》第 12 条、《德国商法典》第 15 条第 2 款中均有规定。因此，商事登记中登记主体对第三人的对抗效力是相对的。

三 商事登记制度改革与企业信息公示制度

（一）商事登记制度改革

2014 年，国务院正式印发《国务院关于印发注册资本登记制度改革方案的通知》（以下简称《方案》），部署在全国范围内实施注册资本登记制度改革。《方案》从五个方面提出优化营商环境的改革措施：一是实行注册资本认缴登记制，由公司股东（发起人）自主约定认缴出资额、出资方式、出资期限等，并对缴纳出资情况真实性、合法性负责。二是放宽注册资本登记条件。除法律、法规另有规定外，取消公司注册资本最低限额；不再限制公司设立时股东（发起人）的首次出资比例和缴足出资的期限。公司登记无须提交验资报告。三是将企业年检制度改为年度报告公示制度，任何单位和个人均可查询。四是简化市场主体住所（经营场所）登记手续，由地方政府具体规定条件。五是推行电子营业执照和全程电子化登记管理。

《方案》提出，要调动各方面积极性，加强市场主体监管。一是构建市场主体信用信息公示体系，完善信息公示制度，以企业法人国家信息资源库为基础建设市场主体信用信息公示系统，将企业登记备案、监管、年度报告、资质资格等信息通过市场主体信用信息系统予以公示。二是大力推进企业诚信制度建设，完善信用约束机制，将有违规行为的市场主体向社会公布，使其"一处违法、处处受限"。三是行政机关配合司法机关强化司法救济，保护市场主体民事权利；强化刑事惩治，依法惩处破坏社会主义市场经济秩序的犯罪行为。四是强化社会监督，发挥行业协会、专业服务机构、信用评价机构等社会组织的监督作用。五是强化企业主体责任，健全企业自我管理机制。六是加强市场主体经营行为监管，各职能部门依法履行监管职责，强化部门间协调配合。①

1. 放宽公司注册资本登记条件

放宽公司注册资本登记条件改革主要包含下几个方面的内容：一是放宽公司注册资本登记条件，取消了部分登记事项和登记文件，有限责任公司股东认缴出资额、公司实收资本不再作为公司登记事项，股东将其出资额、出资方式、出资时间登记公司章程，股东对其出资的真实性、合法性负责；二是除法律法规和国务院决定对特定行业的最低注册资本另有规定外，其他行业不再设置最低注册资本，除法律、行政法规以及国务院决定对公司注册资本最低限额另有规定的外，不再限制出资比例和货币出资比例；三是取消股东首次出资的比例、货币出资比例和余额认缴时间，除法律、行政法规以及国务院决定对公司注册资本实缴另有规定的外，取消了股东出资期限的规定，公司股东（发起人）自主约定认缴出资额、出资方式、出资期限等，并记公司章程。

2. 将企业年检制度改为年度报告制度

根据国务院发布的《注册资本登记制度改革方案》提出，企业年检制度改为企业年度报告公示制度。国家工商总局下发了《关于停止企业年度检验工作的通知》，自2014年10月1日起实行企业年度报告制度，企业通过国家企业信用信息公示系统报送上一年度的年度报告，并向社会公众公示，任何组织和个人都可以登录该系统对相关企业的年度报告信息予以查询。2014年10月1日实施的《企业信息公示暂行条例》对于企业年报的报送时间、报送内容、未履行年报义务的处理后果等作出了具体的规定。一是企业年报时间《企业信息公示暂行条例》第八条规定：企业应当于每年1月1日至6月30日，通过企业信用信息公示系统向工商行政管理部门报送上一年度的年度报告，并向社会公示。二是企业年报公示事项分为必须公示和选择公示两个部分，其中，必须公示的年报

---

① 《企业年检制度改为年度报告公示制度》，人民网，http://finance.people.com.cn/n/2014/0219/c70846-24407417.html。

信息包括通信地址、联系电话等联络信息；企业开业、歇业、清算等存续状态信息，企业投资信息，公司股东出资、股权变更信息，企业利用网络开展经营活动的信息。选择公示的信息包括企业从业人数、资产总额、主营业务收入、利润总额、纳税总额等经营信息。

3. 放宽市场主体住所（经营场所）登记条件，由地方政府具体规定

住所和经营场所改革的总体目标是简化住所（经营场所）登记手续，对市场主体住所（经营场所）的条件，各级地方人民政府可根据自身实际情况作出具体的规定。纵观各地改革的具体实施方案，虽然在住所和经营场所提交材料规范上由于各地实情不同，略有区别外，基本相同且最为重要的内容有以下两个方面：一是市场主体只有一个住所，但可以有多个经营场所，并应当与经营范围相适应，住所和经营场所可以是同一个地址，也可以是不同地址，不同地址但在同一县级工商登记机关管辖区域内，可以选择在营业执照内申报登记经营场所或者申请设立分支机构（简称"一照多址"）；不同县级工商登记管辖区域内，应当申请设立分支机构。二是一个地址可以登记为数家企业的住所（简称"一址多照"）。本次商事登记改革在住所和经营场所方面改革的亮点也就在允许企业"一照多址"和"一址多照"，因为这一制度的革新，不仅适应了经济发展对有限的场地资源作更合理利用的要求，同时也降低了企业的设立门槛，并旨在引导企业转变观念，利用现代电子信息技术，采用更灵活高效的生产经营方式。

4. 大力推进企业诚信制度建设

2014年，建立市场主体经营异常名录，充分利用现代化电子信息化手段，公示企业信用信息，促进企业征信建设。国务院印发的《社会信用体系建设规划纲要（2014—2020年）》，大力培育和践行社会主义核心价值观，切实形成诚信建设良好的社会舆论环境，着力推进诚信建设规范化长效化，积极推进建立自然人、法人和其他组织统一社会信用代码制度，依法收集、整合区域内自然人、法人和其他组织的信用信息，完善信用信息基础数据库，逐步实现信息采集全覆盖。完善信用标准体系，制定全国统一的信用信息采集和分类管理标准，统一信用指标目录和建设规范。健全行业信用信息记录制度，以各类企业和从业人员为重点，

把信用信息采集融入注册登记、资质审核、日常监管各环节，尽快完善工商、税务、安全生产、产品质量、环境保护、食品药品、医疗卫生、知识产权、工程建设、交通运输、检验检测等事关人民群众日常生产生活重点领域的信用档案。加快国家统一征信平台建设，力争在2017年基本建成集合金融、工商登记、税收缴纳、社保缴费、交通违章等信用信息的统一平台，形成覆盖全部社会主体、所有信用信息类别、全国所有区域的信用信息网络。

5. 推进注册资本由实缴登记制改为认缴登记制

2014年2月19日，国务院对《公司登记管理条例》进行修订，公司注册只登记注册资本总额，无须登记实收资本，不再收取验资证明文件。对认缴登记制可从以下四个方面加以理解：一是认缴登记制度只适用于有限责任公司而不适用于股份有限公司，个中区别的理由可能是担心上市公司无从接受，贸然涵盖必然过分脱离社会现实。这样，也使得认缴登记制和原先的登记制在《若干规定》正式施行后不得不双轨运行。二是在实缴制与认缴制并行的原有框架下，有限责任公司实收资本的最低限额是三万元人民币，倘若公司的注册资本就是三万元，那么此时认缴的注册资本与实收资本没有差别；而在认缴登记制之下，发起人不受首次出资额不得低于三万元之规定限制。这直接突破了公司法的现行规定。三是既然可以"零出资"申请设立公司，也无须登记实收资本，那么验资证明文件当然不是申请设立公司之必需。公司设立中的验资活动，是公司发起人和设立中的公司聘请第三人——专业机构对其投资资本的一次公示性审计，包括出资到位的数额和出资符合《公司法》第27条之规定。取消验资，固然为设立公司降低成本，减少环节，但也为未来公司的债权人和投资者之间可能发生的纠纷制造了证据的断裂带，不确定性陡然上升。四是由于只登记认缴资本，而不登记实收资本，顺势将注册资本从营业执照的必要记载事项中取消了。

(二) 企业信息公示制度

1. 企业信息公示

2014年，《国务院关于印发注册资本登记制度改革方案的通知》(国发〔2014〕7号）明确提出："以企业法人国家信息资源库为基础构建市场主体信用信息公示系统,支撑社会信用体系建设。"企业信息公示制度从企业和政府部门两方面归集涉企信息,以此为基础架设企业信用信息公示平台,构筑政府多部门协同合作的市场监管网络,使失信企业遭受"一处失信,处处受制"的惩处。被列入企业经营异常名录或企业违法失信黑名单会直接影响到企业的市场声誉,而企业声誉的优劣会直接影响其在市场竞争中胜出的概率。通过信息公示,一方面能够使获知信息的交易主体在交易前进行风险预判,放弃与违法企业交易;另一方面借助网络信息平台,企业负面信息能够快速广泛地传播,进而普遍降低社会对失信企业的市场评价,从而使该企业在与他人交易时面临更多障碍,由此敦促失信企业自动做出合法的行为选择,提升市场监管的效果。

2. 企业年度报告报送与公示

根据《企业信息公示暂行条例》的规定,企业负有企业年度报告和企业即时信息两项公示义务。企业必须于每年上半年向工商管理部门提交企业上一年度的年度报告,企业年报的内容被分为强制性公示信息和选择性公示信息两类,强制性公示信息必须对外公开,选择性公示信息企业可以自主选择是否对外公开。在企业选择不公开这类信息的情况下,其他市场主体若想查询必须征得企业同意。同时,企业若有知识产权出质、受到行政处罚等情况,在信息形成之日起 20 日内必须自主通过企业信用信息公示系统对外公示。企业信息公示制度通过企业年报信息和即时信息相结合的方式,保障公示信息能够全面、及时地反映出企业运行的动态状况,与以往的企业年检制度不同,企业年报制度改变了以往"政府—企业"的单向监督模式,通过企业自主对外公示信息,让市场做最终的"裁判员",让守信者生存,失信者淘汰。市场经济条件下,企业作为市场主体更应该受到市场和社会的监督,而不单单是来自政府方面的监管。企业信息公示制度一改过去单纯将企业作为被监管者的做法,尊重和发挥企业作为市场主体的自主性和自觉性,提高企业在市场监管中的参与度,有利于企业诚信自律意识的培养。

3. 企业公示信息随机摇号抽查

在对企业公示信息的真实性核查方面,企业信息公示制度摒弃了效率低下的普查模式,改用随机抽查模式。在实践中,工商管理部门通过随机抽取一定比例的企业对其公示信息进行抽查，集中力量保证检查的效率和效果。抽查企业名单由国家工商总局和省级工商管理部门通过随机摇号的方式确定，抽取企业的比例不得少于辖区内企业的3%。随机抽取又可分为定向抽取和不定项抽取两种模式。定向抽取是指工商部门按照企业类型、经营规模、所属行业、地理区域等特定条件随机摇号抽取确定检查企业名单，不定项抽取则是指工商行政管理部门根据企业注册号等随机摇号抽取确定检查企业名单。相比之下，定向抽查模式赋予了工商管理部门一定的检查自主权，可以根据监管目的的改变针对某种类型的企业进行专项检查；不定项抽查模式随机性更强，而且是企业信息公示抽查的常驻方式。① 另外，工商管理部门还可以对企业公示的信息进行临时检查。工商管理部门进行临时检查的情况有两种：一是在监管中发现企业公示信息可能存在虚假；二是接到群众举报企业公示信息虚假的。同时，如果工商管理部门接到群众举报通过定向抽查和不定项抽查相结合，辅以临时检查，最大化抽查制度对企业公示信息真实性的保障。执行抽查的方式则比较多样，工商部门可以根据实际工作需要灵活采用实地检查、网络监测、书面检查等手段。同时，为弥补工商管理人员在专业性较强的检查中的不足，抽查部门在抽查过程中可以委托会计师事务所、律师事务所等第三方机构开展审计、验资、咨询等工作，并出具专业意见，增强了检查的专业性。

4. 企业信息公示"黑名单"

企业名录管理制度方包括经营异常企业名录和严重违法失信企业名单（又称企业"黑名单"），分别对应企业违反信息公示义务的不同程度。按照《企业信息公示暂行条例》的规定，企业未履行信息公示义务、公示信息被证明是虚假的或工商部门抽查中结果不合格，将被列入企业经营异常名录，并通过企业信用信息公示系统对外公示。企业被列入企业经营异常名录后，即处于考察期，如果积极履行信息公示义务，该企业可以提出申请经工商管理部门批准后被移出名录；若企业怠于履行公示义务满三年，将被列入严重违法企业黑名单，五年内不得恢复。

---

① 参见《企业公示信息抽查暂行办法》第7条。

5. 信用约束与联动惩戒机制

信用约束作用主要体现在：一是能够优化市场，提高企业信用水平；二是能够降低市场成本，形成良好的诚信秩序，让交易能够顺利进行，并且保障交易安全。政府为了控制市场信用风险，或者鼓励目标企业提高自身的信用程度，往往会设置企业黑名单制度，或者公布经营异常名录。这种方法能够倒逼企业不断提高自身的信用，失信将会付出更高的成本，有利于维护市场秩序，同时还能够增强政府对市场的监管效率。政府所实施的上述两种信用管理制度在实践中具有显著区别，其中经营异常名录对企业信誉、主体资格、经营资质、日常经营等影响并不显著，限制性不强，但是一旦进行交易，纳入名录的企业就会处于被动状况。而严重违法失信企业名单则是经营异常名录的"加强版"，市场主体对这类企业的信用水平会产生严重怀疑，进而拒绝和其进行交易，企业可能会因此面临生存危机。其次，移出名单的条件不同。对经营异常企业的考察期是可变动的，而"黑名单"企业的考察期是固定的。经营异常企业的考察期是三年，只要企业积极履行相关信息公示义务后便可以向工商管理部门提出申请，获批准后即可移出该名录；而"黑名单"企业的考察期是固定的，被列入企业必须待被列入严重违法企业名单之日起满5年未再发生法定情形时才能被移出该名单。再次，两者的考察期各自单独计算，并不累加计算。最后，对被列入名单企业的法定代表人、负责人的责任设置不同。被列入严重违法失信企业名单的企业的法定代表人、负责人将受到任职限制，3年内不得担任其他企业的法定代表人、负责人，而经营异常名录制度无此限制性规定。

保证信用监管效果离不开必要的惩戒机制。如前述，被列入管理名单的企业及其负责人会受到相应的处罚，如企业在国有土地出让、政府采购等方面受到限制或禁入、任职限制等，体现出政府部门联合惩戒的特点。所谓联合惩戒，又或称协同监管，是指工商管理部门和其他政府部门在涉业信息互联的基础上，依据各自职能对失信企业进行步调一致的监管和处罚，实现联合监管，真正实现企业"一处失信、处处受制"的改革目的。联合惩戒的优势在于：第一，改变原先单一的监管模式，对企业主体的行为进行全过程、多方位的综合监督和管理，提升政府监管的效率和效果。第二，联合监管对企业而言威慑力更强，失信的成本提高，从而抑制企业的失信行为。在实践中，联合惩戒制有逐渐强化的趋势。2015年9月，工商管理总局和国务院发展改革委联合发布《失信企业协同监管和联合惩戒合作备忘录》（发改财金〔2015〕2045号），多部委联合梳理现行的法律和行政法规，按不同行业和违法行为明确了协同监管的方式和对应主管部门，被列入经营异常名录和"黑名单"的企业及其负责人将面临一项或多项联合惩戒，不再局限于《企业信息公示暂行条例》规定的狭窄范围里，进一步加强联合惩戒的威力。

第三节　商事外观法律责任

外观体现为主体外观、权利外观、法律关系外观和法律事实外观，为保护对外观的信赖，商事立法和商事审判使外观事实可以优先于法律真实，这是利益衡量的结果。外观事实的形成没有真实权利人行为影响的情况下，外观责任的承担应无须考虑可归责性。可归责性适用于外观事实的形成显然与本人有关的情形，至于归责原则，应采用风险原则。

一　商事外观存在的要件

权利外观责任其构成要件之一就是外观的存在，可以通过明示的方式存在，也可以通过推断的行为产生，有时还可以在单纯容忍过程中产生。是否存在外观？可以通过一般适用和意思表示来确定，也可以通过客观解释来表明。

外观主义的客观要件始终要求存在外观事实，这是适用外观主义的前提。外观事实的两个最为核心的特征：客观性和虚假性。外观事实的客观性是指一般人都能够依赖感觉器官清晰感受和明确认知的，例如公司商号出借人持有公司商号，这是第三人可以感知的，虽然这具有虚假性。外观事实的虚假性是指虽然外观事实是客观事实，但是却并不反映法律真实，如上所述，商号出借人并不是真正的商号所有人。根据社会习惯和交易经验来判断，外观事实和特定的法律状态存在一种常态的联系，比如动产占有人，一般是动产所有人；持有股票或出资证明书的人一般是股东。正是基于这样的常态联系，第三人才判断和信赖外观事实为法律上的真实。外观主义实际上是在外观事实与真实状态不一致时，允许外观信赖人以外观事实的内容确定当事人之间法律关系效力的规则，如果外观事实同真实状态完全一致，则将不适用外观主义。

二 商事外观存在可归责性的要件

和权利外观相关的人，可以根据外观存在的可规则性，对此类人进行判断，也是此方面判断的构成要件之一。当前普遍认同的观点，可以适用权利外观发生原则对其进行认定，这是一种积极的认定行为。普遍不适用过错原则，因为这是一种消极的认定行为。同时在认定过程中应该优先使用风险原则，因为风险原则更为严格。过错原则设想了一个平均水平，然后以平均水平为标准判断参与者是否存在过错。风险原则首先设想了一个理想的参与者，然后以这一理想参与者的行为作为交易活动的基本要求，如果商人的行为能够达到要求，那么就不会产生风险。如果出现了风险，可以从可规则性的视角，来确定权利外观责任，相应责任人要承担此方面的责任，不过无行为能力和限制行为能力人不在其范围之内。

（一）过错原则

根据外观主义过错归责原则，本人对外观事实的形成有过错时才承担该外观事实导致的不利法律后果。本人对外观事实有认识的情况下，仍然让该外观事实发生或存续，这就意味着本人有过错。具体来讲，本人预见到外观事实，即使他的行为并未导致外观事实发生，但是如果其已经发现外观事实的存在，却采取不作为的方式容忍外观事实存在并置之不理，给他人交易带来风险，其即具有过错，应当适用外观主义。反面来讲，如果没有预见到外观事实，就不承担外观责任，因为疏忽大意没有预见到或过于自信而没有预见到，导致外观事实形成的一方也不承担责任。例如不符合真实状态的登记是因他人虚假申请或者商事登记机关造成的，本人发现后采取不干预的容忍行为致使他人信赖。外观主义过错规则原则，该原则最显著的特征就是由信赖方来承担此方面过错的举证责任，如果属于主观过错，那么举证的难度可想而知。如果是法律关系中的第三方,需要承担此方面的举证责任,举证的难度会进一步加大。因为对于外观责任人来说,第三人与其并无直接关系,如果要承担此方面的举证责任,那将是非常困难的。针对这样主客观外观风险,实际上形成一方更有能力对此进行控制,不应该把此方面的风险转嫁给信赖人一方,但是信赖人在交易时要尽到必要注意。由此可见,该原则不利于对外观信赖人和第三人保护。无论是侵权责任还是违约责任,从性质上看,都属于救济法范畴,但是对外观责任来说,设置的目的就是保障交易能够安全有效合理地进行,所以应该属于交易矫正法的范畴。在外观责任认定的过程中,如果实施了救济法中的相关原则,显然是不合理的。

(二) 风险原则

针对外观主义的规则依据,卡纳里斯认为,可以用风险支配作为此方面的依据,如果所形成的外观事实,是有行为人在自己能够支配风险范围内所形成的,并且第三人因此遭受了损失,那么行为人就应该承担此方面的法律后果,不考虑行为人是否存在主观过错。该学者在吸收前人理论的基础之上,从风险控制的视角构建了此方面的认定标准。卡纳里斯认为《德国民法典》中第170条以下(代理权消灭后表见代理)以及第405条(出示证书后的债权让与)是外观主义的基础,在商法中又特别和清晰地表现出来,诸如表见公司、表见商人、表见成员资格等。根据《德国商法》第362条,他认为商法上适用表见代理时,被代理人承担表见代理人行为的法律后果,其根据不是因为被代理人的过失,而是因为导致第三人信赖发生的法律事实在被代理人所能掌控的领域中形成,相对于他人,其最有能力防范这种风险的发生。卡纳里斯曾经讲道:"责任归属者没有认识到自己的行为在交易中所具有的通常意义而做出行为,引起对方的信赖或者责任归属者以特殊的商组织形式从事经营,其外观的做出伴随该组织而产生的风险时,应承担责任。"[①] 因此,卡纳里斯认为,商法上适用外观主义时,第三人所信赖的外观事实系在真实权

---

① [韩] 李井杓:《韩国商法上的表见责任制度之研究》,《商事法论集》,法律出版社1999年版,第447页。

利人所能掌控的风险源中形成，不论真实权利人是否有过失都应承担责任，风险原则排除了过错作为归责的要素。风险责任原则是建立在人是社会存在的观念之上的，个人生活需要必要的社会交往，因此其每一个私人领域，同时体现了一个社会领域。个人应对其创设的、具有社会影响的并且具有法律意义的自我领域负责[①]。外观责任而言，风险主义意味着，如果一个法律上值得保护的其他社会存在（个体）的信赖以应归因于个人的领域或个人的实际发展，该个人即应为其行为所引发的风险负责。根据卡纳里斯教授的观点，仅当外观事实在本人的负责范围内，外观责任才能正当化，其归责依据是导致外观事实形成的本人，相较于信赖外观事实者，更适于承担这一外观事实造成的交易上的风险。造成信赖的构成事实人是否"更宜于"承担因误导或——在持有证件的情况——滥用所生的危险。

三　商事外观责任的法律后果

（一）外观状态取得真实状态的地位

对第三人有利时，可以普遍适用第三人的状况符合所思想的法律状态，所以对于商人本人来说，普遍认为本人不能主张自己的身份，只能主张特殊请求权。如果外观事实对外观信赖人来说，能够获得更多好处，那么可以适用外观主义。

外观事实取得这样的地位，并不是意味着外观事实本身的虚假发生了实质性的变化，不过是为了外观信赖人的信赖利益，法律将虚假外观事实视为真实状态，本人主张与虚假外观不一致的真实状态的权利被排除，通过这一不允许推翻的事实推定的立法技术，法律将外观信赖人置于他自己善意设想的状态为真实存在的法律地位[②]。例如，公司法定代表人超越授权以虚伪的意思表示同交易对方进行法律行为，依照代表权限本不应发生法律效力，然而为了保护合理信赖该外观的善意的信赖第三

---

① 转引自朱广新《信赖保护原则及其在民法中的构造》，中国人民大学出版社 2013 年版，第 105 页。

② 张洪松：《外观主义论纲》，《厦门大学法律评论》第十八辑，厦门大学出版社 2011 年版，第 90 页。

人，则应适用外观主义，表见代表人所进行的法律行为对公司而言有效，我国《民法典》第 172 条关于表见代理的规定即体现了外观主义法理。①

（二）第三人具有选择权

外观主义制度设置的目的就是为了实现信赖保护，所以不能够对相关人强制执行，否则会让相关人面临其他不确定的风险。让外观事实发生如同真实存在一样的效力，对信赖该外观事实的人来讲，不是必须，而是可以，也即外观信赖人有选择权，其可以主张外观事实如同真实存在而发生相应的法律效力，如使表见代表董事有效发生如同真实有权代表公司的效力；也可以主张依据真实的法律状态主张法律行为无效。无论如何，外观主义的规范目的是信赖保护，因此立法和司法不应强制外观信赖人接受虚假外观为真时所对应的法律效力，否则这与外观主义保护外观信赖人的目的相悖，外观信赖人也将承受相应的诉讼风险以及其他的不确定后果。这样，才符合法律教义学，也符合外观信赖人和本人之间的利益平衡。如果外观信赖人不选择将外观事实优先于真实状态，从而撤销交易，那么本人应当对其承担信赖损害赔偿责任，不过这一责任性质并不属于外观责任的效力。

（三）不考虑选择权的情况

针对第三人负担方面，也可以通过权利外观对其进行规范，这种假设状态就等同于真实状态，原则上不能够比真实状态更好。在三方外观法律关系中，才存在外观权利人，在其他法律关系中则不存在。外观权利人从内涵上看属于一种所呈现出的外观事实，如果是受益者不能对抗真实权利人，因为受益者知道真相，有可能会从自身的利益出发，主观上是否定其他受益人。所以外观权利人只能从事实中承担相应的责任，不能从中获得权益。如果真是权利人提出了物的返还之诉，那么外观权利人要依据法规及时返还。然而，特殊情形下外观权利人也可能并不知道事实真相，例如表见继承人不知道死者的遗嘱或者更亲近的人，外观权利人也因此而受害。从这一点上来讲，外观权利人也不具有知晓事实

---

① 原《合同法》第 50 条："法人或者其他组织的法定代表人、负责人超越权限订立的合同，除相对人知道或者应当知道其超越权限的以外，该代表行为有效。"

真相的恶意，如此可以给予第三人相同的保护吗？从外观主义具体制度的规范目的和外观主义理论的宗旨来看，外观主义是在外观信赖人"动的安全"与真实权利人"静的安全"之间，基于利益平衡优先保护"动的安全"而牺牲"静的安全"，动的安全即为交易安全①。因此外观主义是保护积极主动获取权利的人，而不是保护坐享现存的法律状态利益的人。故激励交易和保护交易安全是外观主义的目的。获得对抗真实权利人的权利的前提是应当完成一定的旨在产生某种权利的行为，信赖第三人进行了这样的行为，如上文所述，做出了相应的处分或者信赖投资；而外观权利人则没有，因此外观权利人不应从外观事实中得到保障。外观权利人可能对第三人承担义务，第三人可能根据外观权利人造成的外观事实对抗后者。例如，在德国商法和法国商法上，表见商人可能在商事法院被第三人起诉。有疑问的是，当真实权利人在场，外观权利人何以对第三人承担义务和责任呢？外观主义的构成要件满足后，第三人已经获得对抗真实权利人的权利，前者的安全已经被保障了，外观权利人不应对第三人承担义务，尽管其对外观事实的形成有过错，但是其应向受损害的真实权利人承担责任，而不是未受损害的第三人，外观权利人不能像真实权利人那样承担外观责任。既然真实权利人对第三人负有义务，没有必要利用外观权利人的义务代替真实权利人对第三人的义务。外观权利人在真实权利人在场的情况下，应当向真实权利人承担责任。

---

① 石必胜：《表见代理的经济分析》，《河北法学》2009年第5期。

第 九 章

商事行为法基本原理与具体制度扩展

第一节 商事行为法的基本原理

一 商事行为概念

《德国商法典》第343条规定：所谓商行为，是指经营商人所从事的营业的所有行为。日本也有相关规定，例如《日本商法典》第4条就明确规定：本法所称之商人，是指那些以自己的名义，实施商行为为业的人，依店铺或其他设备设施，以出卖物品为业者。与此同时，该法第503条也明确规定：商人为他的营业实施的相关行为，为商行为。商行为是指商主体所从事的以营利为目的的经营行为，并且通常具有连续性的经营行为；企业的经营行为一般视为商行为，但明显不以营利为目的之行为除外。中国《深圳经济特区商事条例》是深圳市制定的地方法规，该法第5条第3款规定："本条例所称商行为，是指商人从事的生产经营、商品批发及零售、科技开发和为他人提供咨询及其他业务的行为。"国外现有的立法模式，以主观主义原则、客观主义原则以及折衷主义原则为主要立法观点代表。

主观主义原则，以《德国商法典》为主要代表。德国商法典以商人概念为前提，并在此基础上推导出商事行为。采用此原则的国家，其商事法均持商人的营业行为是商事行为的立场，强调商人的经营方法在确定商事行为中的意义。德国新商法典不仅将商人作为确定商事行为的核心概念，而且依照商人经营的不同形式，将商事行为分为不同的类型。《德国商法典》以商主体观念为基础，采取"商人法主义"。即依据商主体资格确定商事关系的范围：凡商人（商主体）所从事的活动，均为商行为，由此产生的社会为商事关系，由商法调整；非商人所实施的行为则属一般民事活动，由其形成的社会关系为一般民事关系，直接由民法调整。该商事特别法所调整的内容，并未"穷尽"商人在私法往来中的法律关系。只有在《商法典》对商人的法律关系有特别规定的限度内，其特别规定才优先适用于民法的一般规定（《商法典施行法》第2条）。《德国商法典》第242条规定，"商行为是指属于经营商人的营业的一切行为"。

客观主义原则，商法规定的各种营业活动。着眼于行为的客观性质，并据此确定商事行为。采用此原则的国家，其商事法均不强调商人概念在揭示商事行为中的地位和作用，而是依据行为的客观性质确定一定行为为商事行为。法国商法典是创造这一原则的先驱。《法国商法典》第1条规定，"实施商事行为并以其作为经常性职业者是商人"。《法国商法典》第七编第109条规定，对于商人，商行为得以一切方式予以证明，但法律另有规定的除外。第632条及随后条款列举了商事行为，但没有给商事行为下定义。根据《法国商法典》第632条，商事行为包括以下构成要素：最常见的商事行为是"购进商品并将其再卖出"；加工制作行为；"提供服务"，特别是行纪活动、代理活动等服务性行为；因为采用的形式而成为商事行为的行为。

折衷主义模式，任何主体从事的营利性营业行为，商事主体从事的任何营业行为。即在修正上述两原则的基础上，以折衷的立场确定商事行为。一方面，一些商事行为是根据一定行为的客观性质确定的；另一方面，一些商事行为是根据商人的经营方法，仅在营业的场合才加以确认。法国修改过的商法典和日本现行商法典采用这一原则。主观主义原则以列举的方式揭示商事行为的范围；客观主义原则则强调以其行为的客观的商性质揭示商事行为的范围。前者，有较强的明确性，但客观存在的商事行为举不胜举；后者，有较强的概括性，但缺乏应有的明确性。尽管各国立法上确认商行为的具体原则不尽相同，但基本的理念都是一样的，即以营利性营业行为作为目的而实施的行为称为商行为。如《德国商法典》以经营商业为基础来认定商行为。根据德国商法理论的一般解释，所谓营业就是指"以营利为目的、独立的、有一定计划的、公开的、合法的活动"。当然，行为离不开主体，商事主体的行为当然属于商行为的范畴。如我国《澳门商法典》第3条规定，除法律特别规范的商行为外，因经营商业企业而作出的行为为商行为。

针对商行为，应该通过其营利性，来判断这种行为究竟属于主观主义，还是属于客观主义。其中针对商行为主观主义，主要是通过此种行为是否具有营利性作为主要的判断标准，也就是说，以营利为目标的行为，则属于商行为，否则不属其范畴。对其客观性主义的判断也是如此，判断商法中所规定的商行为形态目的是不是为了营利。上述两种主义实质上是认定商行为的主客观标准。德国商法中就有明确的条款来认定商人的行为。《法国商法典》中也有此方面的规定，但是随着社会的不断发展，商人地位逐渐模糊，社会阶层界限已经被打破，过去针对商人的特定义务范围已经进一步扩大，所有从事经济活动的人或者是普通人，都要承担此方面的义务。所以针对商行为形态的确认，无论适用主观主义还是客观主义，都是行之有效的确认方法，不同国家立法技术不同，采取的确认方法也不同，无论采取任何方法，从任何视角对此进行认定，都需要从商法的整体性视角对此进行判断，结合行为是否具有营利性对此进行认定。

二 商事行为的特征

（一）以营利为目的的法律行为

商事行为最显著的特征、最核心的要件集中体现在营利性方面，首先体现在目的具有营利性，经营的目的就是营利，商事行为的这一营利特征首先体现在目的性方面，至于行为结果是否能够实现营利的目的，则没有纳入考虑范围。因为商事行为过程受各种主客观因素的影响，存在着各种风险，比如市场和操作风险等，这些风险会影响到商事行为是否营利。商事行为目的是为了营利，所以商法的基本原则就是确认营利原则和保护营利原则。

(二) 经营性行为

所谓经营性行为，包括作为经营实施的行为和为了经营（如经营准备）实施的行为。前者是指行为人采用经营组织，运用营业财产，进行经营活动；后者，指经营准备行为等。经营应具备独立性、有偿性、对外显示性和商人以特定的经营为业。所谓商人以特定的经营为业，其特点如下。

1. 行为人经营活动的反复性

即同种经营行为的反复。虽为经营性活动，但不具有反复性，而仅是一次或为数不多的几次，则不构成商事行为。如自然人偶尔出卖自己的家庭用品，就不是商事行为。

2. 行为人经营活动的不间断性

当然，"不间断性"和"反复性"是紧密联系的，但是，"反复性"不能代替"不间断性"。因为，"反复性"只是要求行为的多次重复，并不以"连续"为其要件。相反，"不间断性"则要求行为的连续。所以，经营活动的反复性和不间断性，都是营业的构成要件。

3. 行为人经营活动的计划性

所谓经营活动的计划性，指行为人运营的计划性，即不仅有经营的目标，还要对实现经营目标的措施和所采取的手段作出具体安排。

(三) 商事主体从事的行为

在商事法律关系中，存在着商事主体。在其他法律关系中则不存在，商事主体从性质上看仍然属于民事主体的范畴，只不过是其中的一种特殊形式。根据当前的商法，商事主体依法享有权利和义务，在传统商法中，此类人被称为商人，可以以自己的名义参与各种经济活动，同时也可以参与各种商事法律关系，在其中承担商人角色。商事主体与商人在外延上并不一致，商人的范围较商事主体为小，商人是商事主体的主要组成部分，但不能认为商主体都是商人。[①] 法律仅要求商主体以自己名义参与商事法律关系，享有权利、承担义务，并不要求所有的商主体从事商行为，更不要求其必须以商为业，而商人则必须具有营业资格，且以商为业。商主体还包括从事商行为的非商人，非从事商行为而参与商事法律关系者，

---

① 赵中孚：《商法总论》（第二版），中国人民大学出版社 2003 年版，第 121 页。

前者如参与证券交易的自然人,后者如保险法律关系中的投保人。[1]

(四) 体现商事营业特点的行为

营业性是指商主体至少是在一段时间内反复地、持续地、有计划性地从事特定的营利行为。商事行为是在商事主体的统筹运作之下,所进行的一种在一段时间内、持续性的经营活动,从此角度可看出,该行为不仅具有营业性的特征,而且还具有职业性的特征。比如学生毕业出售课本的行为,是一种暂时性行为,不具备持续性,所以不应该纳入经营活动范畴。根据法律法规,商事行为要具有一定的持续性,只有持续经营,才能获得相应的利益,促进商业的有效发展。商人只有进行持续性经营,才能体现其营业性特点。商人持续经营,从客观方面来讲,不仅能够让商人积累一定的有形资产,比如厂房和设备等,还能够获得一定的无形资产,比如品牌效应、商誉等。从主观层面来看,营业活动和营业组织关系非常密切,前者离不开后者,后者通过前者实现有效运作,从而创造出有形和无形资产。特别是无形资产的积累是商人持续经营所积累的。

(五) 受法律严格规范和约束的行为

在中国,虽然没有商法典或类似形式意义上的商法,商行为作为一个非法定概念。长期以来,人们往往用民事法律行为来代替商行为,但是无论商行为将来作为单独立法形式加以规制还是以我国目前的立法模式来辨析,商行为可认为是商事主体为了确立、变更或终止商事法律关系而实施的行为。商行为是商主体基于取得商事法律后果的行为,意思表示是商行为的基本特征,商行为必须符合法律规定,是限定在商事活动中所为的法律行为。[2]

三 商事行为的分类

(一) 单方商事行为与双方商事行为

单方商行为是指行为人一方是商主体而另一方不是商主体所从事的

---

[1] 郭晓霞:《商行为概念研究》,《山东社会科学》2010年第5期。
[2] 张志坡:《商行为概念研究》,王保树主编《商事法论集》总第14卷,2008年第1卷,法律出版社2008年版,第190—191页。

行为。学理上又称之为混合交易的行为。销售商与消费者之间的买卖行为、银行与储户之间的存款行为等均属此类。关于单方商行为的法律适用，各国商法的规定不尽相同。大陆法系国家商法通常规定，只要行为人中有一方是商主体，则交易双方都应适用商法。如《德国商法典》第345条规定："对于双方中有一方为商行为的法律行为，对双方均适用关于商行为的规定。"《日本商法典》第3条、《韩国商法》第3条也有类似规定。英美法系国家商法则规定，若行为人中只有一方是商人，则该商人适用商法，作为另一方的非商人不适用商法。双方商行为是指当事人双方都作为商主体而从事的行为。实际上，双方商行为只是学理上对应于单方商行为而提出的概念，立法上是不必特别规定的，因为这类行为显然应适用商法。关于其法律性质与法律适用，各国理论与实践中并无争议。

（二）一般商事行为与特殊商事行为

一般商事行为与特殊商事行为是大陆法系国家商法学理论研究中使用的一对概念，它并不是严格意义上的商事行为的分类。根据大陆法系国家商法学理论占主导地位的观点，一般商事行为是指在商事交易中广泛存在的，并受商法规则所调整的行为。其中有些行为不仅是商事领域共有，在民事领域也存在，但它们均受商法规则调整。对一般商事行为的范围，包括要约与承诺行为、给付行为、交互计算等。特殊商事行为是指在商事交易中具有个性并受商法中的特别法规所调整的商事行为。特殊商事行为产生的基础是商事交易内部的特殊性以及商法对不同类型商事交易法律调整的特别需求。特殊商事行为通常包括：商事买卖、商事运输、商事仓储、商事居间、商事行纪、商事期货、商事信托、商事票据、商事保险、海商等内容。中国对商事票据、商事信托、商事保险和海商等特殊商事行为已有单独立法。[①]

（三）绝对商事行为与相对商事行为

绝对商行为，又称客观商行为，它是指依照行为的客观性和法律的

[①] https//baike.baidu.com/item/%E5%95%86%E4%BA%8B%E8%A1%8C%E4%B8%BA/9896340? fr = aladdin#2_1，最后浏览日期：2021年9月4日。

规定，无论行为人是否为商主体，也不论是否以营业的方式去进行，而都必然认定为商行为。它具有客观绝对性、法律确定性与事实推定性的特点。如《日本商法典》第 501 条即以"绝对的商行为"为题，将 4 种行为确定为绝对商行为。绝对商行为通常由法律限定列举，不得作法律上的推定解释。在许多国家，票据行为、证券交易行为、融资租赁行为、保险行为、海商行为等均属绝对商行为。相对商行为，又称主观商行为、营业的商行为，它是指在法律所列举的范围内，仅由商主体实施或仅基于营利性营业目的实施时方可认定为商行为的行为。在各个国家中对于相对商行为都存在着不同的定义。也可能存在于法律所列举的范围中，通过商主体所进行实施的人则认定为商行为的行为也就是主观商行为，或者是以营利性的营业作为目的来进行进展的过程也被认定为商行为的行为也就是商业的商行为，也有可能是仅仅由于商主体利用营利性营业作为目的性来进行进展，才可能会造成商行为的这种行为。其中相对商行为具有基本特征，主要是其性质存在相对性或者是条件性。假若行为主体或者目的并不符合法定的所有条件，则这一行为只能构成一般的民事法律行为，所以也仅仅能够适用在民法中的一般规定。如《日本商法典》第 502 条即以"营业的商行为"为题，将 12 种行为确定为相对商行为。

（四）基本商事行为与辅助商事行为

基本商行为是指直接从事营利性营业行为的商行为。实际上，所谓基本商行为乃是绝对商行为与相对商行为的总称，因其系构成商主体与商行为概念的基础，故谓之。《韩国商法》在未对绝对商行为与相对商行为作规定的情况下，在"商行为"编的首条即第 46 条以"基本商行为"为题，将 21 种行为界定为基本商行为。传统商法学者多强调基本商行为在内容上以商品交易为基础的"直接媒介商品交易"的属性，故称之为"买卖商行为"或"固有商行为"。不过，随着现代经济的发展，基本商行为的概念得到了明显的扩大。如旅馆、饭店、娱乐业本属间接为商品交易服务的，也视为基本商行为。辅助商行为又称附属商行为，是基本商行为的对称，它是指行为本身并不能直接达到商主体所要达到的营业目的，但可以对基本商行为的实现起辅助作用的行为。如货物运输、仓储保管、加工包装及其他服务活动，与商品买卖这一基本商行为相比就是辅助商行为。在现代商事企业中，多数是一业为主多种经营，因而往往都是基本商行为与辅助商行为相结合。同时，还应注意辅助商行为的相对性。如运输在旅馆业中属于辅助商行为，但在运输企业则又属于基本商行为。

（五）必然商事行为与推定商事行为

必然商行为也被叫为固有商行为，主要是指商事法律关系这一主体在进行实施营利性这一行为或者是在经商法典中列举出非固有商也被认定是商行为。当商法存在并且规范以完整的状态下，对于所有的商行为认定都能够直接依照法律上的规定。上边所讲述的绝对商行为和相对商行为，这两个行为都包含在固有商行为之中，推定商行为又被叫准商行为，这指的是不能够直接地依据商法规定来进行认定，而应该根据商法中的规定或者依据事实来进行推测的方式，才能够得以确认其性质的商行为。例如，非商主体以营利为目的而从事的咨询服务、信息服务等活动。推定商行为往往与商主体的营利性营业行为具有间接的联系，通常包括商主体通过非商主体所为的行为。此外，在民商分立情况下，民事公司（合伙）本不属于商主体，其为自身本来的事业而从事的活动，并不属于商行为，但若系为营业而实施的行为，则被推定为商行为，适用有关商行为的规定，并且该民事公司（合伙）也被视为商主体。[①]

第二节　商事行为具体制度扩展

一　商事买卖与消费者买卖

（一）商事买卖与消费者买卖区分的必要性

商事买卖是指出卖人转移标的物的所有权于买受人、买受人支付价款的商事法律行为。商法关于商事买卖的规定贯彻保护卖方的市场。这种注重保护卖方而非买方的规定可能会产生问题，但是，在商人间的交易中，由于具有经常发生角色互换的可能性，双方既可能是买主，也可

---

① 范健：《商行为论纲》，《南京大学法律评论》（2004年秋季），第55—57页。

能是卖方,此时只保护卖方一方可能不会有太大的问题。然而为了交易的顺利进行设置对消费者保护的相关规定可以说是很必要的。

（二）以"知假买假"行为剖析商事买卖和消费者买卖

从《消费者权益保护法》规定了惩罚性赔偿以来,"知假买假"现象风靡一时,愈演愈烈,现有的理论界与实践界的学者大都将重点放在系统地讨论"知假买假"能否适用《消费者权益保护法》（以下简称《消法》）第55条进而获得惩罚性赔偿的问题上。《消法》第2条虽对其调整范围进行了规定,但未明确"消费者"的具体内涵。"知假买假"者到底属于消费者还是商事主体,司法实践中裁判标准不一,尚存争议。主要存在以下几种观点。

其一,肯定说认为,只要其购买的商品不是用于再次销售,就属于消费者的范畴,应当适用惩罚性赔偿。该学说以王利明教授为代表,认为购买者在购买商品时出于何种目的难以判断,其购买动机属于道德范畴而非法律问题,故将消费者的外延扩大,认为非经营者即消费者。支持肯定说的学者还认为,从文义上解释,《消法》第55条规定的经营者"欺诈行为"不以购买者不知情为要件,其是否陷入错误认识并不影响其获得惩罚性赔偿。还有学者认为,《民法通则》第68条混淆了"欺诈"与"欺诈行为",消费者获得惩罚性赔偿不以其陷入错误认识并作出意思表示为前提。此外,支持肯定说的还有一个重要理由就是职业打假人的行为有助于打击销售假冒伪劣产品的行为,同时可以节约监管部门的执法成本。

其二,否定说。以梁慧星教授为代表的一方持否定观点。否定说认为,依据《消法》第2条之规定,只有为了生活消费需要购买、使用商品或接受服务才属于消费者的范畴,"知假买假"是为了获取经济利益,不属于《消法》的调整对象,故不适用惩罚性赔偿。梁慧星教授认为:"职业打假阶层是一个游离于公权和私权之外的、以打假为业的牟利行业,不利于法治建设。"学者郭明瑞在其文章中明确排除了"职业打假"者适用《消费者权益保护法》的可能性,将之视作一种生产经营行为,并且,他还认为,其他的"买假索赔"者也因其"知假"而不存在经营者和消费者信息不对称的问题,所以,"知假买假"者不能得到《消费者权益保护法》中对于消费者的倾斜保护。学者孙倩倩也同样认为,"知假买假"者并非是以"生活消费"为目的,而是以"牟利"为目的。其次,"知假买假"者的行为有违诚实信用原则,容易滋长以背信手段治恶的不良风气。最后,她也并不认为支持"知假买假"者获得惩罚性赔偿可以实现净化市场的作用,她以打假人买假货威胁商家花钱买平安为例说明了支持"买假索赔"所造成的隐患。另外,从欺诈的构成要件以及法秩序的统一要求上看,构成欺诈必须以购买者因经营者的欺诈行为陷入错误认识而作出意思表示为前提,"知假买假"者并未陷入错误认识,故不构成欺诈,从而不适用惩罚性赔偿。

上述两种观点既有合理之处,但又存在难以解释的地方。肯定说从文义上区别"欺诈"与"欺诈行为",从而得出《消法》第55条规定的经营者"欺诈行为"不以购买者不知情为要件的结论,有咬文嚼字之嫌,不符合《消法》的立法宗旨。否定说将"知假买假"行为一刀切地予以否定,忽略了食品、药品消费领域的特殊性。

综上,在审理牟利型"知假买假"行为类案件的过程中,应在坚持否定其获得惩罚性赔偿的原则下,将食品、药品消费领域作为例外规定进行裁判。

二 商事代理及其制度扩展

(一) 商事代理行为的理论内涵

在大陆法系国家,代理一般特指代理人以被代理人名义与第三人所为之民事行为,即所谓显名代理或直接代理;而隐名代理或间接代理,不被视为严格意义上的代理。在商事代理立法中,一般只把商业辅助人(使用人)的行为、代理商的显名商事代理行为列入商事代理的范围,而隐名代理、不披露代理人身份的间接代理则分别由委任合同、行纪合同、居间合同、运输合同等特殊合同予以规定。

在中国现有的言语环境中,商事代理这一体系主要以民事代理作为根本来进行其理念的诠释和规则的建造,为了能够和民事代理这一制度进行相互呼应,在理论理念上商法中有的代理规则,运用"商事代理"这一话术来进行叙述。例如,将商事代理划定为"商事代理人代理商事主体实施商业活动的商事行为"。也有没有使用"商事代理"的情形，而是直接称之为"商行为的代理"这一名词术语，并且觉得"商行为的代理是指委托人委托受托人代为实施商行为，其行为后果归于委托人"。通说以为"商事代理是代理人通过为他人利益行动从而为自己获得经济利益的经营行为，本质上都属于商行为"。这一体系的行为模式以及效力的规章制度，都只能够直接地受到民事法律行为的重要影响，尤其在意思表示规则法律行为中。能够和民事代理这一体系相互对应，商事代理这一体系，从商行为方面的角度来看是对在商法领域范围中的代理制度的概念阐述。从这一点来看，商事和民事这两种代理都同时具备着相同的法律渊源以及极其相似的行为方式，民法和商法规范所对应的相应代理规制又被称为"民事代理"和"商事代理"这两种术语，但是从观念上来说，其实都是运用代理这一名词作为民事和商事代理的上位理论基础。从而创造出了司法这一体系中的代理规章制度的框架。

（二）商事代理制度的实践形式

从一个企业的经营管理上来进行考察和研究，一个企业能有很多可以向其合作的客户进行展示的产品，不管是公司的产品还是公司的服务，都可以利用其公司自身的员工来建立出众多的各程序支架网络，比如像金融机构的企业，但是和这个基本形式不同的是，金融机构是由企业以及其外在的众多人员所组成的合作机构，这部分的第三人和企业并没有在结算上有着密切的关系，并且这些人运用自己的名义来进行各项活动，例如像大大小小的经销商。而代理商是介于其中的一种形式，他一方面和雇员不同，本身是独立的；另一方面"长期"和企业合作，并作为后者的媒介人和代理人而行为。从作用上观察，代理商首先是在其销售中间商的地位上有重大意义。处于这一地位而行为的还有居间商，而他和代理商不同，他不是受企业"长期"委托从事销售媒介工作的，还有众多其他人员可从事相同工作，如合同经销商、行纪代理商以及特许经营商等，他们虽然也满足了"长期"受托的特征，但他们不限于进行单纯的媒介业务，并且其行为不受企业名义的限制。虽然这些新的——因此法律也未作规定的——销售中间商的形式广为流传，但他们都没有威胁到代理商的地位；后者在实践中的意义还是和从前一样巨大。

居间，指以充任他人之间商行为的媒介为业者。即居间人自身并非合同当事人，而是尽力促使他人间的法律行为成立的人。例如，旅行业者以促成旅行者和住宿业者间的住宿合同为业，这样的旅行业者就是一种居间人。居间人以"媒介"为业的内涵是，尽力促使法律行为成立。从这点来说，居间人和自身为法律行为当事人的行纪人以及自己为代理商的缔约代理商是不同的。作为居间人，同时作为代理人缔结契约是不被允许的。

行纪，是指以物品的卖出或买入的代办为业的人。代办是指以自己的名义为他人进行买卖，也就是指合同权利义务的归属主体为自己，而经济上的损益归属于他人的行为。因此，这与日常生活中所说的批发商是完全不同的，此处指的是自我商。代办也是营业性商行为，以代办为业的行纪人是商人。委托者则不一定必须是商人。买卖的物品包括有价证券。

协议经销商作为和企业主有特殊利益联系的独立销售商。如果人们越过仅仅为企业主媒介交易或者以其名义成立交易的代理商和虽然以自己名义活动，但仍然为企业主的利益成立交易的行纪代理商两种类型而继续向前发展，人们就会创造一种结构类型，在其中销售中间商不但以自己名义而且为自己的利益而行为。与此相近，经济实践中也确实使用了这一形式。对此有一点很重要：销售中间商虽然一方面是独立销售商，但另一方面也和企业主存在着密切的利益联系。

特许经营的作用和典型表现形式。再次用类型扩展的方式思考，人们就会接近特许经营的概念，此前用此方式已经从代理商经过行纪代理商得出了协议经销商的类型。最后一类人的特点是他自己购买由他销售的货物。人们如果继续将这种类型向前发展，如果某销售商自己生产产品，并就此适用另一企业主的诀窍，甚至是专利、产品标志等，而且他还类似于一个协议经销商那样和企业主的销售体系联系在一起，这时人们就创造了一种典型的特许经营形式。一个典型例子是麦当劳餐厅，它由特许经营商经营，而依照特许经营许可人的概念基础，特别是营业手册和食品的配料单营业。

三 商事运输及其制度扩展

运输是将人或物品实现场所间的移动。运输合同是以完成运输工作为目的的承揽合同的一种。运输相关的行为是营业性的商行为,运输营业以承接运输为业,属商行为。所以,经营运输营业的承运人是商人,但是运输行为不由自己实施,而转包他人的情形下,其仍然以承接运输为业,仍然是运输营业。商法上,将运输营业分为货物运输和旅客运输。

运输代理合同,"运输代理人通过运输代理合同有义务处理货物的发送",并且"发运人有义务支付商定的报酬"。具有类型特点的义务一方面是运输代理人的处理义务;另一方面是发运人的支付义务。包括对运送的组织,特别是确定运送工具和运送路线,选择执行运输的企业主以及和其订立合同,担保发运人的损害赔偿请求权。

仓储营业也是辅助他人营业的辅助商之一。仓储营业在一些方面与运输业有相似处。物品的保管和物品的运输二者的交易行为特点是完全不同的,但是,对于运输业是以克服空间障碍为目标来说,仓储营业是以克服时间上的障碍为目标。在这个意义上说,二者都是用以克服商人障碍的辅助商行为。进一步说,同在运输业中需要使用提单一样,在仓储营业中也广泛运用到证券。在寄存者将某件物品交由仓储营业者保管的时候,在仓库的保管过程中可以预想到必须要处分该物品的情况。为了使这种情况成为可能,从而发行了仓储证券(俗称仓单)。其结果是寄存者能够顺利且迅速地处分保管的物品,从而作为担保的资金融通成为可能。像这样的证券使用与物品运送合同中的提单的情况相称。

四 商事留置及其制度扩展

留置权又被分为民事留置权和商事留置权这两种,虽然都属于留置权,但是这两者的源头和沿袭以及改革却各不相同,民事留置权这一制度起源于在罗马法上的恶意的抗论辩论和欺诈抗论辩论之中的拒绝给付权,[①] 但是

---

① 刘凯湘:《比较法视角下的商事留置权制度》,《暨南学报》(哲学社会科学版)2015 年第 8 期。

和民事留置权相比商事留置权的起源相对较晚一些，大概在中世纪的意大利商人团体中有的习惯法开始出现，它既能够维持商人之间的各项信用，也能够用来保障在进行交易关系的稳定以及在交易过程中的安全程度。和民事留置权相比较，商事留置权的特殊性，由于各种国家的不同以及区域的不同，所以对于这两者所给予的定义也大不相同，但是总体来说，从不同的历法中，我们也能够总结出商事留置权和民事留置权相比较存在着三方面的特殊区域：第一，从权力这一性质所具有的特殊性；第二，对于商人的身份和债权所具备的要求；第三，对于其中所出现的牵连关系的放弃或者比拟规模制度，并且从这三方面来说，只有牵连关系的比拟规模制度或者舍弃才能够看出商事留置权这一制度从本质上来说其具备的特殊性。

（一）权利性质的特殊性

对于德国及与其类似立法例的国家而言，商事留置权的特殊性主要表现在两者的效力上。《德国民法典》并没有承认民事留置权具有担保物权的属性，其在性质上仅有债权的属性，实际上是一个广义的、包含同时履行抗辩权在内的概念。而《德国商法典》则赋予了商事留置权物权化的效力。所以，商事留置权这一制度的特殊性主要体现在民事留置权和商事留置权，两者在权利性质上出现的差异。但是在其他的立法典例中，民事留置权这一权利具备着物权化的效力作用，同商事留置权相比较，在权力这一性质上并没有任何的差异，所以，从权力这一性质上所看出的特殊性是由在德国所出现的债权性质的民事留置权这一制度所导致的，相对于大部分的立法例而言，其同样的特殊性并没有出现。民事留置权和商事留置权也将不会再利用商事留置权的物权化来进行划分。

（二）商人身份和商事债权的要求

对于商事留置权，其区别于民事留置权的另一重要特征就是对商人身份和商事债权的要求。例如，《德国商法典》第369条要求商事留置权的成立需要具备商人身份，且被担保的债权必须已经到期并限于债权人和债务人之间成立的行为，同时必须由一个双方商行为产生。《瑞士民法典》第895条第2款要求，商事留置权需发生在商人之间，且仅以占有系由商业交易中产生者为限。《日本商法典》第521条亦要求，商事留置权需成立于商人之间,且所担保的债权需基于双方的商行为而产生。我国台湾地区的商事留置权需要具备"商人间因营业关系而占有之动产"和"因营业关系所生之债权"两个重要条件。问题在于,商事留置权制度本身就是商人间进行商业活动时所适用的规则。"商事"这一定语自然地揭示出其有别于民事留置权的特殊性。从某种意义上说,商事留置权对商人身份、商行为的要求是由其自身属性决定的,这种特殊性依然是表层化的。因此,商事留置权因"商事"这一定语本身的属性所产生的特殊性并不是其与民事留置权之间的核心差别。故而,即使两者在此层面上的确存在不同,这种不同也并不是商事留置权区别于民事留置权的核心特征。

(三) 牵连关系的舍弃或拟制

根据商事留置权和民事留置权这两者进行比较,他们的核心特殊性取决于对牵连关系的设计或制度拟定,但是对于其关系的舍弃就指的是在法律上并没有明文规定牵连关系作为权力所达成的重要文件,或者通过法律的明文规定来排除其关系所适合的情景。德国、瑞士和日本等立法例主要采取了此种方式。而牵连关系的拟制,主要是指通过法律的规定,在所规定情形成就时,便视为牵连关系存在。我国台湾地区主要采用了此种方式,例如,《德国民法典》第 273 条第 1 款规定:"以债务关系不另有规定为限,债务人因其义务所根据的同一法律关系而有对债权人的已到期的请求权的,债务人可以拒绝履行所负担的给付,直到其所应得的给付被履行为止。"《德国商法典》第 369 条第 1 款规定:"一个商人因自己对另外一个商人由二人之间所订立的双方商行为所享有的届期债权,对以债务人的意思依商行为已经为自己所占有的债务人的动产和有价证券,以其尚占有这些物品为限,特别是可以借助于海运提单、提单或者仓单对此进行处分为限,享有留置权。"通过对比两个条文可以看到,虽然德国的民事留置权不具有物权属性,但这种债权性的权利依然要求"同一法律关系"的存在。而《德国商法典》中仅要求"以债务人的意思依商行为已经为自己所占有的债务人的动产和有价证券",并不要求商事债权的发生与留置物存在牵连关系。

第四编

商事法学习和研究建议

商事法相对而言，体系性不强，但是模块化程度很高，因此要求对知识掌握的精准化，学习和研究商事法切记根据模块内容做好精准化模块知识的笔记。也推荐根据个人偏好，使用有道笔记、印象笔记（Everynote）、Notion 和 Obsidian 等辅助学习和研究，这些小工具越使用，越能体会到知识管理的收益。多参阅 CNKI、国家哲学社会科学学术期刊数据库、北大法宝、法信平台、中国民商法律网、月旦法学知识库等，学习论文佳作赏析，培养知识共同体的批判性思维意识和学术论文阅读评价能力，顺利完成自己的论文写作。

第 十 章

研究资料的获取与积累

第一节 以法律制度问题为导向的思路

一 关注制度的学术脉络和动态

我国对于民商经济法的研究按照历史进程，主要可以分为两个时期，第一个时期是计划经济时代的民商法学研究，第二个时期是市场经济时代的民商法学研究。中华人民共和国成立后，中国对于民商法学的学习模式和框架主要按照苏联的模式进行。20世纪80年代末期，形成了过渡时期的民商法学和经济法学理论，这一时期法学理论主要以计划经济为主，市场经济为辅，这种理论也就是常说的有计划的商品经济。直到20世纪90年代，中国确立市场经济地位之后，有计划的商品经济也逐步被法制化的民商法理论所取代，这时候才开始了对于民商法学理论的全面研究和探索。以民法为例，特别是对民法的名称问题、调整的对象问题以及地位作用问题等进行了讨论，而且还全面对民商法学立法的模式与结构进行了探讨。

21世纪以来，在国内，民商法学的研究和市场经济同步发展，近10年左右的研究，发展中渐渐确定了主体平等和商业自治这两个新的理念，并且对于民商法学的研究和发展以及制定创新出了更大的突破口，也制定出了相对较完善的法律体系，更加促进了对于民商法学这一研究的进展。比如在意识形态以及方式方法上都能够获得显著转变。目前，对于企业的法人财产权确认已经基本实现，许多国有企业也进行了合理的转制。对于社会上流行的"冰棍理论"以及国有财产流失理论等有了明显的遏制和改善。2007年，我国政府出台了物权法，对于侵权行为进行了比较明确的界定，产生了根本性的转变；《民法典》合同编、物权编、侵权责任编等法律的不断完善也使我国民商法学研究不断得到推进。比如说在企业破产之后，往往会造成无形资产流失，有的时候还会涉及资产的转移；属于国有企业职业经理人将管理权转移到私人之后进行的变更进行了更为合法有效的界定和实践。近十年以来，由于我国对于民生问题、金融问题普遍关注，因此在这一方面进一步推动了民商法学的完善和进展。

依据市场经济背景的基本理论，再根据当下社会的需求，对于民商法中的所有权、责任和义务这三种的框架逐渐完成。事前进行提前预防这一原则、在经济活动中利用法律来规范各地区的民营企业这两点成为重点内容，并且增强了对于各项知识产权的保护程度，也展开了巡回法院等其他新的模式，通过这样的方式也能够为民事诉讼这一法律项目提供公平并且具有一定力度的司法服务。这些转变能够在民商法学的研究中起到重要推动作用，推动我国全面实现依法治国，促进经济良性发展，人民在法治条件下安居乐业、企业快速发展。通过对民法、商法、经济法相关学术研究动态的了解和评析，获取前沿学术动向，立足中国民商法律实践表象下的理论问题，从理论层面思辨、剖析实践问题。

通过学习检索学科前沿内容，了解中国民商法、经济法的理论发展，了解最前沿的理论与实践问题，对进一步的研究或者法律实践有更全面的认识，获得更多的启发，以达到将学习研究资料整合积累的效果。

二　规范研究方法为基本出发点

规范研究方法指的就是对于各种民事法律的研究做好相应的规范，并且深入地讨论是如何所组成的法律理念，能够合理地规范其相互的纽带关系，这一方式很早就已经出现，相比较于民商法在此之前就已经有了这一方法。时间虽较为漫长，但其被利用的范围却极其的广泛，并能够一直持续发展到现在，民商法也作为司法的重要一部分，主要涉及对于各主体之间的平等进行调整、对于公正财产和人身之间的关系。现代人在利用民商法的过程前期对于民商法的研究模式，就是规范研究方法。

这一方法的主要作用就是能够用以研究民商法的内容以及构成框架，并且能够认识到通过这些方法如何去实现"公平""正义"。在利用规范研究方法这一模式，对民生法进行相应的研究和开展的过程中，其研究的思路包含了两部分：一，应该对民生法中的各项规范有没有完全符合公平、正义这两个核心理念进行相应的研究和考察。二，对于民商法之中的各项规范原则中的所有关系要对其相应地考察，利用这些研究的方式，人能够清楚地认识到民商法其中的单一规范的利用价值以及各规范中所存在的法律价值，并且能够使得在各个法律规范之中进行相互的配合和制衡，这也是研究这一方法所需要的重要意义和目的。

在学术界中也包含了商法学界，从商法学界角度来说，对于商法和经济法作为部门法的制度以及法学这一学科是否存在着独立的意义始终缺乏着统一的认知，长久以来，在司法领域，民法思维和民法化体系占据了主导的位置，这也致使商法的基础理论缺少其自身的核心理论来进行支撑。从而出现了商主体、商行为等其他概念的结果，很多研究商法的学者也讲述了商法存在着营利性和营业性等其他多方面特点，但这也仅仅是商法的表面状态，并不是其制度的支撑根本。近几年，部分的学者能够认识到这一问题的存在，并开始创造出商法独自具备的话语体系。[①] 我们认为，随着民法典编纂工作的推进，商法学界的自觉意识将进一步加强，商法思维和商法独立性会持续成为研究热点，中国商法学应该可以完成商法基础理论的体系化工作，通过中国民商法学会网、商法学研究会以及相关商法、经济法学术论坛等官方研究网站来对民商法、经济法的研究动态有最前沿和权威的学习了解。党的十八届四中全会决定中明确提出编纂民法典，这一史无前例的重要决策使得整个法学界非常振奋，商法学界、经济法学界也表现出强烈的参与意识。

三　规则文本和规范配置为素材

为了能够促进民商法的研究与发展，必须要结合实际情况来进行研

[①] 参见汪青松《商事主体制度建构的理性逻辑及其一般规则》，《法律科学》（西北政法大学学报）2015 年第 2 期。

究，以及对于当下经济进行有效的分析等其他方法，能够从规范研究这一角度进行，对其相应的法律制度不断地改善，用来提高在实施过程中的效果。

其一，应该针对民生法规范中的设计规章制度去进行相应的研究，然后对其立法的根本素材进行相应的完善，并且在这一体系中，最根本的法律素材就是各项的规范制度，所以，假若要对民商法进行更好的完善，就应该掌控立法中规范的设计规则。依据这些规则来实施相应的立法，才能够提升国内法律规范的水平状态。

其二，在针对各项的规范设计过程中，应该有着其本身的各种规则，比如，对于民商法中的各项规范进行设计的时候，应该包括假定、处理、制裁三个方面的概念进行设计。如未进行设定，那么所创造出的民商法就缺少重要意义。

其三，应该针对提升法中的各级规范中所牵连的关系进行相应的探究，能够使我国的民商法各项制度更完整。从民商法的角度来说，其之间的各项规范与制度都是密切相关的，他们之间存在着相互配合和制衡的作用，所以在设计规范的过程中，首先要考虑其中的牵连关系，不能在制定后存在着相互的矛盾，在不同的规范之中，都需要相互的协调以及平衡。更应该研究各项规范其中的关系，并且对所具有的问题进行尽快的解决，只有这样才能够对民商法的立法过程进行持续的完善和调整。

第二节　以现有法律文本为基础的分析

一　将现有的法律条文作为论据

合理运用现有的法律条文来分析，是对问题进行剖析的基础方法。无论是在民商经济法体系中，还是其他学科中，寻找到与研究对象合适的法条都是基础性、关键性的一步。在分析问题的时候，要将现有的法律条文作为论据主要取决于以下几个要点：（1）法律条文与研究对象的关联性，以及关联性强度。（2）在解析法条含义时，应当综合相关司法解释，对于含义的解析应当做到清晰明确。（3）法条自身的时代性，有效性。对于已经废除的，或者用旧法律应用至新对象，不具有研究异议的，应当摒弃。

以上均为理论意义上的方法，在深刻研究问题的同时不能束缚于逻辑法学的闭塞圈中，也应当注重结合现实中对于具体行为活动的影响对法条含义进行分析。例如，《公司法》第3条："公司是企业法人，有独立的法人财产，享有法人财产权。公司以其全部财产对公司的债务承担责任。有限责任公司的股东以其认缴的出资额为限对公司承担责任；股份有限公司的股东以其认购的股份为限对公司承担责任。"第28条："股东应当按期足额缴纳公司章程中规定的各自所认缴的出资额。股东以货币出资的，应当将货币出资足额存入有限责任公司在银行开设的账户；以非货币财产出资的，应当依法办理其财产权的转移手续。股东不按照前款规定缴纳出资的，除应当向公司足额缴纳外，还应当向已按期足额缴纳出资的股东承担违约责任。"对于不同阶段选择合适的法条进行论证才能使积累朝着正确的方向前行，若基础性法条选择错误则会导致整篇研究失去研究的意义。

除此之外，当一个研究对象同时适用两个以上的法条，并且互相不冲突时，该如何分析现有法条。最为典型的例子，从宏观角度上来看，于请求权体系之中，同一个研究对象可能适用多个请求权基础，唯独意义不同之时关乎利益大小问题。当请求权基础发生竞合时，当事人可以从自身诉讼需要的角度或者根据事实作出不同的选择。这是由民法的属性和私法自治决定的，不同的选择可能会导致不同的走向。此时不可偏向于仅对一方的法条依据进行分析，应当将两方的请求权基础的法条结合研究对象做一个初步的对比，对比举证责任承担、管辖法院、诉讼时效，哪方更占优势，从而进行挑选研究对象的法条基础，如支配权请求权和债权请求权竞合时，在诉讼时效已经超过的情况下，明显是只能在诉讼中应用支配权请求救济，应当就支配请求权的相关法条进行研究。若是差距不明显，则可以将多种请求权基础的法条进行比对分析，这种研究方法也颇具研究意义。

二　法律学科之间的系统与区分

在社会主义的市场经济发展中，主要包含着三方面：第一，通过民法进行调整的平等主体之间相互的财产关系；第二，运用商法来进行调整的平等商事各主体中的商事关系；第三，运用经济法来进行调整的具备社会公共性的一种经济管理关系。即使民法、商法、经济法这三种法律都有着其相应的调整范围和其对应的作用对象，并且都各自有着不一样的任务以及计划和目标，但就市场经济的快速发展来说，无论其中的任何一个存在都会具备着另外两个的出现。从公司以及运营所产生的各项关系的调整的角度来说，应该具备着民法的法人制度以及各项财产相应的制度，假若在一个公司中没有任何的商法制度，对于法人制度的实现就更加的没有基础。如果没有对经济法相应的自由以及公平竞争的秩序进行有效的建立以及维护，那么公司这一个企业法人就很难获得合法的权益。所以，虽然民法有着私法一般法的意义，但是假如没有商法的存在，那么民法中的规则就不容易在进行商事等其他活动中发挥重要的作用。反之，民法的缺失可能会导致在商事法律这一制度中失去了一般法规则的基本支柱，并且在对各市场经济及秩序的相互关系维持中，假如没有经济法来进行协调，那么民法或者商法的作用就受到了很大的局限，甚至最后的结果可能不如人意。所以对三法的研究不能只注重于每部法律的特性而将其割裂开来，而应建立在民法、商法、经济法"同源性"的基础上进一步来研究每一门法律。

在大陆法系国家，由于各种法的演进过程各不相同，所以其相对应的部门在框架结构中以及方式风格上也大不相同。所以，能够认识到民法、商法、经济法这三种法律进行相应的定位以及作用，大部分都是从法律的各项部门着手。通过法理学家我们能够得知法律部门的标准如下：第一，能够依据着法律作为调整对象，也就是通过法律所改整的社会上的关系来对法律部门进行相应的划分；第二，依据法律的调整方式来对法律部门进行划分，但是每一部门都不只是运用了一种调整方式，一种方式也并不只是适合用于一个部门，也可以认为各不相同的部门也能够采取相同的方式进行调整。所以，任何一个调整的方式都不容易成为一个单独的作为标准，其只能作为一个辅助性标准来进行衡量。反之，法律也是对社会中的关系进行调整的各项行为准则，所有的法律都能以一定的社会关系作为一个调整的主体，其关系中的概念也能够对法律规范中的性质起决定性作用。也可以说，由于法律对于社会关系进行调整具有单一性，能够让我们更加准确地认识到不同的法律部门，也正如此，通过法律部门我们能够认识到三法，从根本上就是能够从社会关系的框架中认识到上述三法，这也是能够认识到三法定位以及功能必不可少的方式。

三 通过法条及其解释适用理解法治实践

时代的快速发展，对于法学的拓展以及研究更加注重对其进行法治实践的相互融合，能够更加深刻以及准确和具有说服力地叙述中国的法治实践整个过程以及结果，对中国法治实践过程中的深入、拓展以及丰富，都给予了更加确切有效的理论领导和学术上的支撑。为了能够对立法的效果、水平状态、实施过程以及效果、在法治领域中的改革成果、实践部门的工作效率等其他进行相应的检测，在法学界中运用了更为合理科学的方式和更多的注意力进行了法治评估。与此同时，越来越多的法治实践部门都希望法学研究所或者其教学的各项机构，对于其自身部门以及地方或者行业中的立法、执法或者是司法的状态，以及效果进行相应的测评。且伴随着司法逐渐公开并且稳步向前，目前为止大概有7700多万份的民事裁判文书已经在网上公开，这也给予了很多的法学研究者一些全新的学术资源。在此之后逐渐出现了大量的利用网上的资料进行相应的案例分析题和数据选题，逐渐促进了在法学这一领域中的实证分析研究，以及对于其各项数据进行相应的分析。这些研究能够更加准确地对司法运行所具有的实际状态和这一制度所出现的效果进行有效的诠释，这也促使司法中能力以及立法的水平逐渐提高。越来越多的法学研究者也逐渐对其领域中学术创作的传播结果更加的注重，尤其是对于法治实务中范围内的传播过程。许多的法学研究者能够注意到法律实务中的工作人员，对于法学的各项研究成果的认知和阅读相对较少，通过这一传播过程可以促进深刻的反思与反省，也能够认识到只是一味地追求有关的法学著述，却不能出现在实践过程中的回响，所以这不能够作为学术中的成功。利用对学术的发扬以及在组织机制中提升对于法学探究的实践和应用性，提升在法学著述中对于实践者的吸引力从而进行阅读和积极的实践参与，逐渐变成了一种领域中的学术风尚。

第三节　以中国研究为主、国外研究为辅的研习积累

一　坚持我国经验为主的研究立场

中华人民共和国成立后，中国的法学已经延续了 70 年，至今发展得更加辉煌，未来无限。这也表现了中国的特色风格、法学这一体系、学术中以及话语体系的建造，不断地进行更新、深化以及对效果进行展现。在党的十八大中实施了促进建设社会主义法治国家战略的这一目标并对其进行部署，在党的十九大中对坚持全面依法治国这一概念作为新时代中国坚持以及发展特色社会主义的根本方针之一，也指出了一系列的发展目标。在党的第十八届四中全会中，确定了以全面推进依法治国作为总体目标，强调了一系列的治国根本。全面依法治国，在四个全面战略布局中扮演的重要的角色，随着全面依法治国的不断深化，也使得在进行法学研究的过程中，需要使用高标准来衡量科研水平，这就是"必须从我国基本国情出发，同改革开放不断深化相适应，总结和运用党领导人民实行法治的成功经验，围绕社会主义法治建设重大理论和实践问题，推进法治理论创新，发展符合中国实际、具有中国特色、体现社会发展规律的社会主义法治理论，为依法治国提供理论指导和学理支撑"。在相关的理论指导下，法学研究则呈现出浓厚的中国意识，而且也将浓厚的中国意识应用至社会实践中。由于确定了社会主义市场经济这一体制，这也对中国的法学做出了更加困难的理论支柱要求。但也拓展了学术研究范围。如果只是以为社会主义市场经济这一体制的确定只能让中国法学的研究对象以及范围出现了扩大，比如市场经济法律这一体系的出现，对于民商法学提供了更好的发展前途，但也只是从其表面看待了这一体系对于中国法学的促进。这一体系对于中国的法学界产生的影响主要在两方面：第一，所对应的对象层次方面，第二，所针对的主体性层次方面。从对象性层次方面来说，这一经济体制的确定也对其提出了构建社会主义市场经济法律体系的建造，对于其组成对象也就是各项法律以及

体系本身,和之前的法律体系相比较是一个比较新颖的主体。所以,将这一经济法律体系作为重要的研究主体在中国的法学界也拓展出前所未有的学术和科研领域。从主体性对于层次方面来说,在这一市场经济的体制中包含了基本理念、原则以及其运行的各种特点,这也造就了中国法学界中所研究的对象其内在的素质和外在的背景环境。比如,市场和学术这两个主体之间、诚实守信的原则和学术的概念之间,都具有观念相通以及素质形成的各种动态牵连关系,所以,市场经济这一体制的运行效果对于中国的法学界研究主体和环境背景,都有着巨大且持续的观点影响和在学术上的创造力。

二 基于主体意识借鉴学习外国法律

新的时代,大力度的倡导中国特色社会主义法治理论对于在中国法学上的探究,对中国法学起到了强大的作用。这也致使研究者在文化的自觉以及自信根本上更加科学的去面对区域外的各种学术资源。在过去引用区域外的学术资源包含着法学的理论以及各种案例时,都有着部分缺少了主体性以及科学性的学术方向。在这些法学的探究中出现了文化自觉以及自信的缺少,更加突出了在市场经济的快速发展中,对于有关的制度和概念都迫切的需要而导致出现了应急性立法以及应急性的研究这一弱点。中国的坚持对外开放也包含了对于各项知识以及信息交流的开放性,从区域外所得到的相关法学基础知识的源头也更加的丰富,这也是建造中国特色的法学体系的一个更加有利的因素,但是从外所得到的知识只有能和中国的法治环境以及制度体系和观念相呼应才能够作为中国的法学这一体系快速发展的有效手段。在当下对于法学的探究过程中,主要立足在中国的法治实践、坚持对于文化主体的重要地位和在问题能够意识到的学术导向中更加清楚,始终坚持着以"我"为主的去使用区域外所有的法学知识这一态度更加的强固,这也更加促进了中国特色法律体系的全面建造。虽然总结自我的经验特别重要,但是在一个国家不断发展的过程中,有限借鉴外国法律,寻求制度突破是有必要的。例如:改革开放以来,中国商法立法成果众多,但始终对国际化的法律实践缺乏重视,导致中国在过去四十余年里一直无法通过商事法律提升本国法律的国际影响力。① 当前国际竞争日趋多元和复杂，以商事法律竞争为表现的制度竞争日益成为国际商业竞争的重点，中国商法的国际化不足不仅增加了本土企业在域外的合规风险，而且削弱了中国法治和中国经验的国际影响。在当前民法典编纂和深化对外开放背景下，明晰商法国际化所面临的现实需求，厘清存在的制度困境，将帮助中国更好地探寻商法国际化的发展路径。在我国经济建设发展的过程中，大多都会去借鉴其他国家中出现的制度的各种问题，比较法也称之为根据国家或者地区的不同对其进行相应的比较和研究，它也分为三方面：第一，叙述比较法，也就是对于外国法进行相应的研究；第二，评价比较法，也就是根据国家的不同和法律的不同发现其不同的趋势；第三，沿革比较法，也就是对于各种法律以及制度的不同进行研究之间所出现的现实效果和演进关系。

中国民商法的进步的功劳有一部分就得益于对外国法的引进和吸收。用比较法的方式进行研究最为有利的一点便是对于问题意识的研究，但在比较法研究中，又是对问题发现的一个过程。这也间接导致了拿来主义的出现，将外国法律研究得出的经验不假思索的套用到本国法中。这种问题忽略了我国的经济规律以及本质国情。② 因此在研究时应当进行将国外经验作一个"理解之所以"的过程。具体过程可见《正当化视角下的民法比较法研究》。在吸收国外裨益经验的时候，应当遵循的主要方向是以我国社会主义市场经济建设发展为重点，比较借鉴其他国家的制度得失。

三 比较借鉴外国法律的佳文范例

清华大学法学院梁上上教授在《清华法学》2019年第2期发表论文《中日股东提案权的剖析与借鉴——一种精细化比较的尝试》，在此节选梁上上教授的论文摘要，供参考学习。

---

① 范健：《中国商法四十年（1978—2018）回顾与思考——中国特色市场经济主体与行为制度的形成与发展历程》，《学术论坛》2018年第2期。

② 解亘：《正当化视角下的民法比较法研究》，《法学研究》2013年6期。

中国法律已经从法律移植阶段步入法律养护阶段，精细化比较呈现蓬勃生机。本文采用精细化比较的理念与方法，对中日两国股东提案权的制度宗旨、立法史、构成要件、存在问题、法律漏洞、修法方向等做了全面而深入的比较研究。两国股东提案权具有共同的立法宗旨，但是两国对该权利的规范路径并不相同，中国将股东提案权定性为临时提案权进行规范，而日本将股东提案权区分为议题权、议案权与议案要点通知权。为此，两国面临的法律问题不尽相同，特别是董事会对股东提案的审查权限、审查方式，以及股东滥用提案权的方式都存在较多差异。由于两国确立该制度的时间都较短，都存在"技术性不足，操作性不强"的问题，需要加以完善。在找寻本国与他国法律制度发展的轨迹中，本文不以引用他国法律为唯一目的，而是更深更广地理解该制度在两国的通性与殊相，并以他人为镜寻找自我面相。

中央财经大学法学院陈华彬教授在《环球法律评论》2013年第2期发表论文《日本区分所有建筑物修复制度的考察分析与启示》，在此节选陈华彬教授的论文摘要，供参考学习。

区分所有建筑物的修复是区分所有建筑物管理中的重大问题之一，是区分所有建筑物因地震、火灾、风灾、水灾、泥石流、煤气爆炸、飞机坠落以及机动车的冲撞等偶发性灾害导致一部分灭失所实施的修复行为。我国《物权法》对此只有简略的规定，不足以应对实际的需要。当代建筑物区分所有权比较法中，日本法对此制度作了详实、完善的规定，其将区分所有建筑物一部分灭失界分为小规模一部分灭失和大规模一部分灭失，并据此规定了不同的修复程序、费用负担及权益调整的手段和方法。我国将来在修改《物权法》或制定民法典，抑或制定单行的建筑物区分所有权法时，应以日本法的这些经验作为立法论参考；同时在现阶段处理区分所有建筑物的修复实践中，可以日本法的经验作为解释论参考。

第十一章

写作选题的方向与确定

第一节 研究方向先于确定选题

对于商事法中所包括的理论和实践问题非常多,但是也应该有目标、有方向地进行聚焦,在写作的整个过程中,需要对题目进行校准,确定论文的整个研究目标,为进行论文写作收集相应的案例与素材,为确定选题奠定了基础,第 1 步完成之后就能够进行第 2 步,第 2 步就是确定所写论文的标题。写作选题的确定应遵循以下步骤。

一 寻找研究方向

(1) 将所有与自己所学相关专业的学位论文的关于他人的展望内容整理出来,可以从中提炼出值得研究的问题;

(2) 在国家社科、中国法学会、最高人民法院和司法部等相关课题研究项目选题指南中寻找与专业相关的研究方向;

(3) 研究方向一般是研究一个对象的 2—3 个内容,或者研究 2—3 个对象的一个内容;

(4) 研究方向要研究 2—3 个问题,不般不宜超过 3 个。

二 确定论文题目

(1) 我们所确定的论文题目中要体现明确的研究问题和研究对象;

(2) 研究概念的界定一定要清楚;

(3) 参考相关领域中比较成熟的研究方法,借鉴他们的研究内容,把所有的研究内容进行分类，根据不同种类研究内容的组合确定论文题目，用头脑风暴式的方式写下多组题目，再从中筛选 1—3 个合适的题目，最后找老师确定自己撰写哪一个论文标题。

三　论文选题小贴士

对于论文的题目选择也就是对于整篇论文进行一个定位，犹如雷达进行扫描一般，整个过程需要循序渐进，并不是能一下子就完成的，开始可以先放大自己的范围，然后逐渐缩小其范围内容，并且这也是具备着多维度进行交叉确定的一个问题，并不只是单方面的进行思维考虑，其次也是一个进行不断试错并且对其反复的确定过程，在进行选题的整个过程中，甚至以及后续，都可能会出现因为材料准备不充分以及自己对于整篇论文的理解出现了方向上的偏差，而导致选题不合适，并且需要对其进行修正，在整个论文的写作过程中可能会出现多次修正的情况。

在选题的过程中需要注意几个问题：第一，在进行领域的选择时不宜过大，更不能去写一些连专家学者都无法讲述的大题目，相反，范围较小的资料都相对较为集中，更容易进行聚集，在写的过程也比较容易使用，同时对于学术的探究都注重依次而来，所以较弱的题目更容易达到对于学术进行训练的结果。此外，由于撰写论文的周期较短、精力受限并且经费过少，所以并不能长篇大论，在现实生活中，有个别学生雄心勃勃从大的角度进行选题，比如像论文的题目是探讨如何对商事登记制度这样比较大范围的论文，在写作的过程中就不能够详细的介绍，没有合适的内容选择，所以可以选择合适的个别案例并对其进行相应的分析，以此作为选题。

很多人都要求论文应该以小见大，也就是根据小题目对其进行深度挖掘，把一个小的课题转变成大气派的论文，但却太过于理想化，因为这需要较深基础的基本功。论文是最为基础的对学术进行的训练，应以小见小就事论事，对其进行恰当的扩展，所以对于选题应依据实际情况而确定，难易程度合适，但也不能过多地关注小课题。

在论文中的各种新问题都应该有着新颖特质。可以从现实的漏洞中进行选题，并且从科学合理的研究空白处或者是擦边处等选择，尽量避免过于大众化的题目。但选题时并不是一定要社会中的焦点或者在某个热门的领域，并且也不能进行盲目的跟风，应依照当下的发展以及需要，只要结果好，不管是什么样的问题做好就可以，在表面看起来过时或者是边缘性的问题，也能够得到更好的结论，对于学术的探究不应该是赶时髦，而应该是稳定的研究，并且，冷门和热门这两种性质也是对立性的，在出现了某种条件之后也可以得到转化，也许今天并不关注的可能就是明天的焦点。

学无止境，很难保证在这一区域前人就已经研究完成并且没有任何的研究余地，很多人都说并没有什么好写的，我的区域都已经被研究完成了，其实在学术这一范围中可能是有限的，但是对于内容的观点都能够对其进行更深一步的研究，都知道并不是真的知道，正如对于学术进行研究的基本理念，同样把简单的问题进行复杂化也是基本理念中的一个，所以在任何学术中都没有绝对的，并且没有任何争议的基本观点，而是应该能从别人的观点中发现别的问题，这也是对学术进行研究的基本素养。

其中，对于论文的选题并不只是对其主观选择的一个过程，也不是绞尽脑汁，更不是去询问指导老师的意见或者其他人的意见，我们应该去做一些对于学术上的调查，比如在图书馆或者在学术网上，去浏览一些相关专业并且感兴趣的资源和资料。尤其是和年度法律这一专业领域中的回顾，以及在学术会议中的内容这些资料，大概的去认识到自己专业区域中的研究历史以及现状和未来的发展趋势，比如这一学科是从何而来已经出现了什么问题，获得了什么成果，现在已经探讨到了什么地步，有什么空白区域，将会面临着什么样的问题，还有什么困难需要进行解决等，对此能够迸发出自己的选题方向。当然在这儿的选题还只是一个大概的范围，也就是论文的题材，既不是主题，也不是标题自身，这仅仅只是论文的主题，或者对于题目确定的前提以及条件。

第二节　以制度性问题为宜并突出说理论证

一　理论型选题和制度型选题

对于论文的选题过程可以分为两种类型，一是理论型的选题，二是制度型的选题，在法理学这一区域中的课题大多都是理论型，包括在民法这一区域中也是理论型选题。其中现在较为优秀的民法博士中的学位论文，大多都是制度型选题。根据现在所有的法律文本作为根本来进行分析，对于制度的方向以及研究的方式，会涉及具体的问题意识。

在论文的难易程度方面，理论型选题就较为困难，制度型选题相对容易，因为理论型需要学者有着较高的抽象的思维以及能够对理论进行驾驭的能力，所以在抽象思维方面有优势的作者就能够轻而易举的发挥，反之就会很困难的去进行写作，无法对其进行详细的讲述，所以这一类型的作者应该避免这种理论型的选题，而应选择制度型选题。

相较而言，制度型选题更为适合于商事法论文写作，但学者也应具备一定的抽象思考能力。在硕士研究生和博士这两个阶段，因为时间精力和对于知识能力的积累受到了限制，写作者需要客观评估自己的思维特点和研究志向。对于那些擅长抽象思维的学生要兼顾制度，避免过度的天马行空。而喜好具象思维的学生，要避免"只见树木，不见森林"，要使写作具备一定的理论深度。

二 学会提出问题与思考解决问题

在进行选题的过程中提出问题并对其进行相应的资料搜集和整理，这也是带论文写作的过程中的必然结果，什么是提出问题，也就是确定整篇论文的中心思想是什么，中心论题也称为论题，也就是指这一篇论文要针对什么样的学术困难，应该解决什么样的问题，在进行写作的过程中应该围绕着问题，所以论题也能够决定一篇论文的大致方向，并且对于材料的选择和在写作中的方式也取决于之。如果只是从形式上来看，问题也就是整个论文中的核心观点，也是所有资料所缠绕的主体。都说主题先行，但是对于论文的写作而言，更应该注重的是问题先行。如果没有任何问题，也就不能进行真正的思考和创新，在写作的过程中，如何提出问题，是否能够提出问题，都能够反映出这一学生的创新能力。只要提出问题其实就已经解决了一半，在整个学术研究报告中，对于问题的认知都始终需要，而有的人把提出问题看作教育和研究的根本，对于学术研究中的论文，应该把问题作为核心，所以我们把论文从思维逻辑上分成了三个部分，一是提出问题，二是分析问题，三是解决问题。张五常教授曾经就提出过这种想法，论题也就是论文中所需要解决的各种问题，确定了论题也就能够确定这篇论文的写作目的，确立有了一个目标，这样在后期的写作过程中才能有更好的方向，有的学者更加强调了带论文的写作过程中问题的重要性，并且认为论文的开题也就是需要提出问题，但是却很少有学者把提出问题这一基本作为整体论文写作过程中的步骤。

大多人认为在论文中提出问题比解决问题要更加困难，这也是事实，对论文中的问题进行确定也并不容易，但是也不能因为困难就退缩，论文中的提出问题并没有想象中的那么困难，在实际情况中每个人都可以做得到，其中有大部分的学者论文被认定其理论性较弱，没有提出任何的问题，但是其论文其实是有问题的，只是写者并没有清楚的认知到，所以写作的过程中就没有明确的提出问题，严格地说，任何一种观点都是某个问题对应的答案，不可能有着和所有的问题都没有任何关系的论点，主要还是需要积极并主动去发现问题，在思维中确定并且以此为开始环绕这一问题来展开叙述，而不是随意修改，漫无目的。

提出问题最主要的是能够看到不同以及不协调的地方，发现论文中的对立联和矛盾之处，也能够找到在前任中并没有进行研究过的各种问题，考虑这有何不同，并且能够充分的实用思维方式，在各不相同的地方找出相同之处，当然问题并不会随意出现，这也需要我们去细心的探寻。

三 选题确定的步骤

（1）我们应该利用多种方式去找寻问题的资源素材，组成这一论题的素材库。我们分成了两方面：第一，通过搜集的方式和对各项资料进行分析，从其他的选题中进行选择，能够看到外国和中国学者提出的不同观点，古代和现代学者不同的观点，以及不同学者的不同观点，甚至同一位学者在各种时期所提出的不同观点。第二，也可以根据选题而到现实生活中去发现，当下的社会充满了矛盾，比如城乡矛盾、东西两地区矛盾、中央和地方之间的矛盾和贫富差异等非常多的矛盾，还有可能出现立法与执法、司法之间以及在监督部门等各运行环节之间的矛盾。

（2）针对所提出的问题进行学术化的加工，其中也有很多问题都属于街头小巷的小话题，所以必须对其进行缩小或者扩展范围，根据理论化的处理逐渐转化成学术上的问题。

（3）在对于所提出的学术问题中进一步的处理，运用法律格式化，但也并不是所有的矛盾都是法律中的矛盾，但也必须通过法律系统进行转化，也就是将法言法语进行相应的归纳和对其分析，从而提炼出较为精确的法律问题。

（4）从这些问题中选取最合适的一个将之作为论题，并且能够根据相同的选题找出不同的问题，但是这一部分论题大多都是区域不同，而且层次各不相同，方向也不相同，所以应该参照在前边论文选题中的原则以及措施对其进行整理归纳和详细的分析，确定最终的选题。

在进行论文的写作过程中大多会出现如下的问题，第一，能够提出很多问题，但是对于资料的搜集程度和分析程度较少，只是认知到他人的观念，并没有任何的疑问，认为所有的问题都具备答案，所以应该加强自己的基础知识，更应该在思维上有着创造性的突破。第二，所提出的问题都太笼统，缺少了学术性质。解决上述问题，可以参考中国法学会商法学研究会 2021 年优秀的论文选题如：刘斌（中国政法大学副教授）的《重塑董事范畴：从形式主义迈向实质主义》，邹学庚（中国政法大学博士研究生）的《股权变动模式的立法选择——登记形式主义的证成及适用》，武佩瑶（清华大学法学院硕士研究生）、沈朝晖（清华大学副教授）合作的《董事"善意"义务标准的理论逻辑与中国路径》，等等。

第三节　浓缩观点并形成写作的题目

观点是文章的灵魂。论文首先是要检查它的观点是否正确。观点正确与否，表现在选题、主题的提炼以及标题的准确与否上。因此，在写作论文中须审视选题、标题和观点方面的问题。假若在学术性和理论性对应的判断较小，那么这一篇论文是否能够顺利通过也就成了一个重要的问题，所以如果在这一课题中缺少了学术性和理论性，只存在着简单的技术性或者实用性，那就并不适合成为学位论文中的选题，比如像常说的执行难或者裁判不公，这些虽然说是问题比较严重，但都不是学术和理论上出现的问题，或者只属于政策性以及对策性的课题，也就不适合成为课题。

一　论文选题的学术性与理论性

对于论文进行选题大多都是研究其中一项法律的基本理论、某一项的制度、某一个原则和概念。以下五种方式，可资借鉴。

1. 补白性选题

这一种课题类型在之前并没有任何人研究过，至少在国内的法学界中并没有任何人做出研究，所以称之为补钙，也就是对研究的空白进行填补。

2. 开拓性选题

这种课题虽有研究但成果比较少，仅存在着几篇较为一般的文章，抑或仅仅只是研究了其中的一小部分或者侧面描写，在某一文章中将研究的区域范围进行扩展，并且对其加深了研究程度，做出了系统、全面并且具有深度性的研究，称之为开拓性，这也包含着学术性和理论性。

3. 提出问题性选题

这一课题类型指的是在社会生活中或者法律的生活中所产生的新情况以及新问题，在以前并没有出现过的，所以并没有对企业进行研究，而当下提出这个问题就很有意义，这也说明了在学术研究中的进步，可能还没有办法做到系统并且全面的研究，但是能够最先提出这个问题也是一种很大的进步。

4. 超越性选题

超越也就是在此之前已经有多人进行研究，并且可能形成了非常多的观点，但是某一论文依据着当下的社会和法律生活提出了重大的突破点，并且依据着在实践中所得出的新的经验，回答了新的问题，所得到的研究成果，远远超过了前人所研究出的程度或者水平，所以同样也具备着学术性和理论性。

5. 总结性选题

这种课题类型因为时代或者国家的不同都有着很多的成果，所以各不相同的研究都会有其注重的地方，局限性较大，但也有着不足之处，我们在按照前人所得到的成果的基础上，继续进行了系统且全面深入的总结性研究。

二 论文意义的实践性与针对性

即使一个课题有着学术性和理论性，但假若在现代的法治中没有了任何的地位，那么在当下的社会也不会出现这种问题，应该考虑到该研究对于学术与社会的进步发展有着什么样的作用，对民主法治以及人权起到了什么样的意义，这也被叫作不具备实践性和针对性，但在此说明，对于商事法学中的研究不能够强行要求，而且必须注意的是，某些课题可能当时就没有任何的实践性以及针对性。比如在20世纪80年代初期研究的破产法以及期货和证券制度，都被人指出了缺少实践性和针对性，所以对于实践性的讨论，不能够只局限在当时状态，更应该对未来的社会发展有着先见。当出现了第一篇证券交易法律制度作为研究的课题时，在当时国内还没有出现证券交易所，以研究建筑物来区分制度的选题时，在北京并没有多少公寓式的大厦，并没有提出住宅商品化这些政策，如何体现选题中的实践性？并且，对于实践性和针对性所提出的要求并不绝对，并不是所有的研究都需要，比如英美法中的个别制度，虽然对于中国的法治建设没有过多的价值，但是仍然可以作为学位论文的题目。

文本研究中的性质决定也包含着法学的研究，在选题时还应该考虑的大问题就是资料和素材是否足够，虽然部分的选题具备着重要的理论作用和实践性，但是由于资料不足，就不能够写出较高质量的论文，所以，选题的恰当，不单单只是学术性和实践性，还要充分考虑到资料，假如我们没有足够的资料，即使选题再合适，也不能继续使用，倘若在写到中间过程中，由于资料不足而导致论文无法继续，也就不得不重新修改选题。

三 适合自己才是最好

兵法说，知己知彼，百战不殆，对于学术的研究又何尝不是，上边所讲述的三种要求，主要是为了能够知彼，也就是能够了解到研究的对象，而另外有的第四个要求也就是要知己，对自己的优点和缺点进行认知，尽量避开自己的不擅长的范围，发挥自己的优势，如何判断自己的优势和缺点，分为如下三方面。

（一）是否具备抽象思维能力

一部分的人善于抽象和思维以及辩论，而另一部分的人却不擅长这些，由于这类人阅读了大范围的哲学、经济学或者历史学，所以自然而然的就擅长辩论，反之就不擅长辩论，也就是抽象的思维，选题的前提就是能够认知到自己的优点和缺点，让题目更加符合自己的优势，避开缺点。

（二）掌握外语种类及程度如何

每个人的外语的语种和水平掌握程度各不相同，假如一个擅长英语的博士选择研究大陆法中所特有的制度，就不能发挥他的优点，比如谈论物权的变动，因为在英美法中并没有相应的各种制度，所以即使英语再好却无法用上，并且很多德国以及日本的多项资料都不能使用，无法完成这篇高水准的学位论文，反之也是如此。

（三）专业知识上的长处和短处

进行论文选题的时候，应该避免自己的缺点。比如，假若对于某国的法律掌握的比较好，但是对于国内的却较差，应该选择对于国外的制度进行研究，从而扬长避短。这里也提出了研究国外法律制度的价值如何，部分人认为对于国外的研究并没有什么创新性，对其价值进行了否定。但能够把国外的某一制度研究透彻，为我国的立法或者理论研究提供参考，这就是其中的价值，另外能够将国外的某些制度或者观点引入我国，能够更加的体系化、条理化，让我们更多地去了解和借鉴，这也就是学术性和实践性。

第十二章

写作结构的合理与严谨

第一节 论证思路清晰的标准与行文

一 讨论的问题明确

题目的确定,意味着论文主题的明确,内容主题的形成,是论文得以顺利开展的重要环节。选题环节必须遵循相应的原则,切不可脱离专业范围。价值性、科学性、可行性、创新性这四大特性必须在选题环节中全面体现出来。

对于学术论文中的写作应该观点鲜明,结构科学合理,并且有着严谨的逻辑思维,思路就是贯穿整个学术论文的整体思想,如果思路不清晰,那么这篇论文就难以继续写作,即使已经完成,也不是一篇好的论文。一个好的思路要观点鲜明,构造科学合理,并且有着严谨的逻辑思维。鲜明的观点主要是对于学术的论文命题而说的,在经过深入研究后所得出的有关结论,比如有些假设得到了证实,那么这一结论就成了一个命题,也就是观点。在一篇论文中有着比较独特并且新颖的观点是不可缺少的基本要求,即使对于研究的整个工作已经结束,但是主题却不确定,是由于作者在写论文的开始就缺少了观点的意识,并且没能够将主题命题结果或者自身的观点纳入整个论文的考虑范围中,大多以为只要能够得出研究状况或者成果就结束了。框架的科学合理主要是对于学术论文中的主题或者次主题之间的关系来说的,整篇论文都是围绕着主题和次主题之间的关系来进行扩展的,其之间的关系与自主题的结合程度也是在整篇论文中层次框架中安排所需要认识到的问题,严密的逻辑不仅仅对学术论文中的主题关系提出了要求，也对主题和有关的材料的关系提出了要求，有所运用的所有材料都应该能够成为命题。

如中国人民大学法学院硕士学位论文评阅标准中，要求选题跟踪学科前沿，对学科或社会发展有较大的理论价值和现实意义；同时对论文的创新性、理论基础作出要求；武汉大学法学院法律硕士论文评阅标准中，要求论文选题合理、重点明确，所选题目应具有实践意义，有利于理论知识的综合应用，有利于实务能力的综合培养，并保证法律专业基本技能的有效训练；注重分析解决当前经济改革和社会现实生活中的法律热点、难点、焦点问题；同时与法学基本理论及前沿问题有机结合；重庆大学法学院法律硕士专业学位论文评阅标准中，要求选题理论联系实际，能够反映学生运用所学理论知识综合解决法律实践问题的能力，选题在学术上应具有一定的理论和实践价值，主体鲜明具体，避免过大过泛，且题目设计合理。

杨立新教授认为，当发现一个好的选题时，就看到了它的学术价值。把这个具有学术价值的题目作为研究选题，对这个问题的研究差不多就成功了一半。而选题的关键在于发现，同样一个选题，为什么有人能够看到，有人就看不到呢？关键就是不会发现题目的价值。什么样的学术论文算是好文章呢？对于编辑来说，好文章首先不在于论证得好，而在于选题好。编辑在判断文章时，第一看标题，第二看摘要，第三看导语，如果这三个部分都写得好，特别是标题写得好，这篇文章就会放不下，即使论证得还不够，编辑也可能会让作者进行修改，从而得到刊用机会。①

二 主次明确，有立有论

想要写好一篇论文就应该围绕其核心，对于这一中心所提出的要求应该是简单明了的，并且能够用一句话来进行叙述，以简制繁，抓住这种核心对其中风环绕贯穿到底，中间过程并不能更换话题，并且不可以停止或者跳跃，能够让中心的思想更加具备连贯性，从思维方式的发展

---

① 杨立新：《法学学术论文的选题方法》，《法治研究》2016 年第 2 期。

来说，整篇论文应该一层一层的去讲述，在开头中所提到的问题，在其中就应该有分析，在结束时就应该有答案，做到前呼后应。

论文中围绕主体建立起整篇结构，更能突出这一文章的核心，加强这篇文章的紧密性，让这篇文章从整体上具备一致性，然后依据着研究结论和主题之间的牵连关系，对整个论文进行展开叙述，这样的论文在写完之后，会让读者有着收放自如、为人一体的观后感。在进行研究的整个过程中，为了能够提升这篇文章的可信度以及有效性，大多都采用了发散思维这一模式，将材料信息放入了考察研究的范围中，将所有的问题都集聚在一起再进行深入的探究，在整篇论文的写作过程中，为了确保这篇论文的逻辑严谨，并不能将所有的问题都全部嵌入到这篇论文中，所以应该特别突出某些逻辑思维，在某些观点的阐述上周到严谨，让整篇文章更具有说服力。

三 论文写作的谋篇布局

汤维建教授认为，在写法学学位论文的过程中，应当注意处理好这样几对关系：其一，处理好大纲与内容的关系。这个关系应当是稳定的，同时是辩证的、动态的。其二，处理好资料引用和论文创制的关系。资料的引用应当恰到好处，篇幅不宜太长，前后应避免同一资料重复出现。论文的创制应当是主体，资料的引用是为论文的创制服务的。不引用资料是不规范的论文创作，过多地引用资料属于偷工减料的做法，容易掩盖论文的创造性。要理论与实际相结合，观点与材料相结合。使人既不会读后感到空泛，又不觉得是资料的堆积。其三，处理好文辞和内容的关系。总体上我们应当以意役文，而不能以文役意。其四，处理好篇幅大小的关系。应紧紧扣住文章的题目，突出重点和要点，按照简要、精练的原则，决定资料和观点的取舍；对于那些可写可不写、可引可不引的观点和资料，即使观点正确，资料珍贵，也一律割爱，毫不可惜。有的学者倡导"厚积薄发"，也有这个意思。其五，处理好初稿与改稿的关系。初稿完成后，一定要改稿；一稿就成的文章，纵好也有限。改稿之前，最好自我冷却一下，然后再改稿，这样更富有理性一点，同时也更能割舍。硕士论文、任何文章都不可能不作修改而一次写成，常常是需要反复仔细的思考、推敲，对论文作反复的修改。其六，处理好广度与深度、中国与外国、历史与现状的关系。在比较研究中要注意避免单纯客观介绍或照搬照抄外国的东西而不作分析，对外国的长处我们要吸收，向他们学习，对于外国不好的东西，我们要摒弃、分析和批判。其七，处理好逻辑思维和直觉思维的关系，从思维类型看，科学研究（包括论文写作）主要借助于逻辑思维，运用概念、判断、推理以及语言文字表达的方式进行思维操作，从而把握事物的本质和规律。但有时直觉思维（灵感思维）也起作用，甚至是重要作用。所谓直觉思维，是指不经过从感性到理性的逻辑思维过程，是依靠深层的心理体验作用，把埋藏在潜意识中的思维成果调动出来，同显意识中所要解决的问题相沟通，从而使问题得到领悟。其出现有两个条件：一是勤于思索，对问题深入思考，掌握问题的症结所在；二是富有知识，潜意识中有大量的知识储备。其八，处理好实用性和艺术性的关系。其九，处理好文献总结和论文起点的关系。其十，处理好注释和正文的关系。注释是为正文服务的，正文需要靠注释来点缀。没有注释的正文是空中楼阁，缺乏扎实的根底；没有正文的注释当然也是不可想象的。学术论文规范与否，一个非常重要的判断标准就是有无注释以及注释是否恰当、充分、规范。[①]

第二节 逻辑结构合理的标准与行文

一 社会科学的研究要求

对于社会科学中的研究分为基础研究和应用对策研究，对于基础研究的要求就是促进理论的创新，而应用对策的研究，基本要求就是实用，能够回答并且解决现实生活中的确切问题，以商事法学与共同富裕的关系而言，近年来党中央对于理论创新十分的重视，在当下快速发展的经济社会中，提出新颖的理论才能够更好地实践，所以理论创新也是尤为重要的，后期在理论创新中也提出了五方面的问题。

对于社会中的科学研究任务，可概括为"探索未知，设计未来"这

[①] 汤维建：《法学学位论文写作漫谈》，《河南省政法管理干部学院学报》2007年第6期。

八个字，在社会科学的研究中探索未知是最基本的任务，对于客观事物中的特征、规律发展以及趋势等进行相应的研究探索，这也是一个寻求真实的过程，对于未来的规划，应该超越当下的局限性。共同富裕不仅是理想，更是指到商事法律的价值，具体的制度设计应当体现对"共同富裕"的持续探索。人类这一历史永远不会结束，只要在这一社会中存在着阶级，那么斗争就永远不会完成，但没有任何阶级具备的社会中，新旧、正确或者错误之间的战争也永远不会结束。在不停地斗争和研究过程中，人类社会继续发展，自然持续发展，并且永远不会停止在某一水平线。所以，人们应该不停地去经验总结，不断地发现，发明创造并持续前进，毛泽东主席曾站在人类的发展史上这一高度鼓励人类创新以及发展，在科学道路中不停的发现发明，其主要就过进行深入的研究和实践来进行经验聚集。

二 有理有据，层次鲜明

论文中的每一篇都应该具备层次性和条理性，这也和材料的分配有着很大关系，各材料之间的关系不同，所处理的方法也各不相同，既不能形成错乱，否则在层次中就模糊不清，自然也不调理。理清相互关系，并能够在构造中所体现，这样整篇文章就更加清晰了。平行关系就是在整篇文章的各材料之中，并没有主次的关系，顺序中谁先谁后都没有任何影响，比如介绍利润率，其中包含了成本、工资和资金利润率等，介绍价格，包含着消费品、生产资料以及服务的价格等，无论哪一个都可以最先介绍。递进关系就是在某些材料中的顺序不能够随便改变，递进关系中的材料都是层层深入的，如若颠倒，文章中的逻辑就会发生混乱。同样以上述中的介绍利润率、价格为例子，如若需要结合当下社会经济体制的改革演进历史来进行谈论，那就需要先讲述消费品这一价格，因为我们最早认知到的商品就属于消费品，其次才会去介绍生产中的资料价格，在党的第十二届三中全会之后，就抛弃了传统观点。之后才会去介绍服务、土地以及住宅等的各种价格，这一类型直到在1992年后半年，我们才正确的认知到这是由市场形成的，这也说明了我们的认知在不断加强。在整篇文章中递进关系处理得当，就能步步深入，对道理的讲述一层层逐渐接连，前后两部分都有着直接的逻辑关系，虽然分出了层次，但是道理依旧。比如在讨论股份合作制这一经济的发展过程时，写手大多都会从源头中间的发展，以及如何完善这一个过程来进行层层展示，显得尤为清楚，条理分明。在文章中所讲述的事情大多都是对立且统一的，也就是正反、前后、胜负以及质量等，在他们之间具有联系却又不同，讲述中的重点主要是说清他们是证据的统一性，并不能单一对待。在进行论述的过程中，不能因为强调了其中一面而忽略了另外一面，因为学者的理论基础并不扎实，对于思维辩证的整体方式并未完全掌握，所以大多都会在论文的撰写中出现片面性的错误，为了突出某一事情的作用，就把他说的各种好，整篇文章都是正面的材料，并没有任何不好的地方；如若要否定其中一件事，就把他说的没有任何优点，整篇文章都是反面的材料，没有任何的优势，这种类型的论文从层次结构来说是属于层次失去平衡状态，违反了常理。

如武汉大学法学院法律硕士论文评阅标准中，要求论文写作要分析深入、论证充分，论文应能运用多种法学研究方法对问题进行论述及系统分析，具体包括比较法分析、规范实证分析、价值分析等方法，还要提出解决问题的法律建议，倡导在谨慎、踏实的基础上有大胆、创新的观点。

三　文本和结构的平衡性

对于研究所需要的材料采取合理的取舍，可以利用各方面的途径来获取和研究相关的各种素材和材料，对于研究来说，材料获取的越多就对于研究的效果更有利，学术论文是有限制的，并不能够将作者的思想意愿完全放在其间，论文的篇幅长短也应依据论文的整体形式来进行确定。比如像学位论文中的篇幅大多都依据层次的不同而有差异，文章的长短大多都由各校规定，而期刊中的论文篇幅则是由部门编辑部来进行规定，受到文章篇幅的限制，其容量也是有限的，在进行写作的过程中，如若将所掌握的全部材料都进行反映，那么这一效果并不很好，甚至可能无法写出优秀的论文。在进行写作时，要对掌控的材料和主题关系进行探讨，以利用充分并且必要作为基本原则，用有权威并且独特新颖的材料进行支撑，同时在研究的过程中还应依据主题材料的状况，以不会对论文的整体说服力以及权威造成削弱作为前提，结合论文整体平衡对材料合理的取舍，让论文结构更加和谐。

大多文章都运用了基本推理这一形式，这也决定了整篇文章的结构，在一篇文章中要想探讨某一事物所导致的原因，其在结构中肯定会有着因果关系，这两部分，要么以物的结果来推导原因，要么由原因来得出结果，缺一不可。如若要讨论某一事物和个别的关系，个别到一般、一般到个别，或者再从个别到个别，这三种方式归在框架结构中，都要单一的分析个别事物，对其整体归纳得出一般的特性，从一般再到个别也应该有结论在先然后再涉及个别的特征，如若违背这一逻辑，那么这一结构也并不科学合理，比如有人为了能够得到一般结论，只在一个事情上进行分析，如果没有任何的理由来证明这一事情本身具备着普遍性，那么从这一方面中得到的结论是没有任何意义的，所以结构并不合理。

比如在对某一事物的对立和统一关系进行叙述时，少不了对其正反、前后、上下以及质量等其他相对矛盾的地方进行分析比较，如果忽略其中一个，就会造成片面性，很多人的毕业论文也会出现这一错误，比如其中的一篇论文中，针对了社会上以及企业中对于单车承包的否定观点，将自己的见解列出，这也可以，但其问题就出在论文中基本都是肯定的语句，从实际来说，这有着正面作用，但也不能说它没有任何的反面作用，这也通过实践的发展得到了证实。片面地去决定某一方面，这一偏激的方式大多都经不住时间的考验，所以，真理发展都不得违反人类的思维规律，如若违反那就不通不顺。同样的道理，人类是不断进步发展的，社会舆论文学以及经济论文都只属于外在的形式，也可以说是大不相同的，从这些理论中的框架来说，又完全一致，当然我们只是说的其基本形式，并不排除他的推理形式结合或者交替进行使用。

第三节　研究结论适当的标准与行文

一　是否具有可证伪

波普尔证伪主义认为，可证伪性这一原则是科学和非科学的区分标准。可证伪性说的是这一理论或者假说具备着被经验进行观察证伪的可能性,但也不等同于这一理论或者假说就一定会被证伪,某一假说或理论只有在符合可证伪性这一——基本条件时才是科学的。在这一理论提出的前期,可证实这一原则大多都被当作科学和非科学的区分标准,然而逻辑实证主义者则认为科学和非科学的分界线主要在于理论或者假说,是否能够成为经验归纳来进行证实。也就是说能够被一定数量的经验或者事实来进行认证,那么这一理论或者假说就是科学的。反之,不能被确证或者目前不能就说明这一理论或者假说就属于非科学,就应排除在科学范围以外,波普尔从基本上就对这一划界标准进行了否定,他提出了可证伪性才是科学和非科学的分界线标准,也就是一个命题或者假说,只有符合了可证伪性这一基本原则才属于科学,什么是可证伪性,也就是科学理论或者假说都有能够观察到的经验事实来进行证伪的可能性,反之则是不科学的,证伪主义者则都认为逻辑学、数学以及宗教学都不属于科学,都不够符合可证伪性这一原则,也就是没有能够被经验或事实来进行证伪的可能性。

但是,可证伪性并不会一定进行证伪,而只是在科学理论中具备着必要的前提,被证伪则就是这一科学假说,被另外一个科学假说推翻,从而导致的结果,但是这一被推翻的证伪假说还属于科学的范围,是由于它具备着可证伪性这一根本条件,也就是说可证伪性是指假说命题没有在逻辑上的必然性,有着会被经验事实推导的可能性,而被证伪就是这种可能性逐渐转化成为现实,也就是这一命题或假说被能够观察的经验事实进行了证实是错误的,而推倒后这一证伪假说就取代了之前的假说命题,作为一个新的命题来接受其他的经验事实证伪。

二 研究结论与研究方法

对于事物的研究方法说的是在研究的过程中能够发现新现象和新事物,或者能够提出新的理论观点,揭示出某一事物及潜在的规律,可将研究方法分成五种:第一,规范研究法,是依据一定的价值观念或者经济理论来对于经济行为人产生的结果,影响这一制度或者政策进行论述,回答出经济行为人的这些行为应该用什么样的方法来进行分析。第二,实证研究法，就是能够认识到客观的现象，提供出实在并且有用以及精准的研究方法，重点主要是能够研究出现象本身是怎样的问题，这方法试图超越或者排斥对于价值的判断，只表露出了客观的现象及内在的结构和因素之间的相互联系，统一现象本质以及运行规律。第三，案例分析法，指将现实工作中出现的问题比作案例，传授给受训的学员来进行研究和分析，培养他们的分析判断、解决问题以及执行业务的能力。思维方法就是能够正确的对思维进行准确表达的重要工具，在进行研究中最多用的方式就是归纳演绎、抽象概括、分析等，对于所有的研究科学都有着普遍性的指导意义。第四，内容分析法，指的是对于传播内容进行客观、系统和定量的叙述研究方式，这一实质主要是对传播的信息量以及变化进行分析，也就是由表征并且比较有意义的语句来推断出正确意义的整个过程。对于内容的分析属于层层推理的整个过程。第五，文献分析法，这一方法主要是搜集、鉴别以及对文献进行整理，并且通过研究形成对于事实的认知，主要是通过和工作有关的文献进行系统性的分析来获取工作中的信息，大多用在收集工作的原始信息、进行任务清单前期的编制。

三　法学是否是科学的讨论

古罗马的法学家说过，法学就是正与不正之术，意思就是法学是和世间的正义以及非正义中的学问有关，终极价值或者是属性都是追求正义，也就是终极人世价值。但又因此产生了一个问题——什么是价值？比如正义这个价值能不能通过科学进行衡量、计算以及测度，这其中包含着很多的争议，但我们也清楚在这其中有一条"休谟问题"出现在此面前，在这一问题中提出不应该混淆"是"和"应当"，事实都不能推导出应然的东西。什么是科学？科学的要求对象是存在着可复现性的，也是一种人类为了追求实然以及客观规律的行为活动，那么问题是客观并实在的科学是否能够推导出人类正义价值的载体的法学。

王利明教授认为，对这个问题进行回答，也需要对科学的内涵进行界定。知识界历来将科学分为自然科学、社会科学与人文科学三大类，并依据这种划分标准形成了三套不同的知识体系。人文科学是以人的社会存在为研究对象，以揭示人的本质和人类社会发展规律为目的的科学；自然科学注重对客观规律、定律的探索，其研究结果具有很强的客观性和普遍适用性；社会科学的研究则注重解决具体的社会问题，其在研究过程中受到研究者个人偏好（personal preference）和生活背景（background）的影响程度较高，这就使得不同研究者在同一问题上的研究结论呈现出较大的差异。尤其是在不同问题的研究上，我们很难说不同的研究结论之间有对错之分。社会科学的研究结果主要用于应对复杂多变的社会现象，而不同社会的具体情形不同，其所面临的社会问题也存在较大差异。因此，社会科学研究的本土性较强。将其称为一种"本土性知识"也不无道理。法学就其性质而言，属于社会科学的范畴，因此，不能因为法学不是自然科学就否认其是一门科学，而应当按照社会科学的判断标准来进行界定。①

我国台湾地区东吴大学法律系教授、德国慕尼黑大学法律博士林东茂认为：科学的特性是"客观可验证"，法学不能如此，所以，法学不是科学。科学研究必须交代方法，依照这个方法，研究结论应该一致。法学固然有方法，但依照一样的方法，研究者无法得出一致的结论。正因为法学研究没有客观可验证的答案，所以必须更加的小心谨慎，不能只是依赖权威、依赖通说，而应该"质疑并持续探求"。这一点，法学又与科学的精神相通。②

法学的自身也存在着很多普适性的价值和规律，比如，其追求的公平正义这一理念是人类共同追求的价值方向，在民法中对于合同的成立和抗辩，以及对于财产这一权利的保护等都属于在世界通行的规则方式，在刑法中对于罪犯的刑事法定以及无罪推定等其他的制度规定也属于现在国家采纳的制度。尤其在现在经济全球化的状况之下，学说研究的各种内容以及范畴都逐渐出现趋同性。就算我们所承认的法律具备着相应的本土性，但也不能就此否定它是一门科学，如若将科学知识定义成一

---

① 王利明：《法学是一门科学》，https://www.aisixiang.com/data/69827.html，最后浏览日期：2021年10月21日。

② 林东茂：《法学不是科学》，《高大法学论丛》2010年第6卷第1期。

种人类对于社会包括某些特定区域中的发展以及规律的认知方式，毫无疑问法学在一定程度上也具备着科学的特征。然而法学研究在一定程度上缺乏"客观可验证"，产生的一个结果在于，不同评阅者对同一篇论文可能产生不同的观感，在法科研习者中尤属常态，这愈加要求研习者尊重并且关注知识共同体的基本共识和研究动态。

参考文献

一 基础研习教材

董安生、王文钦、王艳萍：《中国商法总论》，吉林人民出版社 1994 年版。

范健、王建文：《商法论》，高等教育出版社 2003 年版。

范健、王建文：《商法基础理论专题研究》，高等教育出版社 2005 年版。

范健、王建文：《商法总论》（第二版），法律出版社 2019 年版。

柳经纬、齐树洁：《商法概论》，厦门大学出版社 1996 年版。

任先行：《商法原论》，知识产权出版社 2015 年版。

任先行、周林彬：《比较商法导论》，北京大学出版社 2000 年版。

《商法学》编写组：《商法学》，高等教育出版社 2019 年版。

施天涛：《商法学》，法律出版社 2020 年版。

施天涛：《商法学》，法律出版社 2006 年版。

史际春、邓峰：《经济法总论》，法律出版社 2008 年版。

赵旭东：《商法学》，高等教育出版社 2019 年版。

赵中孚、邢海宝：《商法总论》，中国人民大学出版社 2003 年版。

赵中孚主编：《商法总论》，中国人民大学出版社 2009 年版。

赵万一主编：《商法》，中国人民大学出版社 2017 年版。

二 进阶阅读文献

《马克思恩格斯全集》，人民出版社 2019 年版。

《马克思恩格斯文集》，人民出版社 2009 年版。

《资本论》，郭大力、王亚南译，上海三联书店 2011 年版。

［比］亨利·皮朗：《中世纪欧洲经济社会史》，乐文译，上海人民出版社 1964 年版。

［德］伯恩·魏德士：《法理学》，吴越、丁小春译，法律出版社 2003 年版。

［德］拉德布鲁赫：《法学导论》，米健等译，中国大百科全书出版社 1997 年版。

［德］卡尔·拉伦茨：《法学方法论》，黄家镇译，商务印书馆 2020 年版。

［德］赖因哈德·齐默尔曼：《德国法学方法论》，毕经纬译，《比较法研究》2021 年第 2 期。

［德］罗伯特·阿列克西：《法律论证理论》，舒国滢译，商务印书馆 2020 年版。

［德］马克斯·韦伯：《经济与社会》，林荣远译，商务印书馆 1997 年版。

［法］伊夫·居荣：《法国商法》，罗结珍、赵海峰译，法律出版社 2004 年版。

［美］保罗·海恩、彼得·勃特克、大卫·普雷契特科：《经济学的思维方式》，马昕、陈宇译，世界图书出版公司 2008 年版。

［美］道格拉斯·C. 诺思：《经济史中的结构与变迁》，陈郁、罗华平等译，上海人民出版社 1994 年版。

［美］哈罗德·J. 伯尔曼：《法律与革命——西方法律传统的形成》，贺卫方等译，中国大百科全书出版社 1993 年版。

［日］谷口安平：《程序的正义与诉讼》，王亚新、刘荣军译，中国政法大学出版社 1996 年版。

［日］近藤光男：《日本商法总则·商行为法》，梁爽译，法律出版社 2016 年版。

［日］我妻荣：《债权在近代法中的优越地位》，王书江、张雷译，中国大百科全书出版社 1999 年版。

［意］F. 卡尔卡诺：《商法史》，贾婉婷译，商务印书馆 2017 年版。

［英］梅因：《古代法》，沈景一译，商务印书馆 1996 年版。

陈国柱译：《意大利民法典》，中国人民大学出版社 2010 年版。

陈甦：《司法解释的建构理念分析——以商事司法解释为例》，《法学研究》2012年第2期。

邓峰：《普通公司法》，中国人民大学出版社2009年版。

范健、王建文：《商法的价值、源流及本体》，中国人民大学出版社2007年版。

范健：《编纂〈中国商法典〉前瞻性思考》，《广东社会科学》2018年第3期。

范健：《当代中国商法的理论渊源、制度特色与前景展望》，《法制与社会发展》2018年第5期。

范健：《公司法改革中的泛民法化风险——兼谈〈民法总则〉颁布后的〈公司法〉修订》，《环球法律评论》2019年第4期。

范健：《商法探源》，《南京大学学报》1991年第4期。

范健：《商行为论纲》，《南京大学法律评论》（2004年秋季）。

范健：《中国〈民法典〉颁行后的民商关系思考》，《政法论坛》2021年第2期。

范健：《中国商法四十年（1978—2018）回顾与思考——中国特色市场经济主体与行为制度的形成与发展历程》，《学术论坛》2018年第2期。

范健等译：《德国商法典》，《中德经济法研究所年刊》（第6卷），南京大学出版社1995年版。

范忠信、叶峰：《中国法律近代化与大陆法系的影响》，人大复印资料《法理学、法史学》2003年第5期。

冯果、柴瑞娟：《我国商事登记制度的反思与重构——兼论我国的商事登记统一立法》，《甘肃社会科学》2005年第4期。

冯果：《现代公司资本制度比较研究》，武汉大学出版社2000年7月第1版。

冯果：《整体主义视角下公司法的理念调适与体系重塑》，《中国法学》2021年第2期。

甘培忠、吴韬：《论长期坚守我国法定资本制的核心价值》，《法律适用》2014年第6期。

甘培忠、徐可：《认缴制下的资本违法责任及其困境———以财产混同为视角》,《北京大学学报》(哲学社会科学版) 2015 年第 6 期。

郭富青:《我国公司资本制度的重构及风险防范》,《财经法学》2015 年第 5 期。

郭晓霞:《商行为概念研究》,《山东社会科学》2010 年第 5 期。

何勤华主编:《法国法律发达史》,法律出版社 2001 年版。

胡铭、赵骏、周翠:《多元纠纷解决转型社会》,知识产权出版社 2011 年版。

黄辉:《公司资本制度改革的正当性:基于债权人保护功能的法经济学分析》,《中国法学》2015 年第 6 期

蒋大兴:《论股东出资义务之"加速到期"——认可"非破产加速"之功能价值》,《社会科学》2019 年第 2 期。

蒋大兴:《审判何须对抗——商事审判"柔性"的一面》,《中国法学》2007 年第 4 期。

解亘:《正当化视角下的民法比较法研究》,《法学研究》2013 年第 6 期。

金邦国译:《法国商法典》,中国法制出版社 2000 年版。

李建伟:《认缴制下股东出资责任加速到期研究》,《人民司法·应用》2015 年第 9 期。

李维安、王世权:《利益相关者治理理论研究脉络及其进展探析》,《外国经济与管理》2007 年第 4 期。

梁上上:《未出资股东对公司债权人的补充赔偿责任》,《中外法学》2015 年第 3 期。

林东茂:《法学不是科学》,《高大法学论丛》2010 年第 6 卷第 1 期。

刘贵祥:《论债权保护在公司法制中的优先性论》,博士学位论文,对外经济贸易大学,2006 年。

刘洪华:《论有限责任公司股东资格的认定》,《暨南学报》(哲学社会科学版) 2012 年第 4 期。

刘俊海:《论公司法与民法典的良性互动关系》,《法学论坛》2021 年第 2 期。

刘凯湘:《比较法视角下的商事留置权制度》,《暨南学报》(哲学社会科学版) 2015 年第 8 期。

刘铭卿：《股东出资义务加速到期研究》，《政治与法律》2019 年第 4 期。

刘燕：《公司法资本制度改革的逻辑与路径——基于商业实践视角的观察》，《法学研究》2014 年第 5 期。

刘水林：《试析民法与经济法的基本假设差异》，《法律科学》1998 年第 3 期。

卢宁：《公司资本缴纳制度评析——兼议认缴制下股东出资义务加速到期的困境与出路》，《中国政法大学学报》2017 年第 6 期。

罗培新：《论资本制度变革背景下股东出资法律制度之完善》，《法学评论》2016 年第 4 期。

罗培新：《填补公司合同"缝隙"——司法介入公司运作的一个分析框架》，《北京大学学报》（哲学社会科学版）2007 年第 1 期。

聂志海：《〈民法典〉民商合一立法模式的逻辑证成》，《中国海商法研究》2020 年第 3 期。

钱玉林：《股东出资加速到期的理论证成》，《法学研究》2020 年第 6 期。

乔欣主编：《比较商事仲裁》，法律出版社 2004 年版。

荣振华：《〈公司法〉立法与司法解释互应影响之研究》，博士学位论文，西南政法大学，2014 年。

石必胜：《表见代理的经济分析》，《河北法学》2009 年第 5 期。

汤维建：《法学学位论文写作漫谈》，《河南省政法管理干部学院学报》2007 年第 6 期。

汪青松：《商事主体制度建构的理性逻辑及其一般规则》，《法律科学》（西北政法大学学报）2015 年第 2 期。

王建文：《商法总论研究》，中国人民大学出版社 2021 版。

王利明：《法学方法论》，中国人民大学出版社 2012 年版。

王利明：《民法上的利益位阶及其考量》，《法学家》2014 年第 1 期。

王书江、殷建平译：《日本商法典》，中国法制出版社 2000 年版。

王文宇：《简政繁权——评中国大陆注册资本认缴制》，《财经法学》2015 年第 1 期。

王莹莹：《论未出资股东对公司债权人的补充责任》，《法律科学》2020 年第 6 期。

王远明、唐英:《公司登记效力探讨》,《中国法学》2003 年第 2 期。

王泽鉴:《民法学说与判例研究》(全八卷),中国政法大学出版社 1997 年版。

吴日焕译:《韩国商法》,中国政法大学出版社 1999 年版。

武翠丹:《公司法司法续造》,博士学位论文,西南政法大学,2016 年。

谢非:《德国商业登记法律制度的沿革》,《德国研究》2000 年第 3 期。

邢建东:《衡平法的推定信托研究》,博士学位论文,对外经济贸易大学,2006 年。

徐鼎新、钱小明:《上海总商会史(1902—1929)》,上海社会科学院出版社 1991 年版。

徐浩:《股东会、董事会职权的兜底条款质疑》,《北方法学》2010 年第 6 期。

杨立新:《法学学术论文的选题方法》,《法治研究》2016 年第 2 期。

姚辉:《民法适用中的价值判断》,《中国法律评论》2019 年第 3 期。

叶林、黎建飞主编:《商法学原理与案例教程》,中国人民大学出版社 2006 年版。

叶林、石旭雯:《外观主义的商法意义——从内在体系的视角出发》,《河南大学学报》(社会科学版)2008 年第 3 期。

尹田:《物权与债权的区分价值:批判与思考》,《人大法律评论》2001 年第 2 期。

俞巍、陈克:《公司资本登记制度改革后股东责任适法思路的变与不变》,《法律适用》2014 年第 11 期。

虞和平:《商会与中国早期现代化》,上海人民出版社 1993 年版。

张洪松:《外观主义论纲》,《厦门大学法律评论》,厦门大学出版社 2011 年版。

张志坡:《商行为概念研究》,《商事法论集》第 14 卷,第 190—191 页。

赵万一、赵吟:《论商法在中国社会主义市场经济法律体系中的地位和作用》,《现代法学》2012 年第 4 期。

赵万一:《公司治理的法律设计与制度创新》,法律出版社 2015 年版。

赵万一:《后民法典时代商法独立性的理论证成及其在中国的实现》,《法律科学》2021 年第 2 期。

赵万一：《中国究竟需要一部什么样的民法典——兼谈民法典中如何处理与商法的关系》，《现代法学》2015 年第 6 期。

赵旭东、邹学庚：《商事登记效力体系的反思与重构》，《法学论坛》2021 年第 4 期。

赵旭东：《商法的困惑与思考》，《政法论坛》2002 年第 1 期。

周珺：《论公司债权人对未履行出资义务股东的直接请求权》，《政治与法律》2016 年第 5 期

朱慈蕴：《公司法人人格否认法理与公司的社会责任》，《法学研究》1998 年第 5 期，第 85 页。

三　扩展英文文献

Robert W. Emerson, *Business Law*, Barrons Educational Series; Sixth edition, 2016.

Kenneth W. Clarkson, Roger LeRoy Miller, Frank B. Cross, Business Law: Text and Cases, Cengage Learning, 014 edition, 2017.

Lucien J. Dhooge, Nancy Kubasek, M. Neil Browne, Daniel J. Herron, Linda L. Barkacs, Dynamic Business Law: The Essentials, McGraw-Hill Higher Education; 4th edition, 2018.

Arman Alchian, Harold Demsetz, "Production, Information Costs, and Economic Organization", *The American Economic Review*, No. 62, 1972.

Bob Tricker, *Corporate Governance: Principles, Policies and Practices*, Oxford University Press, 2009.

Ian Bremmer, *The End of the Free Market: who wins the war between states and corporations?*, New York: Portfolio Hardcover, 2010.

Lawrence Mitchell, *Corporate Irresponsibility: America's Newest Export*, Yale University Press; First Printing edition (November 1, 2001).

Max Boisot, John Child, "From fiefs to clans and network capitalism: explaining China's emerging economic order", *Administrative Science Quarterly*, Vol. 41, 1996.

Michael C. Jensen, William H. Meckling, "Theory of Firm: Managerial Behavior, Agency Costs and Ownership Structure", *Journal of Financial Economics*, October, Vol. 3, No. 4, 1976.

Milton Friedman, *The Social Responsibility of Business Is to Increase Its Profits*, N. Y. Times Magazine, Sept. 13, 1970.

Oliver E. Williamson, *The Mechanism of Governance*, Oxford University Press, 1998.

后　　记

　　本书写作是二十余年来从事民商法学、经济法学研究和教学的阶段性认识，首先感谢导师中国人民大学法学院史际春教授，也感谢教授我专业知识的王利明教授、吴宏伟教授、张新宝教授、姚辉教授、董安生教授、王欣新教授、叶林教授、刘俊海教授、王轶教授等母校的老师。感谢中国法学会商法学研究会赵旭东教授、范健教授、朱慈蕴教授、赵万一教授、周友苏教授、周林彬教授、刘凯湘教授和李建伟教授，感谢中国法学会商业法学研究会甘培忠教授等师长的点滴教诲。尤其感谢邓峰教授对我的批评和教诲，得益于他的教诲，我反思了自己之前研究的问题，努力寻找研究的规范、创新与突破。感谢云南大学研究生院、法学院、经济学院和云南省法学会的各位领导和同事，得益于他们的帮助，本书得以正式出版。感恩所有教授我知识的老师！感谢在我授课过程中予我启发的学生！老师和学生之间应该是一个相互启发、相互塑造和相互成就的过程，期待过去的老师和未来的老师给我更多批评和指导，期待过去的学生和未来的学生喜欢、思考和塑造未来的民商法和经济法，用自己的知识建造我们国家更加美好的未来。

2021 年 10 月
于云南大学呈贡校区